中 国 高 教 研 究 名 家 论 丛

韩延明 张茂聪 主编

U0641180

# 论学科与研究生教育高质量发展

张 炜 著

山东教育出版社
·济南·

**图书在版编目（CIP）数据**

论学科与研究生教育高质量发展 / 张炜著. -- 济南：
山东教育出版社，2025．2．--（中国高教研究名家论丛 /
韩延明，张茂聪主编）. -- ISBN 978-7-5701-3318-5

Ⅰ．G643

中国国家版本馆 CIP 数据核字第 2024HR7001 号

ZHONGGUO GAOJIAO YANJIU MINGJIA LUN CONG

LUN XUEKE YU YANJIUSHENG JIAOYU GAOZHILIANG FAZHAN

中国高教研究名家论丛                    韩延明    张茂聪    主编

论学科与研究生教育高质量发展                    张　炜　著

主管单位：山东出版传媒股份有限公司

出版发行：山东教育出版社

地址：济南市市中区二环南路 2066 号 4 区 1 号    邮编：250003

电话：（0531）82092660    网址：www.sjs.com.cn

印　　刷：济南精致印务有限公司

版　　次：2025 年 2 月第 1 版

印　　次：2025 年 2 月第 1 次印刷

开　　本：787 mm × 1092 mm    1/16

印　　张：20.5

字　　数：276 千

定　　价：98.00 元

# 总序

习近平总书记在党的二十大报告中强调，要"加快建设教育强国、科技强国、人才强国"，"加快建设高质量教育体系"，"加快建设中国特色、世界一流的大学和优势学科"。这些重要论述，为新时代高等教育高质量发展提供了根本遵循。在推进中国式现代化建设的当下，党和国家对高等教育高质量发展的期盼比以往任何时候都更为迫切。新形势下要实现高等教育高质量发展，需要有清醒的判断和正确的选择；需要进一步拓宽视野，守正创新；需要积极应对新技术和新方法给高等教育发展带来的新挑战；需要研究探索新时代高等教育服务治国理政和国家重大发展战略的新路径与新方法。

山东师范大学与山东教育出版社联袂推出的这套《中国高教研究名家论丛》（以下简称《论丛》），着眼于国家重大需求，探讨了高等教育发展的内在规律，回应了社会各界对高等教育发展的重大关切，是按照理论研究的科学范式和实践探索的应用要求编撰而成的一套高水平的高等教育书系。

《论丛》不拘一格，尊重每位学者的兴趣和专长，初定学术专著20本，分2辑出版，共600余万字。《论丛》站在高等教育的学科前沿，紧紧围绕"高等教育发展与前瞻"的主旨，遵循理论研究与实践应用相结合、应然建构与实然建设相结合、国际借鉴与国内经验相结合、历史回眸与未来前瞻相结合的原则，采用多学科、多视域、多元化的研究方法，以专题探索与体系构建为根基，以传承、改革、发展为主线，以国内外高等教育理论研究和实践经验探索为主题，从高等教育大系统、大拓展、大革新、大跨越的角度，对高等教育发展战略与宏观政策、高等教育组织与治理、高等教育研究何为、高等教育学及其理论问题、中国高等教育的时代命题、高等教育的理论探究、改革时代的高等教育发展、学科与研究生教育高质量发展，以及大学转型、大学治理、大学创新、大学文化、大学的未来等诸多层面和视角进行了全景式理论研究和全方位实践探索。《论丛》站位高远、立意新颖、中外结合、古今贯通，设计前卫、异彩纷呈，以国际视野打造中国高等教育的实践案例，彰显教育创新精神，凸显扎根中国大地办教育的理念，是新时代具有高等教育舆论导向、决策参考、理论指导和实践应用价值的精品力作。

本《论丛》的作者包括中国高等教育学科创始人、厦门大学资深教授潘懋元先生在内的20多位高等教育学界专家，分别来自厦门大学、北京大学、中国人民大学、浙江大学、中国教育科学研究院等全国知名高校和科研院所。这些作者绝大部分我都比较熟悉，有的已经认识、交往多年，也经常读到他们的论文或著作，他们在高等教育理论领域躬耕多年，贡献了许多真知灼见。他们扛起了高等教育学科理论大旗，创榛辟莽、研精覃思，坚守学术责任，襄袂引领国家教育改革决策，为中国高等教育改革和发展作出了重要贡献。

据韩延明教授介绍，潘懋元先生生前对这套《论丛》很支持、很关心，曾一度答应为丛书作序，这彰显了这位国内外著名教育家对我国高等教育研究的高度重视和对后辈学人的鼎力扶持。我和潘先生是多年的学界挚友，我一直视他为我的先辈，40多年来，我们的交往最多、最频繁、最亲密。现在他走了，但他的精神永存，我们永远怀念他！

"最是书香能致远"，欣闻《中国高教研究名家论丛》即将出版，甚为高兴，聊抒所感，是为序。

2023年5月25日于北京

# 编撰说明

　　党的十八大以来，习近平总书记站在中华民族伟大复兴战略全局的高度，对新时代教育强国、高等教育高质量发展、建设世界一流大学等，作出了一系列重要指示批示，深情似海，厚望如山。《中国高教研究名家论丛》（以下简称《论丛》）正是在这一宏阔发展愿景和踔厉奋进背景下由山东师范大学和山东教育出版社联袂策划、组织、编撰、出版的一套接续性大型理论研究丛书。

## （一）《论丛》基于新时代教育强国建设的使命担当

　　习近平总书记在党的二十大报告中强调，要"加快建设教育强国、科技强国、人才强国"。2023年5月29日，他在主持中共中央政治局第五次集体学习时又明确指出："建设教育强国，是全面建成社会主义现代化强国的战略先导，是实现高水平科技自立自强的重要支撑，是促进全体人民共同富裕的有效途径，是以中国式现代化全面推进中华民族伟大复兴的基础工程。"而"建设教育强国，龙头是高等教育"。这些重要论述，指明了新时代教育强国和高等教育高质量发展的方向，开启了高等教育强国建设的新征程。我国高等教育要立足实现中华民族伟大复兴，心怀"国之大者"，勇攀世界高峰，提升高等教育服务强国建设的能力和水平，强化高质量高等教育支撑中国式现代化建设的责任意识和使命担当。

### （二）《论丛》致力于打造高水平的高教研究智库

本丛书整合集聚了国内高等教育学界领航专家和全国知名高校教授有影响力、有代表性的创新学术成果，倾力打造高等教育高水平研究与高质量发展的理论智库、决策智库与实践智库，致力于为新时代高等教育发展编撰一套具有学术价值、实践指导、高水平决策咨询作用的精品书系。

作者队伍由来自北京大学、中国人民大学、北京师范大学、大连理工大学、华东师范大学、上海师范大学、苏州大学、南京师范大学、浙江大学、厦门大学、中国石油大学（华东）、山东师范大学、华南师范大学、云南大学、西北工业大学、兰州大学、中国教育科学研究院等全国知名高校（以教育部官网公布的《全国高等学校名单》排列）和科研院所的高等教育专家学者构成。这些作者扛起高等教育学科理论大旗，为高等教育研究、改革、发展作出重要贡献。特别是著名教育家、中国高等教育学科创始人、中国高等教育学会高等教育学专业委员会首任理事长、厦门大学原副校长、资深教授潘懋元先生，更是殚精竭虑、建言献策、著作等身，构建了中国高等教育的学科体系、学术体系、话语体系，开创了中国特色、中国风格、中国气派的高等教育理论。

在遴选内容上，《论丛》着眼于国家重大发展战略，聚焦于高等教育发展规律，旨在与国家发展大局同向同行、与社会发展布局同频共振、与教育发展格局相辅相成。书稿均是经作者反复斟酌、精心选择的具有较高学术价值的代表性学术成果。有的成果虽已公开发表，但作者也进行了适当的修改和完善，还有一些是首次正式发表的具有学术含量的论文、报告、演讲、随笔、访谈、政论等，凝练了高等教育的中国智慧、中国方案和中国实践。有的著作还研究、解析、借鉴了国外高等教育发展的经验和创见。

**（三）《论丛》科学建构高等教育的理论研究体系**

《论丛》站在高等教育研究与发展的前沿，以多学科、多视域、多元化研究路径，按照理论研究的科学范式和实践探索的应用要求，遵循高等教育科学方法论，深入探讨创新人才培养、科研成果转化、教学质量提升、大学文化传承以及人文精神培育等高等教育实践中的热点、难点和焦点问题，为高等教育理论研究"描全貌"，为高等教育实践探索"留档案"，为高等教育发展"绘蓝图"。

《论丛》由潘懋元先生担任编委会主任，教育部原副部长、教育部普通高等学校本科教育教学评估专家委员会主任、中国高等教育学会副会长（主持工作）林蕙青任编委会副主任，临沂大学原校长、山东师范大学特聘教授韩延明与山东师范大学副校长张茂聪教授任丛书主编，计划分2辑出版（共20册），倾力打造国内高等教育理论研究丛书中的标志性、创新性书系。

　　《论丛》在编撰出版过程中，得到了教育部领导、全国相关专家学者、山东省委宣传部、山东师范大学、山东教育出版社的大力支持。潘懋元先生生前多次电话催问和指导《论丛》的编撰工作；著名教育家、教育部教师教育专家委员会主任、中国教育学会名誉会长、北京师范大学原副校长、资深教授顾明远先生不仅多次悉心指导，还在百忙中为《论丛》撰写"总序"；林蕙青同志欣然担任《论丛》编委会副主任，为圆满完成潘先生的遗愿而尽心竭力；各位作者认真梳理、修改、完善文稿，精益求精，付出了艰辛劳动；厦门大学教育研究院副教授陈斌博士，为搜集、整理、校对潘懋元先生《教育的未来》一书的文稿精辑细核、倾情奉献；山东教育出版社杨大卫社长、孟旭虹总编辑积极筹划、悉心组织；李红主任、郑伟副教授协助丛书主编做了大量相关工作。在此，我们一并表示诚挚的感谢！

　　由于编撰出版时间紧迫，加之面广量大，难免有疏漏，不妥之处，恳请同人和读者批评指正。

韩延明　张茂聪　谨识

2023年11月10日于济南

# 序

  2022年11月，浙江大学求是特聘教授眭依凡老师来西北工业大学讲学，向我介绍了山东教育出版社正在编辑出版的《中国高教研究名家论丛》和他本人的《大学创新发展的理性与行动》一书，并向韩延明老师推荐了我。韩老师非常重视并给予大力支持，出版社的编辑在此后的出版过程中，付出了很大精力。

  进入新时代，我国高等教育快速发展，理论研究持续深入，"双一流"建设及高等教育内涵式发展、高质量发展等目标任务对学科与研究生教育高质量发展提出了新任务、新要求，这都给我提供了很好的学习机会。借此，我对20年来遇到的问题和一些思考进行回顾、梳理和小结。

  本书挑选了本人在2015年至2022年于国内学术期刊上发表的21篇文章进行编辑，分为3章，分别为一流大学与一流学科建设、研究生教育（上）和研究生教育（下）。在整理过程中，我屡屡回顾自己的求学之路，也由于本人身为外行、"半路出家"步入高等教育学科领域，面对问题和挑战，深感存在诸多不足和短板。

我是西安交通大学内燃机专业1977级的学生，1982年毕业后留校。1993年在陕西省科委工作时，国家公派出国留学，主攻管理学学科门类的技术管理（Management of Technology）方向，围绕复杂产品系统、技术创新过程模式、核心竞争力等研究内容，开展理论研究与案例分析，先后获得工商管理硕士（MBA）和哲学博士学位（Ph.D.）。2000年回国后，我很快到陕西省教育厅工作，结合分管工作的实际，围绕自主创新、科技管理、高校科研、科技成果转化等内容，在《科学学研究》《中国软科学》《科学学与科学技术管理》《经济管理》等期刊上陆续发表了一些文章（见附录）。

2002年，受教育部派遣，我在洛杉矶加州州立大学（加利福尼亚大学洛杉矶分校）访学，有机会向时任教育部人事司副司长管培俊老师多次求教。20多年来，他多次找机会让我参加相关学术活动，介绍我认识了眭依凡、邬大光、别敦荣、阎凤桥等老师，我向他们请教和学习，受益匪浅。在加州访学的3个月里，我阅读了一些相关文献资料，关注美国高等教育的数据收集与统计口径，对国内关于高等教育的部分流行观点感到疑惑。2003年开始，在分管陕西省学位委员会办公室的工作中，我又遇到不少实际困难和问题，特别是对"中国授予博士学位的数量位居世界第一""中国博士学位授予单位数量世界第一"等说法与统计数据及社会需求之间的反差感到不解，倒逼自己陆续发表了几篇文章，更多的是希望听取专家学者和管理者的批评指正，不断更新和完善认识。

2004年9月，我回到高校工作，更多地从大学的视角观察和思考学科与研究生教育工作。2006年6月，我参加了国家外国专家局地方高校校长赴牛津大学培训班，虽然只有3周，但针对性强，内容也比较系统。同年12月，我受教育部委派参加由英国文化协会（British Council，BC）主办，在爱丁堡市召开的"走向全球（Going Global）"第二届英国国际教育大会以及"明天的教育：国际教育的新兴力量"高等教育政策论坛、"高等教育质量研讨会"等活动，这使我对英国高等教育以及高等教育的国际化趋势有了新的认识，也增强了我深化高等教育比较研究的紧迫感。

2006年，我有幸参与国务院学位委员会办公室原副主任、时任中国高等教育学会副会长兼学术委员会副主任谢桂华老师主编的《高等学校学科建设论》一书的编写，与西北大学杨选良老师一起编写第八章"国外高等学校学科设置简介及中美比较"，加深了对学科内涵、设置与建设发展的认识。

2010年5月，受中央组织部和国家外国专家局派遣，我参加哈佛大学高级公务员培训项目（Senior Executive Fellow）。尽管当时我已不在教育系统工作，但兴趣和惯性使然，在学习战略管理等培训内容之余，我也关注哈佛的运行与管理，并阅读了一些高等教育相关的文献资料。

2014年9月，我再次回高校工作，与时任教育部高等教育教学评估中心副主任、北京理工大学研究生教育研究中心主任王战军老师商议，编辑出版《世界研究生教育经典译丛》并有机会先睹为快，能够在出版前阅读译稿，根据原文对有些内容进行核对并提出修改建议。这是很好的学习机会和体验，我也写了3篇读后感编入本书。感谢时任北京理工大学校长胡海岩院士、各位领导和师生员工的理解和支持。

2016年5月，我调任西北工业大学党委书记，最后一个工作单位也成了我发文最多的单位。感谢时任西北工业大学校长汪劲松老师的亲密合作和支持帮助，本书中不仅有与他共同署名发表的文章，更有不少观点来自与他的平日交谈和深度交流；感谢学校各位班子成员出色地完成了各自的工作任务，使得我能够抽出时间学习、思考、写作及交流；感谢学校师生员工在工作中形成了很多鲜活的经验，使我拥有丰富的案例素材；感谢学校高等教育研究所的老师和研究生的合作。

在此，要特别感谢《中国高教研究》原主编王小梅老师和《学位与研究生教育》执行主编周文辉老师。《中国高教研究》已刊发了我的30多篇文章（其中《新华文摘》全文转载3篇），每篇文章都凝聚着小梅老师和编辑部各位老师的心血，本书收录了其中的部分文章。同时，文辉老师自2003年以来在《学位与研究生教育》上多次刊发我与流行观点相左的文章，体现出学术责任与担当，本书也收录了其中部分文章。另外，2020年起我开始向《研究生教育研究》投稿，已经刊发的部分文章也收录到本书之中。同样，非常感谢《国家教育行政学院学报》《高等工程教育研究》《大学与学科》等期刊编辑部。在此，还要感谢《高等教育研究》主编刘献君老师，他几次向我传授院校研究的知识和方法，并在2005—2008年刊发了我关于中美高等教育比较的几篇文章。

本书的出版还得益于西北工业大学张学良老师，他在繁忙的工作和准备博士毕业论文的同时，在学校高等教育研究所李辉老师的协助下，帮助我系统梳理了20多年来发表的期刊文章，并组织几位青年教师和研究生很好地完成了全书文章的汇总和校对以及注释和参考文献的格式转换等工作，本书也收录了他作为第一作者的相关文章。曾经在学校办公室工作的孙磊、佘磊磊两位老师也曾先后帮助我完成了校内审查、联系期刊编辑部、投稿及相关事务。在此对他们特表感谢！

最后，再次感谢眭依凡老师的大力推荐和韩延明老师的鼓励支持，感谢山东教育出版社的领导和编辑老师的信任支持和辛勤工作。

张 炜

2023年5月15日

# 目录

# 第一章

## 一流大学与一流学科建设

　　加快一流大学和一流学科建设，是实现高等教育高质量发展的重要举措。这是新时代我国发展高等教育的必然要求，也是建设教育强国的必然选择。本章围绕"双一流"建设，分为7节。

　　国内文献对世界一流大学有诸多论述，其中一部分试图归纳世界一流大学的共性特征，包括规模大、历史久、学科全、教授治校、学术自由、象牙之塔等，经过与部分世界一流大学的实际比对，发现存在不少例外。因此，不仅要采用归纳法，继续探讨世界一流大学的共性特征，还要采用演绎法，加强案例分析和实证研究，深入剖析其个性特色，从中找出本质精髓。既要善于学习和借鉴国际高等教育发展的经验，又要继承和发扬中华优秀传统文化，办好中国特色的社会主义大学。

　　针对部分文献关于世界一流大学共性特征的观点，与钱学森及其导师冯·卡门所描写的加州理工学院进行比对，辅以一些实时数据，进而发现国内关于世界一流大学共性的观点与该校的实际在6个方面存在显著差异，以加州理工学院为例再次对世界一流大学的所谓共性特征提出疑问，建议要实事求是、抢抓机遇、科学借鉴、彰显特色。

2022年9月，新版学科专业目录及其管理办法发布，为高校建设优势特色学科提供了新的机遇与路径。因此，要增强战略定力，加强党的领导，坚持立德树人，完善学科制度，深化评价改革，促进开放合作，凸显中国优势特色；扎根中国大地，发挥高校主体作用，提升人才培养能力，加强导师队伍建设，服务国家、区域和行业发展，建设优势特色大学；增强辩证思维，厘清概念内涵，优化学科结构，推动交叉融合，加强专业学位研究生教育，做强学科优势特色，为建设高等教育强国作贡献。

学科是按照学问的性质而划分的知识门类，既是一种知识体系，有不同的分类目的和方法；又是一种学术制度，需要进行科学管理，对学科实施评估已是国际上通行的做法。经过20多年的探索与实践，我国学科评估制度已逐渐成熟、具有特色，但仍需不断总结和完善，坚持正确的政治方向、立德树人根本任务、分层定位与分类评价、多元多维与减负易行、科学发布与分析服务的原则，积极构建中国特色学科评估话语体系，为高等教育现代化作贡献。

加强大学治理体系和治理能力现代化，完善学科治理是重要任务。美国学科专业的治理中，师生具有较大的话语权，董事会成员、校长及行政管理人员、院系负责人、政府、市场、学术组织、专业期刊、认证机构等校内外多个治理主体都发挥了重要作用，具有共同治理的特征，但治理主体之间也呈现出矛盾和张力。因此，要基于学科专业治理的视角深入思考，健全中国特色学科专业体系；进一步加强政府对学科专业的引导和调整，加强国家宏观调控，优化省级统筹管理；继续对符合条件的高校开展学位自主审核放权，完善自主设置调整一级学科、新兴交叉学科和专业学位类别的机制，优化高校自主设置二级学科，规范高校自设学科的程序、统计与发布。高校应深化改革创新，加强自律和接受社会监督，充分发挥各个治理主体的作用。

　　根据美国国家教育统计中心发布的"学科专业分类目录2020版"，其两位数、四位数和六位数代码的数量进一步增加，新兴交叉学科快速发展，修订过程中收集信息、归总分类、征求意见、公示结果等环节都延续了其统计服务功能。我国的学科、专业强调管理规范功能，几次修订都较为关注削减数量。了解和掌握美国学科专业分类管理的情况并进行比较分析，有助于进一步完善有关学科专业设置的认识和举措。

　　对美国高等教育数据来源、界定、时效、使用和解读等方面存在的问题、原因及影响展开讨论，要坚定自信、获取一手资料、合理定量分析、严格界定数据和多维视角研究，提高高等教育比较研究的水平，坚持中国特色高等教育发展之路。

# 第一节　世界一流大学的共性特征与个性特色

## 一、研究背景

根据国务院印发的《统筹推进世界一流大学和一流学科建设总体方案》，国内一批高校在综合改革方案中明确了建设世界一流大学的目标，并将其写入"十三五"规划。另外，我国一些高校在世界大学排行榜上的位次不断提升，与国际知名高校比肩。这些都使得世界一流大学再次成为各方关注和讨论的热点。

尽管世界一流大学的概念早已存在，但截至2016年，还没有关于"世界一流大学"的明确定义和内涵概念。一些文献试图归纳世界一流大学的共性（本质）特征[1]、共同特征[2]、主要特征[3]、主要特点[4]、评价标准[5]，甚至认为世界一流大学有比较一致的指标内容和评价体系[6]。但是，关于

[1] 李仙飞：《中国建设世界一流大学研究综述》，载《清华大学教育研究》2005年第5期。

[2] 陈超、程静：《世界一流大学的普世精神及其悖论》，载《外国教育研究》2003年第8期。

[3] 穆义生：《世界一流大学的主要特征及创办条件论析》，载《电力高等教育》1994年第2期。

[4] 李进才：《世界一流大学办学水平的启示》，载《武汉大学学报（哲学社会科学版）》1997年第3期。

[5] 丁学良：《什么是世界一流大学》，载《高等教育研究》2001年第3期。

[6] 方延明：《关于创建世界一流大学的历史思考与实践意义》，载《南京大学学报（哲学·人文科学·社会科学版）》2000年第2期。

世界一流大学共性特征的描述只是一些归纳性的初步结论，需要进一步深入分析研究。因此，尽管中国知网（CNKI）期刊数据库中以"世界一流大学"为主题的论文自2011年以来每年都有200多篇，1984年以来已累计2 576篇[①]，但仍然有进一步讨论的必要。

## 二、"共性特征"与"例外"

### （一）学校规模

有文献认为，世界一流大学一般规模都很大，建设巨型大学是21世纪中国经济社会发展和争创世界一流大学的迫切需要。[②]

2016年，国内不少高校学生规模都已超过万人，但其中大多并非世界一流。反之，有的世界一流大学规模并不大。2014—2015学年，加州理工学院仅有本科生977人、研究生1 204人。[③]巴黎高等师范学院的学生也只有2 000人，每年本科生招生仅200人。

世纪之交，为给高校扩招寻找"理论依据"，一些文献批评我国高校规模偏小，导致办学效益差，并以克尔的"巨型大学"作为理论依据。尽管国内不少文献将克尔的"multiversity"译为"巨型大学"，但其本意是"多元大学"[④]，是指大学办学目标多元、组织结构多元、职能功用多元和管理模式多元。他本人在著述中还使用过"pluralistic university"作为"multiversity"的同义词。建设世界一流大学如果依然沉湎于扩充规模的外延发展之路，只能是舍本逐末。

---

① 2015年10月25日在中国知网（http://epub.cnki.net/kns/brief/result.aspx？dbPrefix=CJFQ）查询。

② 李均：《建设中国巨型大学的思考》，载《教育发展研究》1999年第5期。

③ CALTECH: *At a Glance*, http://www.caltech.edu/content/glance.

④ AWBREY S. M., SCOTT D. K.: *The Third Transformation: Universities into the Next Century*, http：//www.umass.edu/pastchancellors/scott/papers/transform. html.

### （二）学校历史

有文献认为，悠久的办学历史是世界一流大学形成的主要内部原因。[①]世界一流大学中确实有一些历史悠久的，如牛津大学、剑桥大学等，但斯坦福大学、加州理工学院、芝加哥大学、卡内基梅隆大学、加州大学洛杉矶分校、新加坡国立大学的历史却都只有百年上下。这些后起的现代大学科学地继承古典大学的合理传统，并通过教育理念的创新而实现了迅速崛起。[②]

即使历史悠久的名校也要通过不断演变才延续至今，牛津大学、剑桥大学都根据社会发展环境的变迁而改革和创新。时代不同，一流的水准也大相径庭，应动态地看待世界一流大学建设问题。[③]世界一流大学成功的关键在于创新，而有一些中世纪欧洲大学由于不能顺应时代发展，早已不复存在。

同样，尽管哈佛大学借用了牛津大学和剑桥大学的校章和古代典章中各种规定和制度的措辞，也摒弃了英国古典大学的一些弊端。建校之初，哈佛大学就在管理上采取与英国大学截然不同的管理模式，设立了校监委员会和董事会共同管理学校；19世纪初，哈佛大学摒弃古典大学背诵式的教学方法，倡导研讨式的教学方法；19世纪后期和20世纪初，哈佛大学建立选修制度和学分制度，设立研究生院，强化科学研究；20世纪中叶，哈佛大学又确立了教师"非升即走"原则。[④]

耶鲁大学以保守著称，但其保守并非一成不变。耶鲁大学尽管一直宣扬坚守自己的博雅教育（liberal education，也译为自由教育、文理教育）理念，却对该理念的内涵进行了修正。《1828年耶鲁报告》坚持以古典课程为

---

① 闫月勤：《世界一流大学形成研究》，载《煤炭高等教育》2003年第1期。

② 别敦荣、张征：《教育理念与世界一流大学的形成》，载《高等教育研究》2010年第7期。

③ 王战军：《目标与途径：世界一流大学与研究型大学建设》，载《清华大学教育研究》2003年第3期。

④ 刘宝存：《大学的创新与保守——哈佛大学创建世界一流大学之路》，载《比较教育研究》2005年第1期。

主，但最终还是实施了由专业课和通选课组成的课程体系。同时，耶鲁大学也不是对所有学生都实施博雅教育，那些愿意学习有用知识或科学知识的人可以到该校的谢菲尔德科学学院学习。[①]19世纪70年代，耶鲁大学与哈佛大学激辩推进选修课的利弊，并反对学生自由选课，然而最终还是实行了学分制。

巴黎高等师范学院建于1794年，19世纪初取消宗教课程成为世俗大学。后来，又一改纯科学研究的传统，在应用研究与基础研究之间寻求平衡和互动。第二次世界大战后，更是改变过去重文轻理的传统，走文理均衡发展的道路。[②]

**（三）学科设置**

有文献认为，世界一流大学要有足够广泛的学科领域，学科齐全。[③]世界一流大学确实是理工结合、文理兼备、学科交叉的，但可能未必学科齐全。哈佛大学和麻省理工学院相邻，两所大学都没有苛求学科齐全，而是着重发展自己的优势学科。麻省理工学院没有医学院和教育学院，而哈佛大学一直到2007年才成立工程与应用科学学院，这也是哈佛大学成立肯尼迪政府学院71年后首次成立新的学院。同样，斯坦福大学与加州大学伯克利分校的学科也具有互补性，前者于1969年撤销了建筑学院，而后者没有设立完整的医学院，只有眼科学院和公共保健学院。普林斯顿大学也没有法学院、医学院和商学院。

**（四）治理模式**

有文献认为，"真正好的人才……更重视的是他们的学术生涯有没有制

---

① 张旺：《自由教育理念成就世界一流大学——浅析耶鲁大学的自由教育理念》，载《比较教育研究》2006年第5期。

② 刘宝存：《世界一流大学发展模式的个性化选择》，载《比较教育研究》2007年第6期。

③ 江崇廓、叶赋桂：《综合性、研究型、开放式：创建世界一流大学的现实道路》，载《清华大学教育研究》2002年第2期。

度保证，保证他只要干得好就能够得到支持，不管谁当校长都一样"①，不少文献还批评我国高校管理人员比例太高。

欧洲中世纪大学开始形成时，实质上是教师行会或学生自治，仅从事教学职能，加之学校规模又很小，不需要设立专门的管理机构。随着高等学校职能的完善与规模的扩大，校长的职业化色彩越来越浓，专职管理队伍也随之出现。世界一流大学都有充足的专职行政管理和技术人员支持教学和科研，以保障教师专心于学术工作，而不用分心于行政与日常杂务。美国排名前10的私立大学与排名前10的公立大学的教职比平均为0.3∶1。哈佛大学行政管理和专业人员、办公室文员和技工合计11 204人（全时当量），与学生的比例为1∶2，这还不包括临时雇员。②

自从大学有了专职的行政管理人员，就有了学者与行政管理人员的差异、矛盾和冲突③，由教师自己管理学校一切事务的传统受到挑战，大学管理模式发生变化。哈佛大学教师抱怨学校的权力越来越集中到校长和行政官僚手中，而教师越来越像企业雇员，主人翁意识淡薄了，对学校的忠诚度也降低了。④

另外，大学现存欧陆、英美和日本等多种治理模式⑤，说明不同国别世界一流大学的校长权力制衡机制存在差异，导致了高校治理模式的多样性，增加了后发者学习借鉴的复杂性。

---

① 朱清时：《建设一流大学值得重视的几个问题》，载《清华大学教育研究》2003年第6期。

② 北京大学研究生院：《透视与借鉴——国外著名高等学校调研报告》，高等教育出版社2004年版，第1-69页。

③ 范文曜、马陆亭：《高等教育发展的治理政策——OECD与中国》，教育科学出版社2010年版，第40-48页。

④ 张炜：《哈佛的光荣梦想与迷失改革》，载《西北大学学报（哲学社会科学版）》2011年第41卷第3期。

⑤ 钟秉林、周海涛：《世界一流大学的校长权力制衡机制探析——世界一流大学校长管理比较研究》，载《国家教育行政学院学报》2012年第2期。

### （五）学术自由

有文献将学术自由作为世界一流大学形成的主要内部源，并作为争创世界一流大学的基本方向之一。[①]实际上，"大学不可能也从未获得过完全的独立自由"[②]。中世纪后期的大学受到宗教控制，没有教学自由，大学学术思想遭到禁锢；纽曼大学理念下的大学，没有科研自由，使得科学发展进程缓慢；洪堡大学理念下的大学，没有争取社会资金进行应用研究的自由，科学向技术转化的周期漫长。

20世纪50年代，根据麦卡锡等人提出的议案，大学教职员是否适合教学和研究，要以个人的政治信念为基础，使得美国许多大学都要求其教师为忠诚于国家而宣誓[③]，对大学等机构不断进行审查。20世纪60年代，美国学生运动爆发，人权和反对越南战争的示威游行活动不断，加州大学数百名静坐学生被捕，而克拉克·克尔校长顶住外部巨大压力拒绝开除这些学生。美国联邦调查局竭力协助该校董事会成员、石油巨商波利污蔑克尔为"危险的自由派人士"，并试图罢免他的总校校长职务，里根出任州长后立即施压加州大学董事会裁撤克尔。近年来，"政治正确性"正在限制美国高校的学术自由，有文献认为现今哈佛大学的思想多样性和开放性还不如冷战时期，在自由和公开场合不得讨论的题目越来越多。"9·11"恐怖袭击事件后，反对美国向伊拉克宣战的教师被列入"不爱国学者"名单并被逐出哈佛的教师队伍。[④]

---

① 张翼星：《谈谈大学之所以为大——兼谈争创一流大学的基本方向》，载《现代大学教育》2006年第1期。

② 彭荣础、王处辉：《大学的独立自由状态考察及我国一流大学理念构建》，载《中国高教研究》2008年第8期。

③ ［澳］W. F. 康内尔著，张法琨、方能达、李乐天等译：《二十世纪世界教育史》，人民教育出版社1990年版，第787页。

④ ［美］理查德·布瑞德利著，梁志坚译：《哈佛规则——捍卫大学之魂》，北京大学出版社2009年版。

### （六）象牙之塔

有文献认为，每所世界一流大学都是一座象牙之塔[1]，仍然希望远离社会自成一派，甚至重回象牙塔。在服务社会的大学理念引导下，威斯康星大学等一批美国州立大学已成为本州教育、研究、培训、咨询和成果推广的中心与基地。哈佛、耶鲁等在培养"绅士"方面有着历史渊源的传统大学也早已走出象牙塔。1846年，耶鲁大学董事会授权设立"农业化学和动植物生理学"教授席位，哈佛大学则"走向与康奈尔大学——一所用拨赠土地新建的大学大致相同的发展道路，……彻底地献身于不登大雅之堂的技术工作"[2]。第二次世界大战期间，麻省理工学院、加州理工学院等，承担了大量国防科研任务，为战胜法西斯作出了贡献，也提升了自身的科研实力和整体地位。斯坦福大学推动了硅谷的形成和发展，也在此过程中跃居世界前列。

服务社会的办学理念已成为各国高校学习和借鉴的典范[3]，绝大多数大学都在根据国家和社会需求，开放办学、合作创新，走出象牙塔、超越象牙塔。

### 三、讨论

世界一流大学的"共性"，应该是这些大学所共有而其他大学缺失的特征。由于存在诸多例外，世界一流大学上述6个方面的所谓"共性"特征，似乎既非世界一流大学的必要条件，也非其充分条件。

尽管国内期刊文献关于世界一流大学议论较多，但定性研究局限于概念推演，定量研究更多地围绕大学排行榜[4]；盲人摸象、似是而非的表象描

---

① 刘道玉：《论一流大学的功能定位》，载《高教探索》2010年第1期。

② [美]克拉克·克尔著，陈学飞、陈恢钦、周京等译：《大学的功用》，江西教育出版社1993年版，第34-35页。

③ 张炜：《大学理念的演变与回归》，载《中国高教研究》2015年第5期。

④ 潘懋元：《一流大学不能跟着"排名榜"转》，载《清华大学教育研究》2003年第3期。

述较多，满足于雾里看花；泛泛而谈、人云亦云的叙事说理不少，缺少深度的实证研究和案例分析；盲目崇拜西方一流大学，缺乏自信，"带有某种程度的自我否定倾向"[①]；从行政管理或教育学的角度研究较多，多学科角度研究薄弱；科学性和可信度不高，逻辑性和说服力不够，可行性和操作性不强，存在不少认识上的误区。[②]

1988年，欧洲大陆430所高校的校长共同签署了《欧洲大学宪章》。[③]该宪章强调"学术自治"，这是对欧洲中世纪大学受控于教会的否定，伸张教师的学术权利；强调"学术自由"，是要努力避免类似哥白尼、伽利略等科学家遭受迫害事件的再次发生，保证教师的职业安全；强调"教学必须与科研相结合"，是对英国红衣大主教纽曼主张的大学仅仅是知识传播场所的扬弃，也是对专业教育的肯定；强调"大学要为社会服务"，是对洪堡主张的大学仅仅是纯研究、知识生产场所的扬弃，使大学走出"象牙塔"，从社会边缘走向中心。一方面，上述主张体现了对高等教育办学规律的认识和高等教育办学的努力方向；另一方面，不可以认为这就是欧洲所有高校办学现状的真实写照。

我国建设世界一流大学是在经济全球化进程加快、大学国际化趋势增强、教育信息化深入发展的背景下开展的，加之如今世界一流大学主要集中于西方国家，需要研究和借鉴世界一流大学的成功经验，但前提是要实事求是，既不要盲目自大，也不可妄自菲薄。要深入细致、全面系统地剖析和思考，准确把握世界一流大学的基本情况，科学客观地分析其经验教训，而不是盲目地照搬照抄那些"走马观花"得来的所谓"经验"，也不可随意轻信那些坐在房子里"闭门造车"得出的所谓"模式"，更不能满足于一知半解、泛泛而谈。要遵循高等教育规律，结合中国国情，认真找出那

---

① 耿有权：《世界一流大学研究的现状及其走势分析》，载《清华大学教育研究》2005年第4期。

② 张炜：《对美国高等教育的十个认识误区》，载《高等教育研究》2005年第6期。

③ 周鲁卫：《大学宪章，凝固的教育理念》，载《复旦教育论坛》2005年第1期。

些我们应该学、值得学、能够学和可以借鉴的东西。

世界一流大学是一个在比较研究中产生的、相对模糊的概念，也可看作建设性概念和过程性概念以及综合概念和群体概念[1]，一直存在共性与个性的矛盾。一方面，要采用归纳法，认真分析在建设世界一流大学过程中各种因素的变化过程和发展态势，透过表面现象和指标数据，抽象提炼出深层次的共性因素；另一方面，还要采用演绎法，加强案例研究和实证分析，静下心来认真研究多个世界一流大学成长的路径，特别是突破学校自身办学要素的束缚，从建设社会主义强国的视角观察研究，找出其在发展历程中形成的各具专有性或显著性的发展方式，实事求是地探索符合每一所高校自身实际的发展路径和方法。

由于所处环境和所赋予的社会使命存在差异，很多高校都有各自不同的办学宗旨和定位，不能按照一个模子建设和发展。同样，因为存在学科差异、院校差异、地区和国别差异以及历史时期差异，不同高校在建设世界一流大学的过程中遇到的问题可能有所不同。完全按照前人的办法"依样画葫芦"，很有可能要重蹈"刻舟求剑"的覆辙。在高等教育国际化的发展趋势下，大学仍然具有坚固的民族和国家根基。建设世界一流大学是我国高等教育快速发展过程中赶超世界先进水平的一种自然反应，带有鲜明的中国特色。我们要梳理和厘清大学理念，既要善于借鉴国际高等教育发展的经验教训，遵循高等教育规律，也要尊重我国高等教育的文化和环境，实事求是，增强自信，构建中国特色高等教育话语体系[2]，扎根中国大地，办好世界一流大学。

（原载于《中国高教研究》2016年第1期，有删改。）

---

[1] 王大中：《建设世界一流大学的战略思考与实践》，载《清华大学教育研究》2003年第3期。

[2] 张炜、刘进、庞海芍：《初论中国特色高等教育话语体系的守正创新》，载《中国高教研究》2015年第8期。

# 第二节　钱学森之问与冯·卡门之见

## ——再论世界一流大学的共性特征与个性特色

美国加州理工学院在泰晤士（Times）2015—2016年世界大学排名中再列榜首，引发新的热议。同时，越来越多的国内高校确定了创建世界一流大学的目标，也引发了进一步思考。针对国内文献热衷于归纳世界一流大学的所谓共性特征，本节以加州理工学院作为案例再次提出疑问。

## 一、背景

2005年3月29日，94岁高龄的钱学森谈了科技创新人才、具有非凡创造能力人才的培养问题。4个月后，他又说："现在中国……没有一所大学能够按照培养科学技术发明创造人才的模式去办学。"[①]钱学森生前不止一次提问：为什么我们的学校总是培养不出杰出人才？"钱学森之问"实际上也在一定程度上反映了他对加州理工学院办学特色的体会和思考，这关系到我国创建世界一流大学的路径选择。

1936年，钱学森在麻省理工学院获得硕士学位后，到加州理工学院跟随冯·卡门攻读博士学位并与其一起工作了16年。尽管钱学森对20世纪50年代受到美国政府的迫害一事深恶痛绝，并发誓不再去美国，但对加州理

---

① 叶永烈：《钱学森》，上海交通大学出版社2010年版，第375、402页。

工学院的人才培养模式却给予了高度评价。

冯·卡门在其晚年的回忆录中，也对加州理工学院有比较详细的描述，并将其与欧洲和日本一些大学作了比较，还有一些内容涉及钱学森[①]，这些是否可以称之为"冯·卡门之见"？

2016年2月1日，在中国知网（CNKI）期刊数据库中，以"世界一流大学"为主题进行检索，共检索到相关记录2 953条，始见于1985年，到1993年共11篇，其后5年每年在20篇左右。1998年，《面向21世纪教育振兴行动计划》提出要"创建若干所具有世界先进水平的一流大学和一批一流学科"，特别是1999年启动"985工程"之后，相关学术文献数量大幅上升，并于2001年超过百篇。《国家中长期教育改革和发展规划纲要（2010—2020年）》明确提出，到2020年，我国"若干所大学达到或接近世界一流大学水平"，再次引发热议。2011年以来关于世界一流大学的文献每年都在200篇以上，5年共计1 173篇（2015年的相关期刊文献可能还未全部收录）。

不少文献热衷于归纳世界一流大学的共性特征，似乎世界一流大学"长得都一个样"，而钱学森与冯·卡门眼中的加州理工学院却明显不同。

## 二、特色

将部分文献关于世界一流大学的所谓共性特征与部分世界一流大学的实际进行比对，可以发现其中存在诸多差异。[②]本节以加州理工学院作为案例进行分析，依然发现这些差异非常显著。

---

① ［美］冯·卡门、李·艾特牛著，王克仁译：《钱学森的导师——冯·卡门传》，西安交通大学出版社2011年版。
② 张炜：《世界一流大学的共性特征与个性特色》，载《中国高教研究》2016年第1期。

### （一）规模巨大

有文献憧憬所谓的"巨型大学"，认为世界一流大学的规模很大[①]，因为"大学校可能掌握更多的资源，并且更容易在国内学校中脱颖而出"[②]。

加州理工学院2014—2015学年仅有专职教师近300人、研究人员600多人；本科生977人、研究生1 204人。[③]实际上，加州理工学院一直秉承"小而精，小而美"的办学理念。在冯·卡门的眼里，正因为学校规模不大，才更有条件精选优秀学生，成为他推广欧洲教育思想的理想实验场所。[④]

谈到加州理工学院，便不能忽略其受美国国家航空航天局（NASA）委托管理的喷气推进实验室（JPL）。该实验室不仅使加州理工学院在天体宇航航空领域世界领先，也使其教职员工队伍庞大、资金雄厚。在加州理工学院官方网站的简介中，可以看到喷气推进实验室有5 000名雇员。2014财年，该实验室预算经费为15亿美元。[⑤]

### （二）历史悠久

有文献认为，世界一流大学是经过漫长的历史时期而形成的[⑥]，更有不少文献拿加州理工学院等"不曾更名"[⑦]说事。

对于曾在哥廷根大学（1734年创办）深造、工作并在亚琛工业大学（1870年创办）任教的冯·卡门来说，加州理工学院"是一所年轻的大

---

[①] 刘承波：《试论"世界一流大学"概念的模糊性问题》，载《教育发展研究》2001年版第1期。

[②] 韩立文、程栋昱、欧冬舒：《什么是世界一流大学》，载《北京大学教育评论》2006年第4卷第4期。

[③] CALTECH: *At a Glance*, http://www.caltech.edu/content/glance.

[④]［美］冯·卡门、李·艾特生著，王克仁译：《钱学森的导师——冯·卡门传》，西安交通大学出版社2011年版，第165页。

[⑤] CALTECH: *At a Glance*, http://www.caltech.edu/content/glance.

[⑥] 史朝：《世界一流大学的标识——读〈哈佛帝国〉一书》，载《外国教育研究》2003年第7期。

[⑦] 刘道玉：《中国怎样建成世界一流水平的大学》，载《高等教育研究》2003年第2期。

学"①。加州理工学院创建时，全球高等教育的中心还没有转移到美国。即使在美国，早期高等教育也主要集中在东部，而加州理工学院从建校到20世纪90年代跃居美国一流大学的前列，用时不过百年。

加州理工学院原名施罗普大学（Throop University），是1891年由施罗普牧师创办的。当时名曰"大学"，但实际上只是一所由仓库改装、训练小学以上文化程度的学生操作机器及工具的小型技工学校，其后曾更名为施罗普工艺学院（Throop Polytechnic Institute）、施罗普技术学院（Throop College of Technology）。直到1920年，才最终定名为加州理工学院（California Institute of Technology）。②

### （三）学科齐全

有文献指出，世界一流大学要有足够广泛的学科领域，应当基本涵盖主要的学术领域。③

加州理工学院遵循"学科不求过多，范围不求过宽，严格保证学生入学和学习质量，宁缺毋滥，精益求精"的办学方针。校董事会曾规定，只有达到与物理系和化学系的同等水平，才能建新系。④2016年，该校只有6个系，即生物学与生物工程系，化学与化工系，工程与应用科学系，地质与行星科学系，人文与社会科学系以及物理、数学和天文学系，⑤很难称为学科门类齐全的综合性大学。

加州理工学院的学科设置与发展，坚持了有所为、有所不为的原则。建校初期，主要是根据能够精选到的人才来着力发展相应的学科。1922

---

① ［美］冯·卡门、李·艾特生著，王克仁译：《钱学森的导师——冯·卡门传》，西安交通大学出版社2011年版，第165页。

② ［美］冯·卡门、李·艾特生著，王克仁译：《钱学森的导师——冯·卡门传》，西安交通大学出版社2011年版，第137、164页。

③ 王晓阳、刘宝存：《世界一流大学的定义、评价与研究——美国大学联合会常务副主席约翰·冯（John Vaugh）访谈录》，载《比较教育研究》2010年第1期。

④ 蓝劲松：《小而精的学府何以成功——对加州理工学院崛起的分析》，载《复旦教育论坛》2003年第1卷第1期。

⑤ CALTECH: *At a Glance*, http://www.caltech.edu/content/glance.

年，密立根主政后，成为学院人才引进的"魔笛手"。密立根指出，"我们没有那么大的财力来发展所有的工程技术科学"，主张在能请到最杰出人才的学科上下功夫；若请不到人，这门学科宁缺毋滥。[①]

引进冯·卡门，就是一个很好的例证。一方面，密立根通过争取古根海姆基金会的支持、改善航空工程学科的教学和科研条件来吸引冯·卡门；另一方面，密立根又通过引进冯·卡门这样著名的航空科学家来满足古根海姆基金会在大学建立航空实验室必须有世界一流学者的条件。经过前后7年的不懈努力，加州理工学院终于如愿以偿。[②]

冯·卡门对密立根没有在加州理工学院创办一流核物理研究所表示了遗憾。其中原因，有可能像他书中所述，作为物理学家的密立根本人未能预见物理学会发生如此巨大的变革[③]，但笔者认为也有可能是当时学院的资源有限，难以同时在航空和核物理这两个领域都保持领先地位。冯·卡门赞扬加州大学伯克利分校时任校长劳伦斯早就觉察到核物理的发展潜力，所以让该校集中力量搞功率巨大的核研究设备。但是，加州大学伯克利分校当年在航空领域却没有投入多少力量，不知是否有学者对此感到遗憾。

**（四）治理模式**

有文献认为，建设世界一流大学要以教师和学生为主体民主管理大学[④]，认为加州理工学院"校长的权力也很有限，每个教授都知道学校是教授治校"[⑤]。

---

① ［美］冯·卡门、李·艾特生著，王克仁译：《钱学森的导师——冯·卡门传》，西安交通大学出版社2011年版，第137、165页。

② ［美］冯·卡门、李·艾特生著，王克仁译：《钱学森的导师——冯·卡门传》，西安交通大学出版社2011年版，第165页。

③ ［美］冯·卡门、李·艾特生著，王克仁译：《钱学森的导师——冯·卡门传》，西安交通大学出版社2011年版，第200页。

④ 王英杰：《规律与启示——关于建设世界一流大学的若干思考》，载《比较教育研究》2001年第7期。

⑤ 朱清时：《建设一流大学值得重视的几个问题》，载《清华大学教育研究》2003年第6期。

　　钱学森非常怀念加州理工学院的学术民主空气。①冯·卡门也认为，加州理工学院是美国唯一真正具有民主结构的大学。1921—1945年，密立根担任加州理工学院的院务委员会主席（Chairman of the Executive Council）。当时的院务委员会由4名企业家和4名教授组成，他们集体掌管学校的预算、委任、晋级和加薪的权力。密立根总是对外讲，学院的大事都由院务委员会决定，而不是最高行政领导者个人说了算，他也从不让人称其为校长。这听起来似乎很民主，但冯·卡门道出了其中奥秘：如果你去向密立根申请实验经费，而他不想给你，他就会说，"要是我能给，我早就给了，但院务委员会不准我给"。冯·卡门认为，加州理工学院实际上还是"密立根个人治校"，但好在密立根对各种思想能够兼容并蓄。②

　　冯·卡门对包括加州理工学院在内的美国高校对待教授的态度提出了批评。他认为这些高校缺乏尊师风气，真正得到学生尊敬的教师寥寥无几；而日本人遵循中国的尊师传统，对教授奉若神明，强调"要是能让我自由选择的话，我个人情愿在这两者之间来个折中"。冯·卡门还赞许苏联给科学家提供优厚的生活待遇，批评了关于大学教授应该过清寒生活的观点。③

　　冯·卡门是密立根下了很大功夫请来的。密立根卸任后，冯·卡门因与后任学校当局产生分歧而辞职，于1946年暑期转往麻省理工学院任教，钱学森也跟随其前往。直到杜布里奇出任加州理工学院校长后，冯·卡门与院方之间的"疙瘩"才解开。1948年，钱学森又一次与导师共进退，回到加州理工学院。④因此，冯·卡门的引进、离开与返回，与该校主要领导的变更及个人作风密切相关，并非有的文献所说"不管谁当

　　① 叶永烈：《钱学森》，上海交通大学出版社2010年版，第233页。
　　② ［美］冯·卡门、李·艾特生著，王克仁译：《钱学森的导师——冯·卡门传》，西安交通大学出版社2011年版，第168页。
　　③ ［美］冯·卡门、李·艾特生著，王克仁译：《钱学森的导师——冯·卡门传》，西安交通大学出版社2011年版，第223、320页。
　　④ 叶永烈：《钱学森》，上海交通大学出版社2010年版，第158、179页。

校长都一样"①。

2016年，加州理工学院的雇员高达3 900人。②这使得教师自己管理学校一切事务的传统受到挑战，大学管理模式发生了显著变化，大学治理面临新的更大的挑战。

**（五）学术自由**

有文献认为，建设世界一流大学必须把学术自治与学术自由作为大学的核心价值与制度③，还有文献将学术自由作为世界一流大学的办学理念之一。④

据冯·卡门回忆，20世纪50年代，麦卡锡反共浪潮肆虐，美国政府对大学、军事部门和其他机构几乎天天进行审查。凡是1936—1939年在加州理工学院工作过的人，都有可能被视为不可靠分子。他在书中写道："我听说，由于钱拒绝揭发自己的朋友，引起了联邦调查局对他的怀疑。……1950年7月，军事当局突然吊销了他从事机密研究工作的安全执照。……他们不仅拘留了钱，进行了搜查，还把他在特敏纳尔岛的拘留所关押了15天，……移民局于1950年10月又根据麦卡锡法案发布了一项驱逐令，宣布钱是共产党分子。"⑤

**（六）应用研究**

有文献认为，世界一流大学是象牙之塔⑥，并对大学开展应用研究以获得应用技术成果鉴定和专利提出批评。

加州理工学院科研方向的选择，不只是从科学家的个人兴趣或纯科学

---

① 朱清时：《建设一流大学值得重视的几个问题》，载《清华大学教育研究》2003年第6期。

② CALTECH: *At a Glance*, http://www.caltech.edu/content/glance.

③ 王英杰：《规律与启示——关于建设世界一流大学的若干思考》，载《比较教育研究》2001年第7期。

④ 蓝劲松：《办学理念与运作机制：世界一流大学建设的关键》，载《高等教育研究》2001年第5期。

⑤ ［美］冯·卡门、李·艾特生著，王克仁译：《钱学森的导师——冯·卡门传》，西安交通大学出版社2011年版，第349-352页。

⑥ 刘道玉：《论一流大学的功能定位》，载《高教探索》2010年第1期。

的视角出发，而是紧密结合国家和社会发展需要。1926年之前，加州理工学院对航空学并没有多大的兴趣。但如前所述，密立根从航空工业发展和国家需求出发，通过引进冯·卡门和争取古根海姆基金会的支持，使加州理工学院发展成为全美国的宇航研究中心。①

同时，密立根积极争取南加州爱迪生公司为学校提供高压设备来建立实验室，既为学校节省了大量资金，又以此为基础引进了物理学权威劳瑞森，并很快研制成功第一只百万伏级X射线管，成为高电位真空设备的先驱。这种校企合作当时在美国并不多见。②

冯·卡门主张工程教育要促使工程技术人员既懂基础理论，又能运用理论不断研发新设备，为科学技术的发展作出实质性贡献。③冯·卡门本人也曾应通用电气公司动力设备分公司的邀请，去解决汽轮机的技术问题，并在此后多年保持了与该公司实验室的联系。他还应多个企业和政府部门聘请，解决了高效率泵的设计计算、风力发电机设计、横贯美国的森林防护带上植树的间距、水坝故障和大桥塌落原因排查等实际问题，并带领钱学森等人在美国国防部科学顾问团中承担了制定航空研究中长期发展规划等工作。冯·卡门甚至还与几名助手一起开办公司，他本人担任总裁，并聘请钱学森做顾问。④

## 三、讨论

加州理工学院在上述6个方面的例外，既未影响其建设成为世界一流大学，也未影响其在世界高校中"高高在上"。同时，与上述世界一流大学的

---

① ［美］冯·卡门、李·艾特生著，王克仁译：《钱学森的导师——冯·卡门传》，西安交通大学出版社2011年版，第138页。

② ［美］冯·卡门、李·艾特生著，王克仁译：《钱学森的导师——冯·卡门传》，西安交通大学出版社2011年版，第164页。

③ ［美］冯·卡门、李·艾特生著，王克仁译：《钱学森的导师——冯·卡门传》，西安交通大学出版社2011年版，第177-178页。

④ ［美］冯·卡门、李·艾特生著，王克仁译：《钱学森的导师——冯·卡门传》，西安交通大学出版社2011年版，第287-302页。

所谓"共性"比对，加州理工学院并非唯一的例外。①世界一流大学之所以成为一流，一个很重要的原因是其并非全盘照搬、如法炮制前人和别人的成功模式，而是继往开来、推陈出新，特别是一些后起之秀更是另辟蹊径、以特色取胜。因此，我们在对世界一流大学的"共性"特征进行研究时，不可"盲人摸象"简单化，不可先入为主想当然，不可人云亦云没主见，不可似是而非糊弄人。与此同时，还应继续加强对世界一流大学的个性特色研究。

回顾我国在20世纪末提出建设世界一流大学时，曾引发一些议论，质疑清华大学、北京大学等"985工程"高校何时才能建成世界一流大学。类似的观点至今仍时有耳闻。这些漠视我国高等教育改革发展的成就、无视我国高校取得的进步、片面夸大存在的问题和困难的观点，反映出少数学者对世界一流大学的盲目迷信和误解偏见、对国内高校的妄自菲薄和缺乏自信。

2014年5月4日，习近平总书记在北京大学指出，党中央作出了建设世界一流大学的战略决策，我们要朝着这个目标坚定不移前进，不断深化教育体制改革。办好中国的世界一流大学，必须有中国特色，坚持社会主义办学方向。为此，一要实事求是，不能迷失方向、误入歧途，既要强化问题意识，正确认识存在的差距和不足，知耻而后勇，又要充分肯定近年来我国高校的进步和发展，看到我们的优势和特色所在，做到坚定信心不动摇，增强自信不退缩。二要抢抓机遇，不能错失改革发展的战略机遇期，既要有久久为功的韧劲，又要有攻坚克难的闯劲和只争朝夕的拼劲。三要科学借鉴，不能被动、机械、盲目地跟在别人后面"照猫画虎"、亦步亦趋，既要准确鉴别和研究国外的经验和教训，遵循教育规律，又要尊重国情，继承和弘扬中华优秀文化，做到知难而进、弯道超车、后来居上，扎根中国，办好世界一流大学。

同时，建设世界一流大学还要彰显特色。世界一流大学是一个在比较

<hr/>

① 张炜：《世界一流大学的共性特征与个性特色》，载《中国高教研究》2016年第1期。

研究中产生的、相对模糊的概念。[①]我国建设世界一流大学，需要研究和借鉴各世界一流大学的成功经验，但不能拿国外高等教育的认识误区来指导办学实践[②]，不可完全跟着量化指标的"指挥棒"转，更不能唯国际大学排行榜论高低。在高等教育国际化的发展趋势下，大学仍然具有坚固的民族和国家根基。在我国，一方面，高校都具有鲜明的中国特色；另一方面，每一所高校还具有自身独有的特色，这些特色是仅仅专注于一流大学共性特征和指标所难以体现的，有些也是排行榜难以衡量的。我国建设世界一流大学必须忠实履职、为国奉献，既要勇于瞄准世界科技前沿，又要坚持服务国家战略。

（原载于《学位与研究生教育》2016年第3期，有删改。）

## 第三节　以新版学科专业目录促进优势特色学科建设

2022年9月，教育部网站公布了《研究生教育学科专业目录（2022年）》和《研究生教育学科专业目录管理办法》[③]，这是深入贯彻习近平总书记重要指示精神，落实中共中央、国务院关于深化高等教育学科专业体

---

① 王大中：《建设世界一流大学的战略思考与实践》，载《清华大学教育研究》2003年第3期。

② 张炜：《对美国高等教育的十个认识误区》，载《高等教育研究》2005年第6期。

③ 国务院学位委员会、教育部：《关于印发〈研究生教育学科专业目录（2022年）〉〈研究生教育学科专业目录管理办法〉的通知》，http://www.moe.gov.cn/srcsite/A22/moe_833。

系改革部署的重要举措，为新时代学科建设和研究生培养提供了基本依据和工作要求，高校应加强宣传解读、准确把握和认真实施，还应进一步推动全社会更加关心、了解、参与和支持学科专业目录调整工作，营造有利于放管结合、设置规范、动态调整的舆论环境，加强优势特色学科建设。

## 一、增强战略定力，凸显中国优势特色

学科专业设置具有多重功能，相对于2011版的《学位授予和人才培养学科目录》，《研究生教育学科专业目录（2022年）》（以下简称新版《学科专业目录》）在名称上作了调整。一方面，明确了学科专业目录是针对研究生教育的，范围界定得更加清晰；另一方面，加上了专业，更加凸显了专业学位的重要性和特殊性，应认真学习和加快实施。

### （一）加强党的领导

中国共产党的领导是中国特色社会主义最本质的特征，是中国特色社会主义制度的最大优势。我国独特的历史、文化、国情和制度，要求我们必须贯彻落实习近平新时代中国特色社会主义思想，着力增强党的政治领导力、思想引领力、群众组织力、社会号召力，充分发挥我国高等教育现代化的政治优势、制度优势和后发优势，坚持办学方向，心怀"国之大者"，贯彻"四为"方针，掌握思想政治工作主导权，加强意识形态阵地管理，推进高校党建与教育教学、科学研究、社会服务、文化传承创新、国际交流合作等深度融合，提高科学决策能力，增强风险意识，深化教育评价评估和教育管理改革创新，推进中国特色高校治理体系和治理能力现代化，实现高等教育规模、质量、结构、效益高质量发展。

### （二）坚持立德树人

古今中外，每个国家都是按照自己的政治要求来培养人的。立德树人关系党的事业后继有人，关系国家前途命运，也是加强优势特色学科建设的根本任务和中心环节。要坚持用习近平新时代中国特色社会主义思想凝心铸魂，深化落实习近平新时代中国特色社会主义思想进教材、进课堂、

进头脑，讲好、学好《习近平新时代中国特色社会主义思想概论》，持续抓好中国共产党党史、新中国史、改革开放史、社会主义发展史、中华民族发展史宣传教育，坚持育人为本，德智体美劳"五育并举"，建设思政、教学、教材和管理"四个体系"，完善全员、全过程、全方位"三全"育人，完善思政课程与课程思政协同育人机制，着力培育理念先进、特色鲜明、具有中国智慧的高校文化，引导广大青年学生爱国爱民、锤炼品德、勇于创新、实学实干，努力成为堪当中华民族复兴大任的时代新人。

### （三）完善学科制度

学科专业是一个多元系统，包含知识分类体系、学术制度安排、学术共同体或学术组织等内涵。[①]《研究生教育学科专业目录管理办法》（以下简称《管理办法》）规定，今后学科门类、一级学科与专业学位类别目录每5年修订一次，二级学科与专业领域目录每3年统计编制一次，学位授予单位自主设置的二级学科与专业领域每年统计公布。这些举措既保持了学科专业设置与管理的规范功能，使之更好地服务国家战略和经济社会发展需求，又优化了学科设置的统计机制，使之更好地发挥指导性、统计性目录的功能。应丰富学科内涵，稳定支持一批立足前沿、自由探索的基础学科，加强应用学科、新兴学科、交叉学科与行业产业及区域发展的对接联动，推进马克思主义理论与马克思主义哲学、政治经济学、科学社会主义、中共党史党建等学科联动发展，加快构建中国特色、中国风格、中国气派的学科体系、学术体系和话语体系。

### （四）深化评价改革

在我国，学科建设是衡量一所高校发展水平与办学质量的工作抓手和主要指征，是上级单位对高校进行检查考核和追责问责的重要内容。不同学科专业的知识基础、理论体系、研究方法和应用领域差异显著，既体现在学科门类不同，一级学科、二级学科也会有所区别，研究生专业学位类

---

① 马陆亭：《一流学科建设的逻辑思考》，载《高等工程教育研究》2017年第1期。

别和专业领域更是如此，导致不同学科专业的组织、制度和文化的不同[1]，难以用"一把尺子"衡量。同时，"好大学"是一种价值判断，评价的主体和时空不同，判断就会发生变化[2]，学科评价也越来越呈现出多样性和多元化趋势。[3]应按照深化新时代教育评价改革总体要求，将相关政策措施更加深入有效地落实到学科建设的实践维度中，处理好中国特色与世界一流、共性要求与分类评价、主观定性评价与客观定量评价等关系[4]，基于大数据常态化监测，构建起能够反映内涵发展和特色发展的多元、多维成效评价体系。[5]

**（五）促进开放合作**

高等教育具有国际化的基因，学科设置与学位制度都是在高等教育国际化背景下展开的，但也体现出鲜明的国家特色。新版《学科专业目录》共有14个门类，下设117个一级学科，博士专业学位类别36个、硕士专业学位类别31个，还有大量的二级学科与专业领域，学科专业体系更加全面系统。1980年，美国国家教育统计中心（NCES）首次颁布学科专业分类系统（CIP），并分别在1985年、1990年、2000年、2010年和2020年修订。[6]2020年版的CIP，有两位数代码48个、四位数代码450多个、六位数代码2 100多个，数量均较之前有所增加[7]，反映出新兴、交叉学科不断涌现的

① 张炜：《美国学科专业治理主体的作用与张力》，载《大学与学科》2020年第2期。

② 邬大光：《什么是"好"大学》，载《北京大学教育评论》2018年第4期。

③ 张炜：《基于高等教育现代化视角的学科评估思考》，载《中国高教研究》2019年第7期。

④ 钟秉林、王新凤：《我国"双一流"建设成效评价的若干思考》，载《高校教育管理》2020年第4期。

⑤ 史静寰：《完善分类建设评价，推进高等教育高质量内涵式发展》，http://www.moe.gov.cn/jyb_xwfb。

⑥ 张炜：《美国学科专业分类目录2020版的新变化及中美比较分析》，载《学位与研究生教育》2020年第1期。

⑦ National Center for Education Statistics: *Classification of Instructional Programs-2020*, https：//nces.ed.gov/pubsearch。

发展趋势。增强学科专业的中国优势特色，既要研究和知晓发达国家学科设置情况，知己知彼、交流借鉴，在开展比较研究时注意概念辨析与统计口径，避免望文生义和盲目攀比；又应胸怀"两个大局"，瞄准世界科学前沿和国家战略需求及关键技术领域，促进开放合作，参与全球科教治理，为人类命运共同体提供中国案例和经验[①]，推进共建"一带一路"，不断扩大国际影响力，提升话语权。

## 二、扎根中国大地，建设优势特色大学

中国式现代化，是中国共产党领导的社会主义现代化，既有各国现代化的共同特征，更有基于国情的中国特色。《管理办法》有多处提到"特色"，强调要完善中国特色研究生教育学科专业体系，这是我国高等教育发展过程中，赶超世界先进水平、办好中国特色社会主义大学的重要举措。2022年，我国具有博士、硕士学位授予权的普通高校共计594所，占普通高校的21.69%，另有培养研究生的科研机构233所。它们既有一些共同的优势特色，也都积累了一定的个性特征，具有一定的代表性、丰富性和多样性。新版《学科专业目录》为建设优势特色大学提供了一些新的发展机遇和选择路径，我们应立足新发展阶段、贯彻新发展理念、构建新发展格局，更加突出重点、聚焦难点、凸显特色、做强优势，围绕高质量教育体系的建设要求，扎根中国大地，办好社会主义大学。

### （一）发挥高校主体作用

高等学校是学科建设的主体，应突出"四个服务"导向，更加注重权责匹配、放管相济，进一步强化主体意识，激发创新动力，完善内部治理结构，优化管理体系，健全完善学校政策制定和落实机制，统筹编制好学科专业建设规划，积极营造专心育人、潜心治学的制度环境，提高资源配

---

① 史静寰：《"形"与"神"：兼谈中国特色世界一流大学建设之路》，载《中国高教研究》2018年第3期。

置效率和管理服务效能，充分激发内生动力和办学活力，调动师生员工参与学科建设的积极性、主动性和创造性，切实把精力和重心聚焦在优势特色领域和方向，推进创新取得实质性突破。行业特色高校在优势特色大学建设中地位特殊、责任重大，应将共性和特性相"加"[①]，既要符合高等教育发展的共性要求，又应充分彰显学校自身的个性特色，着力在优势领域和特色方向上增强竞争力、提高贡献度，以优势特色学科建设带动高校整体实力提升。

**（二）提升人才培养能力**

高层次人才培养是学科建设的中心和基础性工作，学科建设又为高层次人才培养搭建了平台。要牢记为党育人、为国育才的初心使命，坚持以人才培养为中心，开展教学、科研和社会服务，对接国家急需，遵循学科专业发展规律和人才培养规律，不断完善学科专业的内涵，优化分阶段、有统筹的人才培养方案，既要继续推进本科大类招生、大类培养，又应积极探索本科专业与研究生二级学科和专业领域的有效衔接，统筹协调不同教育阶段通识课与专业课、核心课与选修课、理论课与实践课、课内教学与课外活动等的关系，稳步扩大培养规模，不断优化培养结构，持续提高培养质量，使研究生教育更好地适应新时代高等教育理念、体系、制度、内容、方法和治理要求[②]，全面提高人才自主培养质量，造就一大批德才兼备的高素质高层次人才。

**（三）加强导师队伍建设**

研究生指导教师是研究生培养的第一责任人，肩负着培养高层次创新人才的重要岗位职责，一个学科的优势特色也在很大程度上取决于该学科的带头人及其团队的学术实力与影响力。应健全师德师风建设长效机制，

---

① 刘献君：《在共性和特性的发展中形成个性——行业特色高校的建设之道》，载《高等工程教育研究》2021年第6期。

② 张炜、佘磊磊：《学科建设和人才培养的传承与创新——以西北工业大学为例》，载《高等理科教育》2022年第2期。

引导教师按照"四有"好老师的标准严格要求自己，立德修身、严谨治学、潜心育人，既做学业导师又做人生导师，严格遵守学术规范，构建和谐师生关系，提高思想道德和教书育人水平，努力成为有理想信念、有道德情操、有扎实学识、有仁爱之心的新时代优秀导师。2021年，我国普通本科学校生师比高达17.9∶1，生师比依然偏高，学生与职员比也较高，影响到高质量研究生导师队伍的建设。应努力改善制约学校人才队伍建设的影响因素，加大对高层次人才的培育和引进力度，从制度上确保学科建设经费在人才队伍建设上的有效投入和使用①，创设具有国际竞争力和吸引力的高端平台、资源配置与环境氛围，坚持育引并举，真心爱才、悉心育才、倾心引才、精心用才，加快青年人才的培育，促进他们施展才干和实现梦想。

### （四）服务国家、区域和行业发展

19世纪中期，纽曼（John Henry Newman）主张大学的功能是哲学教育或自由教育（philosophical or liberal education），反对把专业或科学知识作为大学教育的目的，更反对大学开展科学研究。②尽管此观点至今在理论上依然有影响力，但在实践中，即使他本人担任校长时也未能照此理念办学，更没有哪一所现代大学这样去做③，我们不可被一些似是而非的观点误导。教育部在印发新版《学科专业目录》的同时，还下发了急需学科专业引导发展清单并每年动态调整，具有很强的针对性和时效性。高校应立足服务国家、区域和产业发展战略，深化科教融合、产教融合，鼓励跨校、跨机构、跨学科协同育人、科研育人，构建汇聚多方力量、协同攻关的有效机制，建设服务区域和行业的高水平科研设施，加强重大科研平台、高水平科研设施、重

---

① 管培俊：《一流大学建设的两个关键要素：制度与人》，载《中国高教研究》2018年第5期。

② NEWMAN J.H.: *The Idea of a University: Defined and Illustrated*, https://www.newmanreader.org/works/idea.

③ ［美］约翰·塞林著，孙益、林伟、刘冬青译：《美国高等教育史》，北京大学出版社2014年版，第84页。

要创新基地等建设；开展有组织的科研①，加强关键领域核心技术攻关，解决"卡脖子"问题；加强科技成果转化和产业化，提升创新创业发展水平，为推进区域和行业高等教育的优势特色发展作贡献。

### 三、增强辩证思维，做强学科优势特色

学科是知识类别的划分，但划分方法并无一定之规。学科建设更是一个中国式的概念和内涵，尽管与国外的学科发展有类似之处，但有自身的优势特色。《管理办法》要求："学位授予单位要坚持内涵发展、特色发展的办学理念，科学规范开展学科专业设置调整工作，健全机制，细化程序，保证质量。"开展研究生教育的高校，都应面向国家所想、国家所急、国家所需，认真分析经济、社会、科技发展趋势与学校自身学科专业的优势特色所在，彰显个性、凝练特色、打造优势，重点加强主干基础学科、优势特色学科、新兴交叉学科的建设，提高办学水平和教育质量。

#### （一）厘清概念内涵

一所高校的学科专业设置布局，既有其办学历史的发展轨迹，又受到办学资源的约束和限制，更是对优势特色的理性选择，不可盲目照搬、如法炮制前人和他人的做法。应辩证看待特色学科与优势学科的关系，有特色并不一定就是优势，没有特色也难成优势。因此，拥有"人无我有"的学科专业比较难得，但这只是一种相对优势，如果并非不可替代，就会有跟随者出现，也会有被超越的危险；只有在"人有我特""与人不同"的基础上，强化"人特我优""不可替代"，才有可能形成长期优势和可持续发展的核心竞争力。为此，既要遵循共性规律和共同要求，又要认真分析自身实际和特点，加强统筹推进、分类指导，探索分类建设、分类放权、分类评价机制。同时，我们应立足中国国情，多视角、多维度地把握研究生

---

① 瞿振元：《稳中求进，锐意创新深入推动"双一流"高质量建设》，http://www.moe.gov.cn/jyb_xwfb。

教育的历史、发展和现状，推进"研究生教育学"的学科设置和建设，提升人才培养、研究水平和认识能力[①]，为加快建设世界重要人才中心和创新高地提供有力支撑。

**（二）优化学科结构**

学科建设是一个永无止境、不断超越的过程，要明确方向、突出重点、解决难点。从高等教育的发展演变看，还没有一所高校能够覆盖所有学科专业，也没有一所高校的所有学科专业都具有优势特色。新版《学科专业目录》既遵循了学科自身发展的规律和逻辑，又更好地满足了经济社会发展的多样化需求。高校应主动对接国家需求，从学校长远发展和学科整体优化的视角，统筹学科体系和布局，营造优良的学科发展生态，基于科学技术发展趋势和产业结构调整的需要，以动态优化强化学科基础，整合学科资源，提升学科效能。我们应准确把握和主动顺应一些高校一学科多学院（系）和一学院（系）多学科的组织架构和发展趋势，统筹协调对二级学院的业绩考核与对学科的评估评价，充分认识二者在分类标准、建设目标、发展过程、绩效评价等方面的异同，避免相互对立、非此即彼的思维方式，以优势特色学科为主体，以相关学科为支撑，完善和优化学校的学科体系。[②]

学科交叉越来越成为科学技术发展的新增长点、经济社会发展的新动力和高层次人才培养的新平台，也已成为建设优势特色学科的新途径。新版《学科专业目录》在"交叉学科"门类下，又新设了若干一级学科。高校应着力营造学科交叉创设的良好环境，建立引导机制，打破学科壁垒，培育学科增长点，加强资源供给和政策支持，为跨学科研究团队的涌现创造制度性保障，促进学科之间的合作与整合[③]，促进自然科学学科之间、自

---

① 张炜：《〈世界研究生教育经典译丛〉补记——兼论研究生教育学学科的发展与借鉴》，载《学位与研究生教育》2020年第5期。

② 张炜：《统筹协调好学科建设的几个关系》，载《大学与学科》2020年第1期。

③ 陈洪捷、巫锐：《"集群"还是"学科"：德国卓越大学建设的启示》，载《江苏高教》2020年第2期。

然科学与人文社会科学之间的交叉融合，促进基础学科、应用学科的相互交叉融合，在前沿和交叉学科领域培育新的学科专业生长点，鼓励和推动交叉学科理论研究的开展，产出更多集成多学科资源的重大成果，培养更多具有多学科背景的高层次人才。

**（三）加强专业学位教育**

2020年，我国专业学位在读硕士生超过163万人，是2012年的3.68倍，占在读硕士生总量的61.16%，比2012年提高了30.26个百分点；在读专业学位博士生达到34 665人，自2012年以来年均增长28.6%，专业学位研究生教育规模快速扩张。新版《学科专业目录》在所有学科门类下均设置了专业学位，新设了一批博士或硕士专业学位类别，并将一批专业学位类别调整到博士层次。我国研究生专业学位的分类方法和培养体系具有鲜明的优势特色，不同于美国专业学位项目仅仅集中于医疗、法律和神职人员的培养，更加符合我国经济社会的需求。我们应增强自信，加强经验总结，深化比较研究，积极构建中国特色的专业学位研究生培养体系，并向其他国家介绍和推广。充分认识加快发展专业学位的重要性，不断推动专业学位设置更好地瞄准国际科技竞争的关键领域和国内行业产业转型升级方向[1]，把专业学位研究生和学术学位研究生的培养摆在同样重要的位置，按照统筹一级学科和专业学位类别的设置要求，细化分类培养、分类发展、分类评价的举措，进一步规范培养定位、加强产教融合、健全评价体系，进一步明确专业学位研究生教育的定位、范围与培养标准，避免用学术型学位研究生的标准来衡量专业学位研究生，破除学术型学位研究生培养的路径依赖。

（原载于《学位与研究生教育》2022年第12期，有删改。）

---

[1] 张炜、李春林、张学良：《发展博士专业学位研究生教育的借鉴与探索》，载《学位与研究生教育》2021年第10期。

# 第四节　基于高等教育现代化视角的学科评估思考

2019年2月，中共中央、国务院印发了《中国教育现代化2035》，为新时代我国教育现代化发展绘就了路线图。高等教育现代化需要现代化的评估体系，"加快构建更高水平的中国特色世界影响的学科评估体系"[①]至关重要。

## 一、学科概念及学科设置

学科是按照学问的性质而划分的门类、学校教学的科目以及军事训练和体育训练中的各种知识性的科目。[②]国内文献一般将"学科"翻译为英文的"discipline"，但二者的词义并非完全一致。

人类系统化了的知识主要是以学科的形式出现的，但对于知识的划分却是人为的产物。[③]由于划分的目的、维度和需要不同，划分的结果并非绝对和唯一。一般来说，可以按照自然科学、人文科学、社会科学的框架划分，也可以按实证学科与规范学科的框架划分，自然科学还可按照科学

---

① 黄宝印、任超、陈燕等：《加快构建更高水平的中国特色学科评估体系》，载《中国高等教育》2018年第17期。
② 中国社会科学院语言研究所词典编辑室：《现代汉语词典（修订本）》，商务印书馆1998年版，第1429页。
③ 王伟廉：《高等学校学科专业划分与授权问题探讨》，载《高等教育研究》2000年第3期。

学科、技术学科、工程学科的框架划分<sup></sup>，体现了不同的学科视角和价值判
断，相互之间有可能存在差异和矛盾，但不可将不同的划分方法相互割裂
和对立。另外，由于学科的细化与交叉融合并存发展，不少高校出现了一
学科多学院（系）和一学院（系）多学科的状况，给现代大学治理，特别
是学科治理带来了挑战。

19世纪下半叶到20世纪上半叶，美国高等教育快速发展，高校设置了
大量新的学科专业。为了收录全国中学后教育机构开设的学科专业，进行
分类和赋予代码，提供信息服务，美国国家教育统计中心（NCES）通过收
集信息、归总分类、征求意见，研究开发了学科专业分类系统（CIP）<sup></sup>，
该系统分为学术型、专业应用型、职业技术型，通用于副学士、学士、硕
士、博士各个学历层次水平的教育。

在2000版CIP（CIP-2000）中，有38个两位数代码、360多个四位数代
码、1 300多个六位数代码。<sup></sup>在CIP-2010中，这3个级别的代码数量又都有
所增加。<sup></sup>由于中美两国学科专业分类方法不同，不可简单地将美国CIP的
两位数代码、四位数代码和六位数代码与我国的学科门类、一级学科和二
级学科类比，并以此贸然判断两国间学科数量的多寡。

NCES按照学科专业新增标准、删除标准及整合原则，<sup></sup>对高校现有学
科专业进行筛选、汇总、归类和发布，在历年《教育统计摘要》中，都会

① 谢桂华：《高等学校学科建设论》，高等教育出版社2011年版，第60-61、
247页。
② 鲍嵘：《美国学科专业分类系统的特点及其启示》，载《比较教育研究》2004年
第4期。
③ National Center for Education Statistics: *CIP2000: List by Program Area*, http://nces.
ed.gov/pubs2002/cip2000.
④ 雷环、钟周、乔伟峰：《"双一流"建设背景下中美研究型大学"学科"发展模
式比较研究》，载《清华大学教育研究》2018年第6期。
⑤ 刘念才、程莹、刘少雪：《美国高等院校学科专业的设置与借鉴》，载《世界教
育信息》2003年第1期。

根据CIP代码发布相关信息，但并不严格按照CIP的分类体系划分。[1]如关于"学习的学科专业"（major field of study），《2001年教育统计摘要》的表213中，以26个类别对在校学生进行分类统计，而表266至表270均以34个类别分析副学士、学士、硕士、博士学位获得者的基本情况；《2017年教育统计摘要》的表311.60中，以45个类别统计入学学生情况。

关于"学科分类"（discipline division），《2001年教育统计摘要》的表255至表257中，以32个类别分析学士、硕士和博士学位授予数量的年度变化情况；而表262以40个类别划分具有学士、硕士和博士学位授予权的不同类型高校；《2017年教育统计摘要》的表320.10和321.10中，以35个类别对非学历教育证书和副学士学位授予情况进行统计。

另外，关于学科目录的管理主要有两种模式：一种是侧重于管理上的"规范功能"，主要"是管理者对学科发展和科学研究进行管理的基本而有效的手段之一"[2]，高校围绕政府划定的学科专业目录进行学科建设；另一种侧重于管理上的"统计功能"，主要用于高校学科专业现状的信息发布，便于高校根据市场需求及时调整学科专业设置。在实践中，两种模式各有利弊，我国更多地采用前一种模式，但也在试点推进自主设置学科专业的工作，扬长避短、各取所长，符合我国高等教育的实际和现代化的发展趋势。2019年，已有31所高校获准可开展学位授予自主审核工作。

## 二、学习借鉴与中国经验

伴随经济全球化步伐的进一步加快，高等教育的国际交流不断深入，人员和技术快速流动，这些都对学科建设产生了深远的影响。目前还没有关于"学科建设"这一术语的确切英文翻译，但从我国学科建设的主要任

---

[1] National Center for Education Statistics: *Digest of Education Statistics*, https: //nces. ed.gov/programs/digest/.

[2] 蔡曙山：《科学与学科的关系及我国的学科制度建设》，载《中国社会科学》2002年第3期。

务看，加强师资队伍建设、培养拔尖创新人才、提升科学研究水平、传承弘扬优秀文化、着力推进成果转化，这些都是一些国家高校学科发展的着力点。同时，在绩效管理和问责不断强化的背景下，世界上不少国家都对本国大学的教育和科研进行评估[1]，尽管受到不少诟病，但似乎目前还没有找到新的、更为有效和广为接受的替代方法，一些研究提出的绩效评价模型，其"可用性和实效性存在较多挑战"[2]。

**（一）美国**

美国宪法规定教育管理权划归各州，这可能是美国联邦政府未直接在全国范围内组织高校评估或学科评估的一个主要原因，但美国也有多种形式和途径的相关评估，联邦政府在此方面也并非无所作为，[3]特别是通过认证来实现对高校的评估和问责。

在美国，高等教育认证机构出现于19世纪后期。截至2017年，美国共有7个地区性认证机构、5个全国性宗教类院校认证机构和7个全国性职业院校认证机构。[4]主要由美国高等教育认证委员会（CHEA）或美国教育部（USDE）审查考核这些认证机构的客观性和规范性[5]，并以此决定是否同意其列入认证机构名录，监督其对高校和学科的评估。[6]

---

[1] 黄容霞、WIKANDER L.：《一个学科国际评估的行动框架——以学科评估推进世界一流大学建设的一个案例》，载《中国高教研究》2014年第2期。

[2] 林梦泉、陈燕、任超：《约束条件下的学科建设绩效评价理论体系探究》，载《中国高教研究》2018年第7期。

[3] ALTBACH P. G., BERDAHL R. O., GUMPORT P. J.: *American Higher Education in the Twenty-First Century: Social, Political, and Economic Challenges*, The Johns Hopkins University Press, 2005: 195.

[4] 王一涛、徐绪卿、鞠光宇：《美国两类私立高校的发展路径探析》，载《教育研究》2018年第8期。

[5] 朱金明、林梦泉、何爱芬等：《中国特色专业学位教育认证制度框架设计探究》，载《研究生教育研究》2018年第2期。

[6] ALTBACH P. G., BERDAHL R. O., GUMPORT P. J.: *American Higher Education in the Twenty-First Century: Social, Political, and Economic Challenges*, The Johns Hopkins University Press, 2005: 86.

美国的高等教育认证既包括院校认证，也包括学科专业认证，二者的侧重点有所不同。高校认证重点关注四个方面：一是学校如何测度学生学习；二是学校如何评估所开课程；三是学校如何使用上述评估改进其课程和培养过程；四是学校如何与认证机构和在校生分享学生学习的信息，如毕业率、许可通过率（licensure passage rates）和就业情况等。高校认证要对学校所有的学院、系、学科和相关活动进行认证，而学科认证则是对本学科领域的专业学院、系或学科专业进行认证。①

联邦政府将认证视为高等教育质量的"守护者"，认证结果成为美国政府财政拨款和高校获得资助的重要依据。②因此，从理论上说，如果学校或学科不参加或未能通过认证，似乎也能继续生存，但实际上就失去了申请联邦政府科研和学生资助的资格，办学经费来源会受到影响。从这个角度看，美国高校和学科是否参加认证并非完全的自愿（voluntary）行为。

同时，一些州政府推动实施标杆管理以及组织开展院校研究，也都含有评估的因素。③另外，美国国家研究理事会（NRC）于1982年、1995年和2006年组织开展了3次博士点评估。④需要注意的是，NRC对于博士点的参评有限制条件：一是所评学科在美国近5年至少授予了500个博士学位、至少有25所高校有授权点；二是参评高校的参评博士点在过去5年至少授予了5个博士学位。评估方法也经历了从声誉调查到量化评估、从规模数据到人均和比例数据、从主观到客观的三个转变。2006年，221所高校的5 000个博

---

① FEATHERMAN S.: *Higher Education at Risk: Strategies to Improve Outcomes, Reduce Tuition, and Stay Competitive in a Disruptive Environment*, Stylus Publishing, 2014: 167.

② 朱金明、林梦泉、李澄锋等：《基于教育认证理念的一流学科建设路径》，载《中国高等教育》2017年第15期。

③ 张炜：《基于院校研究的学校发展规划思考》，载《中国高教研究》2006年第4期。

④ 王文军、洪岩璧、袁翀等：《"双一流"学科建设评估体系初探——基于学术表现的综合评估指数构建》，载《东南大学学报（哲学社会科学版）》2018年第6期。

士点参与了评估。①由于上述原因，不可以据此认为美国只有221所高校拥有博士学位授予权，只有5 000个学科博士学位授权点。

**（二）英国**

英国政府通过制定学术标准加强对大学的质量管理。1990年，聘请资深学术人员对高校的学术标准和质量管理进行同行评估。1997年，高等教育质量保障局（QAA）成立之后，接手已于1993年启动的教学质量评估（TQA），2001年才结束，耗费了大量人力、物力、财力和时间，但评估结果却招致了大量的批评。②

2003年，QAA启动了院校审核（institutional audit），于2005年完成，重点审核高校三个方面的内容：一是内部质量保证体系和机制的有效性；二是院校公开的有关课程质量和学术标准信息的准确性、完整性和可靠性；三是院校层面和学科层面的内部质量保证运作程序的实际情况。③

英国政府还通过高等教育投资机构加强对高校科研的绩效管理。根据《1992年继续教育和高等教育法》，分别成立了英格兰、苏格兰和威尔士高等教育基金委员会三个拨款机构。1992年起，英格兰开始实施对高校的科研评估（RAE），评估结果与政府拨款挂钩。④

2014年，RAE被科研卓越框架（REF）取代，针对以往评估中存在的分组太多导致机构臃肿、学术不端、弄虚作假等弊端，REF采取了一系列措施，如由"科研产出导向"向"社会价值导向"倾斜，整合评估单元和专

① 蒋林浩、沈文钦、陈洪捷等：《学科评估的方法、指标体系及其政策影响：美英中三国的比较研究》，载《高等教育研究》2014年第11期。

② 金顶兵：《英国高等教育评估与质量保障机制：经验与启示》，载《教育研究》2005年第1期。

③ 方鸿琴：《英国高等教育质量保证署的院校审核》，载《高等教育研究》2005年第2期。

④ 张炜：《中英两国政府高等教育经费数量及拨款方式的比较》，载《西北大学学报（哲学社会科学版）》2007年第3期。

家小组，以专家评议为主、计量评估为辅①，量化数据"仅供同行专家作为评估参考，暂未作为评估的主要工具"，其结果依然与英国政府对大学的拨款直接相关。

对于上述评估，赞扬和诟病都不少。批评意见主要有过度的工作压力，对教学的忽略，追求数量忽略质量，员工学术道德和学术质量下降，科研经费分配的马太效应，细致烦琐的评估要求对于大学自主性的侵蚀，组织评估的管理者权力日益膨胀，权力的天平从学者向行政人员倾斜等②，甚至还有"废除学科评估，重建英国高校的学术自由和自治传统"③等比较极端的声音。因此，英国新一轮的评估值得关注。

**（三）中国**

实现高等教育现代化，要坚定"四个自信"。改革开放40多年来，我国在学科建设方面积累了不少经验。从高校层面看，学科建设是学校发展的核心，是人才培养的基础，也是提高教学、科研及社会服务能力和水平的重要平台，对高校发展起到了统领、推动和奠基的作用。

实际上，"学科建设"是一个具有中国特色的术语，"用以指称我国高等学校中与知识的生产、传播、应用相关的各种活动"，或者说是对学科演进的一种促进和引导活动，"既包括学科的合理划分、学科的恰当设置、学科的逐级建制化，也包括学科布局和结构的调整，甚至包括学科环境的营造"。④而对于上述活动的评价，就是学科评估的应有之义。

同时，学科建设的成效评价对于学科评估有明确需求，而学科评估又促进了学科建设工作。实践证明，学科评估是检验学科建设水平、诊断学

① 吴勇、夏文娟、朱卫东等：《英国高校科研评估改革、科研卓越框架及其应用》，载《中国科技论坛》2019年第2期。

② 蒋林浩、沈文钦、陈洪捷：《学科评估的方法、指标体系及其政策影响：美英中三国的比较研究》，载《高等教育研究》2014年第11期。

③ 谢冉、肖建：《英国科研卓越框架的科研影响力评估》，载《高教探索》2018年第6期。

④ 谢桂华：《高等学校学科建设论》，高等教育出版社2011年版，第56、63页。

科发展问题、衡量人才培养质量以及推动学科稳健发展的重要手段[1]，也是推进中国特色高等教育理论体系、话语体系和制度体系建设的重要举措。

我国的学科评估在起步阶段，曾借鉴了国外相关经验和做法，如在教育部与英国文化委员会支持下，两国专家在高校重点学科评估方面开展交流与合作，于1997年共同提出"对中国科研及研究生教育评估的建议方案"，并对此方案在中国的实际操作效果进行了检验。[2]

经过20多年的发展，我国已初步探索出一套比较成熟可行、具有中国特色和国际影响力的评估体系，对推动学科内涵发展、促进高等教育现代化起到了积极作用，应持续坚持、不断完善、总结提高、主动发声，遵循高等教育的发展规律和内在逻辑，提起敢为人先的勇气，树立勇立潮头的决心，有些国外尚未做过或没有做好的评估工作，恰恰可能是我们的创新亮点和可超越之处。实际上，当前一些国家也在关注和学习我国学科建设与评估的经验，我们对此应坚定自信。

我国实施的学科评估，是教育部学位与研究生教育发展中心（以下简称学位中心）对具有博士、硕士学位授予权的一级学科开展的整体水平评估，"具有独立性、专业性、持续性的特征"[3]，取得了成效和经验，也存在需要改进和完善的地方。通过进一步的"系统性改进升级"，有助于学科评估促进高等教育的结构、方法、内容、手段、体制更好地适应现代化的进程，符合现代化的要求。

### 三、学科评估的中国特色

《中国教育现代化2035》指出要"构建教育质量评估监测机制"，这既

---

[1] 王小梅、范笑仙、李璐：《以学科评估为契机提升学科建设水平》，载《中国高教研究》2016年第12期。

[2] 丁雪梅：《关于高等学校重点学科评估指标体系及评分标准的建议》，载《学位与研究生教育》2001年第2期。

[3] 林梦泉、陈燕、毛亮等：《以立德树人为核心的中国特色人才培养成效评价初探》，载《学位与研究生教育》2019年第4期。

充分肯定了评估的重要作用，也对如何完善评估提出了要求。应不断探索科学的评估方法，进一步促进学科评估的制度化、规范化和公开化，健全和完善长效工作机制。

**（一）坚持正确的政治方向**

党的十八大以来，我国高等教育体系日趋完善、水平稳步提升、特色更加鲜明、贡献度不断提高、现代化加速推进、国际影响力持续增强，正在从高等教育大国向高等教育强国迈进。要认真贯彻落实习近平总书记关于教育的重要论述和全国教育大会精神，全面贯彻党的教育方针，坚持马克思主义指导地位，坚持中国特色社会主义教育发展道路，坚持社会主义办学方向，坚持"四个服务"，立足基本国情，着力改革创新，扎根中国大地，遵循教育规律，创造性地传承中华优秀传统文化，积极探索中国特色的学科建设和学科评估之路。

**（二）立德树人根本任务**

习近平总书记多次强调"要把立德树人的成效作为检验学校一切工作的根本标准"。一方面，要坚持以育人为本，加强思想政治教育，把社会主义核心价值观融入高等教育全过程，以凝聚人心、完善人格、开发人力、培育人才、造福人民为工作目标，将思想政治工作体系贯穿于学科体系、教学体系、教材体系、管理体系当中，深入构建一体化育人体系，培养德智体美劳全面发展的社会主义建设者和接班人；另一方面，立德树人工作及成效是学科评估的核心内容、根本导向和首要标准，要以人才培养质量作为评估重点，"建立正确评价导向，检验育人内涵、育人体系、育人目标的落实成效"[①]，聚焦德智体美劳全面发展，加强对办学理念、培养定位、生源质量、培养过程、课程体系、毕业生质量等的多维评价，将师德师风作为评价教师素质的第一标准，促进教师管理综合改革，合理把握定量指标和定性评价的平衡，引导教师队伍建设与人才培养工作健康有序发

---

① 林梦泉、陈燕、毛亮等：《以立德树人为核心的中国特色人才培养成效评价初探》，载《学位与研究生教育》2019年第4期。

展，突出对国家战略和发展的贡献，使学科评估为人才培养营造更好的制度空间。

**（三）分层定位与分类评价**

《中国教育现代化2035》要求"建立完善的高等学校分类发展政策体系，引导高等学校科学定位、特色发展"。当前，我国经济建设、科技进步和社会发展对人才需求更加多样，即向多样化人才和终身教育过渡，构建正规教育与非正规教育相结合、学历教育与非学历教育相结合、全时学习和在职学习相结合的新型开放高等教育系统，并加强与其他各级各类教育的衔接和沟通，为建立人人都有机会学习和能够终身学习的学习型社会作贡献，高等学校的分层定位越发重要。

因此，高等学校之间的基础、实力和发展水平不尽相同，在社会发展中占据的地位、承担的任务有所差异，但每所学校都有自己的历史传统和学科特色，这是在长期的办学实践中形成的一笔宝贵财富，也为学校今后的发展提供了平台。高校应充分挖掘传统，因地因校制宜，找准自己的发展坐标和位置，在办学类型、规模和层次等方面准确定位，坚持有所为有所不为，力争成为同类型院校中的佼佼者，办出水平、办出特色，提高教育质量，促进教育公平，优化教育结构，防止和避免一哄而上和盲目攀比的"同质化发展"。

现代高等教育自欧洲中世纪起源后，经历了文艺复兴、工业化和知识经济等重大变革。每一次经济社会的重大变化，都引发了大学理念的演进，导致一些学科内涵与界限的变化。而当高等教育被赋予越来越多的使命和任务时，高校的办学定位与学科建设也呈现出多元化、多层次和多类型的趋势，不可能只用一种模式办学，也不能只用"一把尺子"度量所有高校的学科建设过程和成效。

学校定位对于学科建设定位具有导向性作用，而学科建设定位又是对学校定位的具体落地落实，应与学校的整体定位和目标保持一致，突出表现为不断根据人才培养和科技创新的需要以及学校的整体定位和目标，打开学科边界、创新学科交叉机制，促进学科融合和开放合作，增设新的学科门类，为学校发展注入新的动力，形成新的生长点。要大力加强学科制度建设和创新，营造健康的学科文化氛围，不能"用某类学科的思维定式来看待学科建设、指导学科评价"[①]，防止学科的过度建制化，避免学科边界的刚性约束限制。这些都对分类评价提出了要求，评估工作既要有助于"巩固和加强传统学科的领先优势，又能实现学科结构的有序拓展"[②]，有助于新兴交叉学科的发展。

建议在未来的评估中，进一步细化分类，如将理学与工学分开，既要进一步突出理学的基础研究和原创特性，也要使工学的技术攻关和成果转化优势得以凸显，引导不同类型的高校在不同领域作出贡献。

**（四）多元多维与减负易行**

学位中心提出"多元多维"的评价思路，以人才培养、创新能力、服务贡献和影响力为核心要素，把本科教育作为重要内容，定性和定量相结合、主观和客观相统一，学科专业建设与学校整体建设评价并行，重点考察建设效果与总体方案的符合度、建设方案主要目标的达成度、建设高校及其学科专业在第三方评价中的表现度。要围绕高等教育现代化的方向和目标，紧紧抓住高质量发展这个主要矛盾和矛盾的主要方面[③]，完善质量标准和监测评价体系，坚决破除"五唯"，创新基于客观事实的主观评价方法，在进一步凝练核心指标的同时，提升同行评议和问卷调查质量，避免简单地用"显性的、可量化的指标作为评价依据"[④]。加强评估伦理和文化

---

① 陈学飞、叶祝弟：《中国式学科评估：问题与出路》，载《探索与争鸣》2016年第9期。

② 谢辉祥、赵志钦、甘国龙：《从全国一级学科评估审视高水平行业特色型大学学科竞争力》，载《中国高教研究》2018年第9期。

③ 张炜：《高等教育现代化的高质量特征与要求》，载《中国高教研究》2018年第11期。

④ 陈学飞、叶祝弟：《中国式学科评估：问题与出路》，载《探索与争鸣》2016年第9期。

建设，提高专家诚信水平。以教育信息化全面推动学科评估现代化，充分
利用大数据等技术，有效地促进高校统计和填表等的减负。

**（五）科学发布与分析服务**

应依据中国的学科目录进行评价，可以选择借鉴国际学科评价的结
果，但最终还是要以国务院学位委员会和教育部颁布的学科专业目录进行
评价和发布，避免不同国家学科分类差异的歧义和误解。同时，应进一步
"加大评估后服务，拓展分析服务内容"[①]，充分发挥"以评促建""以评
促改"的重要功能，加强对评估结果的反思与研究，多元运用结果，不
主动将评估结果与资源、利益直接挂钩，防止高校的趋同化导向。

我国已进入加快推进高等教育现代化的新阶段和新征程，应不断改进
和完善学科评估方法，提高学科评估能力与水平，使学科评估更好地体现
和适应现代化的高等教育理念、体系、制度、内容、方法和治理要求，有
助于高校及其教师更加清醒地认识教育规律、自身状态、努力方向和相应
措施，积极探索具有中国特色和国际影响力的高等教育现代化学科评估制
度，构建中国特色的高等教育学科评估话语体系和品牌，在国际上主动发
声，不断扩大中国的影响力，创造先进经验、奉献改革方案、树立发展典
范，努力成为世界高等教育改革发展的参与者、推动者和引领者，建设高
等教育强国，实现质量全面提升的内涵式发展。

（原载于《中国高教研究》2019年第7期，有删改。）

---

① 林梦泉、姜辉、任超：《学科评估发展与改革探究》，载《中国高等教育》2010年
第21期。

# 第五节　美国学科专业治理主体的作用与张力

全国研究生教育会议提出，要深入推进学科专业调整，优化学科专业布局，开展新一轮学科专业目录调整工作。为此，必须深入学习贯彻习近平新时代中国特色社会主义思想，认真总结我国学科专业治理的典型经验与成功做法，坚定"四个自信"，坚持问题导向，科学设计安排，凝聚工作合力，充分发挥不同治理主体的作用，也有必要了解其他国家学科专业治理的有关情况。

## 一、学科专业治理的概念

### （一）学科专业及划分方法

学科和专业是既密切相关，又有所不同的两个概念。学科侧重于知识的门类，构成的要素是知识单元；而专业是学业的门类，多用于中学后教育培养学生的各个专门领域。[1]但二者也经常组合使用，例如学科专业目录。有时，学科专业也简称为学科。

人类系统化了的知识主要以学科专业的形式出现，但对于学科专业的划分方法却没有一定之规，这使得不同国家的学科专业目录有所不同。即使是同一国家，学科专业目录也会不断调整，学科专业边界不断被重新界定，学科专业治理从封闭系统走向开放系统。

---

[1] 谢桂华：《高等学校学科建设论》，高等教育出版社2011年版，第58-60、244页。

另外，不同的学科专业具有不同的组织、制度和文化，有着不同的知识基础、理论体系、研究方法和应用领域。因此，不同学科专业的范式有所不同，导致一些应用学科和新兴交叉学科的产生，一些传统学科专业领域也出现了合并与重构。

**（二）学科专业与共同治理**

在英文中，"discipline（学科）"一词除了知识门类的划分，还有"制定行为准则""学科制度"等含义；而"specialty（专业）"是由不同课程按学术或职业门类组合而成的专门化领域，有时也特指课程的一种组织形式。[①]治理是指明晰或不明晰的制度安排，决策的权力和责任通过制度安排被分配到各个群体。因此，学科专业与治理具有天然的联系。学科专业治理体系由制度、政策、程序组成，既是高等教育治理体系的重要组成部分，又是促进高等教育治理体系和治理能力现代化的驱动力。

在高等教育规模扩大和职能多元的过程中，共同治理逐渐成为一种"鼓励竞争、保护多样性和保持大学与外部世界联系的分权式结构"[②]，体现了大学治理的特点，并以此与公司治理有所不同[③]，但在实践中也存在一些问题。近年来，美国高校的共同治理经常面临"日益增长的中央集权化"与"自上而下的科层化和公司化组织形式"的压力，削弱了高校的办学自主权和学科专业的管理权限。另一方面，参与权力分配的不同治理主体诉求各异，加之有的治理主体希望拥有更多的权力，而受到较少的约束，也有一些治理主体存在惰性、效率低下[④]，影响其在学科专业治理中作用的发挥。

---

[①] 鲍嵘：《学科制度及其反思》，载《学位与研究生教育》2006年第7期。

[②] ［美］罗纳德·G.埃伦伯格著，张婷姝、沈文钦、杨晓芳译：《美国的大学治理》，北京大学出版社2010年版，第59-62、67-68页。

[③] ［美］罗纳德·G.埃伦伯格著，张婷姝、沈文钦、杨晓芳译：《美国的大学治理》，北京大学出版社2010年版，第127-134、156-158页。

[④] ［美］罗纳德·G.埃伦伯格著，张婷姝、沈文钦、杨晓芳译：《美国的大学治理》，北京大学出版社2010年版，第4、5、8页。

**（三）美国学科专业分类目录调整简况**

美国国家教育统计中心（NCES）的"学科专业分类目录"（CIP）自1980年发布以来，已经作了5次修订。CIP-2020从启动到正式发布历经一年的时间。[①]

从宏观层面看，NCES编制CIP侧重于统计功能和调查信息标准。尽管高校的办学自主权中包括自主设置学科专业，有利于新兴交叉学科的发展，但学科专业目录调整蕴藏了巨大的现实利益，"对知识边界争端的裁决往往成为一个历史性的事件与过程"[②]，而且并非办学机构设置的所有学科专业都能收录入CIP。

进入CIP-2020的统计和调查程序，有四个前置条件，其中有两个是对办学者身份的要求：一是该学科专业要由通过第Ⅳ类（Title Ⅳ）中学后教育机构或其他一些得到认可的办学者提供教育教学；二是该机构或办学者必须通过联邦政府教育部认可的机构认证或预认证，被许可或得到法律授权于所在地办学。另外两个条件是对学科专业的要求：一是该学科专业必须包含至少一门独立的科目或学习过程，不能是无关科目或过程的随意拼凑；二是必须至少有一所高校或其他办学机构提供成熟的学习过程，符合正式授予学位、正式学历（formal award）或一定认可形式的学业完成标准（completion point）的相关要求。另外，一般至少要有5所第Ⅳ类中学后教育机构符合设置该学科专业的条件，才能考虑在CIP-2020中予以增设。[③]

---

① 张炜：《美国学科专业分类目录2020版的新变化及中美比较分析》，载《学位与研究生教育》2020年第1期。

② 蔺亚琼：《知识边界与学科建构：国学学科化的边界策略及其困境分析》，载《北京大学教育评论》2017年第15卷第4期。

③ SNYDER T. D., DE BREY C., DILLOW S. A.: *Digest of Education Statistics 2018*, National Center for Education Statistics, Institute of Education Sciences, U.S. Department of Education, https://nces.ed.gov/pubsearch.

## 二、美国学科专业治理主体的作用

学科专业治理关乎多方利益，涉及校内外多个治理主体，各自发挥相应的作用，体现出共同治理的特征。

### （一）师生的地位与作用

在美国高校，多数关于教学、课程、研究项目和方法、公共服务的数量和形式等，都是由教师决定的；而多数关于专业、课程和学习时间等的选择，都是由学生决定的[①]，师生在学科专业治理中具有较大的话语权。

#### 1. 教师

教师的学科专业归属已成为其"职业身份的基石"，尽管不同高校相同学科专业之间在生源、教师、项目、经费等方面激烈竞争，但由于大家都讲授和学习、传承与创新同一领域的知识，也使得相互之间为了所在学科专业发展而合作。高校教师的身份不仅是学校的一员，更是本学科专业的"同事"[②]，并在同一学科专业组织内交流合作、"一致对外"，促进本学科专业的发展。

一个学者如果在职业生涯的中途改变自己的学科专业，既会失去其原有同人的支持，被迫从头开始改造自己[③]，也会被其希望进入的学科专业共同体视为"外行""半路出家"，短期内难以被认可和接纳。因此，确保自己所在学科专业的良好发展，已成为学者的特殊职责。教师还常常教导学生，特别是博士生，要以确保本学科专业健康发展为使命，积极参与本学科专业组织的活动，成为所在学科专业的责任人、守护人。

同时，一些"学者个体并不倾向于变革"，当有的知识门类变得陈旧时，有的教师也不愿意创新，坚持保护自己所在学科专业原有的探究界

---

① KERR C.: *The Uses of the University (5th)*, Harvard University Press, 2001: 16, 33, 82-83, 135, 147.

② KERR C.: *The Uses of the University (5th)*, Harvard University Press, 2001: 16, 33, 82-83, 135, 147.

③ ［美］罗纳德·G.埃伦伯格著，张婷姝、沈文钦、杨晓芳译：《美国的大学治理》，北京大学出版社2010年版，第4、5、8页。

限，拒绝跨学科合作，导致一些学科专业在过度保护下走向僵化。学科专业的调整，特别是一些应用技术学科、行业领域学科和新兴交叉学科的发展，有时并非因为现有学者及其院系的主动行为，而经常是伴随"新一代学者"在新学科专业方向的成长而发展起来的。①

因此，不同学科专业的教师就本校学科专业的发展会有不同看法和意见。调查的结果也显示，如果简单地赋予教师在学科专业治理中过大的权力，可能会助长部分教师抵制新的学科专业、新的研究方向和新的方式方法②，并坚持保留需要淘汰的学科专业，增加了学科专业调整，特别是新兴交叉学科发展的难度。

对于学科专业，美国高校教师不仅积极发表个人意见，更是通过大学评议会发挥集体作用。③不同类型、不同高校评议会的职能也有差异，有的评议会仍然在产生积极影响，学科专业的改革发展往往要通过学术评议会的充分酝酿；有些评议会的"实际有效性似已降至历史最低点"④。加州大学总校的学术评议会由董事会授权，对校长和董事会负责，主要讨论并制定教师、学生、教学、研究等与学术有关的政策，课程、招生、学位是其核心权力。⑤

2. 学生

多年来，围绕高校推行自由选修制的讨论，是将学生作为教育对象，

---

① ［美］罗纳德·G.埃伦伯格著，张婷姝、沈文钦、杨晓芳译：《美国的大学治理》，北京大学出版社2010年版，第59—62、67—68页。

② ［美］罗纳德·G.埃伦伯格著，张婷姝、沈文钦、杨晓芳译：《美国的大学治理》，北京大学出版社2010年版，第127—134、156—158页。

③ 甘永涛、单中惠：《美国大学评议会制度探析》，载《大学教育科学》2010年第1期。

④ 刘晨飞、顾建民：《美国大学有效治理研究的回顾与反思》，载《江苏高教》2014年第3期。

⑤ 徐少君、眭依凡、俞婷婕等：《加州大学共同治理：权力结构、运行机制、问题与挑战——访加州大学学术评议会前主席James A. Chalfant教授》，载《复旦教育论坛》2019年第17卷第1期。

重点围绕学生能够学什么和应该学什么来进行。需要注意的是,自由选修制的实施,增强了学生在学科专业治理中的主体意识和主动作为。他们在自行选择课程、专业时,实际上就参与了学科专业发展方向与调整的决策。①因此,选修制的实施破除了传统课程体系和学科专业的束缚,使新课程得以讲授、新学科专业得以设立②,促进了学科专业的设置和调整。另外,20世纪中期美国高校学生运动的兴起与诉求,也与一些高校学科专业设置滞后、课程体系陈旧、选择范围有限而引发的不满不无关系。③

**(二)学校管理层的权力与职能**

领导力能够为学科专业的"治理过程运行和结果产出提供方向引领"④。美国高校并非完全是"有组织的无政府状态",管理者也并非都是所谓的组织软弱者,加州大学伯克利分校的一些学科专业改革,就是由高层管理者领导和实施的,密歇根州立大学的《章程》也规定了管理层的权力。⑤

1. 董事会

美国殖民地时期建立起来的首批学院,是由神职人员和地方官员组成的董事会进行"外行控制"。董事会的任务一般包括批准院校任务和目标,批准院校政策和程序,任命、审查和支持校长以及监督学科专业、运行发展和资源配置。董事会通常将管理职责委托给校长,要求校长在董事会认可的政策和程序框架下使院校有效地运作并实现目标,提高资源利用效率,对最优质的教学、研究和服务提供支持。不同高校董事会的权力也

---

① KERR C.: *The Uses of the University (5th)*, Harvard University Press, 2001: 16, 33, 82-83, 135, 147.

② 贾永堂、徐娟:《19世纪末20世纪初美国高水平研究型大学群体性崛起的机制分析——基于社会进化论的视角》,载《高等教育研究》2012年第33卷第5期。

③ ROTHBLATT S.: *Clark Kerr's World of Higher Education Reaches the 21st Century: Chapters in a Special History*, Springer, 2012: 207-237.

④ 刘晨飞、顾建民:《美国大学有效治理研究的回顾与反思》,载《江苏高教》2014年第3期。

⑤ [美]罗纳德·G.埃伦伯格著,张婷姝、沈文钦、杨晓芳译:《美国的大学治理》,北京大学出版社2010年版,第69、71-72页。

"存在诸多差异",但大多都保留了对学术事务的最终裁定权。[①]在实际运行中,也有一些高校董事会的成员"缺乏必要的知识、激励和时间",对本校并不了解,对学校缺少关注、疏于监督,其治理的有效性遭到质疑。[②]而多数高校的董事会从整体上又不愿轻易改变权力格局,导致高校的多数决策在正规的治理体系之外"以更为非正式、较少官僚主义"的方式做出[③],这一点在学科专业治理中也会有所表现。

### 2. 校长

校长行使董事会委托或要求的权力和职责。因此,对于美国大学校长来说,没有什么比"与董事会之间的关系更重要",但董事会与校长的权限常常难以明晰辨别和严格区分[④],在学科专业治理过程中,二者有时也会产生意见分歧。同时,校长的个人经历和工作作风会影响校内权力的分配。学术背景较强的校长可能对于学科专业调整的主见更强,对于自身所在或熟悉的学科专业也会更为关注。另外,尽管有文献认为校长的学术水平与其所在大学的绩效呈正相关,但据统计,非学术背景的美国大学校长占比在增加,2011年为20%,比5年前提高了7个百分点[⑤],如加州大学总校校长珍妮特·纳波利塔诺曾任亚利桑那州州长、国土安全部部长。这些人士可能善于与政府打交道,并为学校争取更多的政策和资源支持,但要适应大学治理也会有一个过程[⑥],对学科专业治理所起的作用和成效还需专

---

① [美] 罗纳德·G.埃伦伯格著,张婷姝、沈文钦、杨晓芳译:《美国的大学治理》,北京大学出版社2010年版,第3、8—9页。

② 俞婷婕、眭依凡、朱剑等:《加州大学内部治理结构与运行机制探微——对加州大学总校前教务长贾德森·金教授的访谈》,载《复旦教育论坛》2019年第17卷第5期。

③ KERR C.: *The Uses of the University (5th)*, Harvard University Press, 2001: 16, 33, 82—83, 135, 147.

④ [美] 罗纳德·G.埃伦伯格著,张婷姝、沈文钦、杨晓芳译:《美国的大学治理》,北京大学出版社2010年版,第3、8—9页。

⑤ 王战军、陈娜:《谁在遴选大学校长?——以美国州立大学为例》,载《复旦教育论坛》2014年第3期。

⑥ 俞婷婕、眭依凡、朱剑等:《加州大学内部治理结构与运行机制探微——对加州大学总校前教务长贾德森·金教授的访谈》,载《复旦教育论坛》2019年第17卷第5期。

门研究。

3. 行政管理层

大学校长依次任命一个包括核心管理者以及学院院长在内的团队。[①]
"provost"一词多译为"教务长",但此教务长的权限不同于国内多数高校的教务长,其实际上是负责学术事务的副校长（president for academic affairs）,职责是"首席学术官（chief academic officer）",在校内的管理地位仅次于"一把手（a second in command）"。[②]

在密歇根州立大学,教务长负责管理各学院、专业单位和学术支持设施;组织和管理学术预算;管理全体教师的事务,包括教师的任命与停聘程序、薪酬和晋升、工作条件以及终身教职等;听取教师的意见后开发新的学科点、提升现有学科点的学术质量;确保行政管理程序保障学术自由并履行学术责任;监督招生相关程序和政策并负责联络高中及社区学院;监督学生的注册程序以及新生培训;管理学术设施以及图书馆、计算机实验室、教学开发与远程服务、博物馆等教学科研支撑单位;联络州教育管理部门。[③]可见,对于学科专业的发展和调整,教务长既要充分尊重教师的意见,也要担负组织管理和推进实施的责任。

另外,伴随高校规模扩大及问责加强,美国高校管理人员的构成也在发生变化,学校副职与中层管理部门负责人的数量和权力增加,专职行政管理人员的比例上升,使得科层管理与官僚作风的色彩加重[④],对于学科专业发展和调整的干预程度也有所增加。

---

① [美] 罗纳德·G.埃伦伯格著,张婷姝、沈文钦、杨晓芳译:《美国的大学治理》,北京大学出版社2010年版,第4、5、8页。

② BOGUE E. G., APER J.: *Exploring the Heritage of American Higher Education: The Evolution of Philosophy and Policy*, American Council on Education and Oryx Press, 2000: 35-40.

③ [美] 罗纳德·G.埃伦伯格著,张婷姝、沈文钦、杨晓芳译:《美国的大学治理》,北京大学出版社2010年版,第69、71-72页。

④ 张炜:《大学治理的历史逻辑与时代要求》,载《中国高教研究》2020年第2期。

#### 4. 院长及系主任

大学是以学科专业和二级学院为基础、条块分割的"矩阵结构"组织。学院不应只是维护学科专业发展的堡垒，更应是一个可以传播优秀学术理念的基地[①]；既是学科专业治理的主体之一，又要实施学院治理，二者有时会出现矛盾和冲突。在密歇根州立大学，学院院长向教务长汇报所管理的教育、研究与服务项目，负责权限范围内的预算、基础设施和人事工作[②]，组织协调院内学科专业发展是其职责所在。

同时，学院院长将院内各系的部分管理责任委托给系主任。1825年，系在哈佛学院出现；到1900年，系已在高校中占据牢固的地位。[③]伴随现代知识向纵深方向发展，知识的专门化程度不断加深，系一级组织的"自主性程度也随之增强"[④]，不仅能够"活跃本科生教学"，还可以更好地保障科研工作。系的设置大多基于学科专业，是围绕学科专业共同利益组织起来的相对统一的机构，系主任对于本系学科专业负有直接的责任。多数美国高校二级学院中的系是一个"社团式机构"，特别是与德国大学的讲座教授相比，系的权力较为分散[⑤]，关于学科专业发展和调整达成共识的难度也更大。

#### （三）校外治理主体的参与及影响

为了适应学科专业发展的新需求，大学必须"调整自身与外部世界的

---

① ［美］乔治·E.沃克、克里斯·M.戈尔德、劳拉·琼斯等著，黄欢译：《学者养成：重思21世纪博士生教育》，北京理工大学出版社2018年版，第10-11、27-28、131-132页。

② ［美］罗纳德·G.埃伦伯格著，张婷姝、沈文钦、杨晓芳译：《美国的大学治理》，北京大学出版社2010年版，第69、71-72页。

③ 贾永堂、徐娟：《19世纪末20世纪初美国高水平研究型大学群体性崛起的机制分析——基于社会进化论的视角》，载《高等教育研究》2012年第33卷第5期。

④ 刘淑华：《反思与超越：后现代主义视野下的高校组织文化景观》，载《中国石油大学学报（社会科学版）》2006年第22卷第2期。

⑤ 贾永堂、徐娟：《19世纪末20世纪初美国高水平研究型大学群体性崛起的机制分析——基于社会进化论的视角》，载《高等教育研究》2012年第33卷第5期。

关系"①，但在服务经济社会的过程中，大学又不可避免地受到外部的干涉，学科专业治理的主体更加多元，外部对学科专业治理的影响增强。

1. 政府

对于在大学治理中留有一定的空间的问题，美国有一些州的"立法者感到不安"，担心这会被一些"懒惰无用的教师"利用。②因此，在赋予大学自治权利的同时，政府保留了一定的调控方式，并在一些方面保有最终话语权。

1862年，《莫雷尔法案》赋予联邦政府干涉高校学科专业设置及课程体系建设的权力，促使公立大学向学生传授与农业和机械工艺等相关的实用性知识③，并有效应对耶鲁等传统学院的反对。为社会培养农业和工业应用型人才成为高校的职能，应用学科快速发展也带动了一系列社会科学的发展，高校学科专业的范围和结构发生了显著变化。

19世纪晚期和20世纪早期，为了提高高等教育质量和效率，美国州政府对于高校的管理模式出现分化，有的州建立了治理型董事会（governing boards）或设立政府教育管理部门，制定适用于高等教育的法律和规范，向公立高校谋求更多的权力；也有的州通过向大学或董事会放权来达到上述目标。④

第二次世界大战期间及其之后，美国联邦政府在加大对高校研发投入的同时，进一步增强了对学科专业的干预，并相应强化了绩效考核和问责。⑤

---

① 刘永芳、龚放：《打造"学科尖塔"：创业型大学治理模式的创新及其启示》，载《中国高教研究》2014年第10期。

② ［美］罗纳德·G.埃伦伯格著，张婷姝、沈文钦、杨晓芳译：《美国的大学治理》，北京大学出版社2010年版，第59-62、67-68页。

③ 张炜：《大学理念的演变与回归》，载《中国高教研究》2015年第5期。

④ ［美］罗纳德·G.埃伦伯格著，张婷姝、沈文钦、杨晓芳译：《美国的大学治理》，北京大学出版社2010年版，第37-38页。

⑤ ［美］罗纳德·G.埃伦伯格著，张婷姝、沈文钦、杨晓芳译：《美国的大学治理》，北京大学出版社2010年版，第4、5、8页。

州政府也往往通过给大学拨款来干预高校预算的一些过程①，学科专业治理也不例外。20世纪70年代，美国有35个州撤销本科和研究生学位授权点约600个。从20世纪90年代开始，一些州进一步对实力强的学科专业加大投入，并下决心撤销或合并学位点、压缩学术岗位数、辞退在岗教师。2008年爆发的金融危机，使很多州政府再次削减对公立高校的拨款，又撤销了一批学位授权点。②

### 2. 市场

伴随新产业、新职业和新技术不断涌现，学科专业的内部平衡不断被打破。有的学科专业比另外一些更加为市场所需要③，就业市场和回报结构影响了学科专业的发展和调整，市场对学科专业的调节作用增强，促进了应用学科和行业领域学科的发展，但跨学科专业的研究往往在早期不易受到市场鼓励④，这对处于交叉边缘的学科前沿领域较为不利。

另外，美国高校不得不寻求私人领域捐助者（如基金会、公司和个人）的支持，这也给学科专业的治理带来了压力。例如，一些捐赠往往有附带条件，如设置某学科专业或教席，也可能会限定一些研究方向或内容。为此，加州大学总校规定，任何董事都不得私自同意或接受外界给予大学的捐赠。能否接受一些企业研究经费资助，也被列为学术评议会非常重大且有争议性的议题。⑤

---

① 俞婷婕、眭依凡、朱剑等：《加州大学内部治理结构与运行机制探微——对加州大学总校前教务长贾德森·金教授的访谈》，载《复旦教育论坛》2019年第17卷第5期。

② 蒋林浩、沈文钦、陈洪捷：《美国公立高校学位点撤销的三次浪潮》，载《教育研究》2019年第2期。

③ KERR C.: *The Uses of the University (5th)*, Harvard University Press, 2001: 16, 33, 82-83, 135, 147.

④ ［美］罗纳德·G.埃伦伯格著，张婷姝、沈文钦、杨晓芳译：《美国的大学治理》，北京大学出版社2010年版，第59-62、67-68页。

⑤ 徐少君、眭依凡、俞婷婕等：《加州大学共同治理：权力结构、运行机制、问题与挑战——访加州大学学术评议会前主席James A. Chalfant教授》，载《复旦教育论坛》2019年第17卷第1期。

3. 学科专业组织、专业期刊和认证机构

学科专业组织的领导和会员有机会通过会议研讨和发言、期刊和时事通信或特殊项目来表达关于学科专业发展的思路和主张[1]，不仅采取了相应措施促进本学科专业的发展和质量的提高，而且还就防止本学科专业被合并或撤销设定了一些保护性措施。

专业期刊已成为"学者的精神家园"[2]、科研成果的发布平台、研究生教育的学习资料，能够反映并塑造该学科专业领域的前沿和优先发展方向，对于学科专业治理具有特殊的作用。

美国的高等教育认证既包括院校认证，也包括学科专业认证。认证机构采取同行评议的方式，督促认证对象制定发展规划且以适当的质量水平实现所承诺的学科专业目标，有时会起到其他治理主体难以发挥的作用。[3]

### 三、美国学科专业治理主体的张力

学科专业不断发展，相关治理主体的权力也是此消彼长。共同治理有助于保持多样性，能够产生竞争和各种不同的观点，但合作与信任是基本要求，也是学科专业治理各个主体应有的基本理念。[4]

### （一）学者与管理者

自从高校有了专职行政管理人员之后，就出现了学者与管理者的差异，学术权力与行政权力之间的矛盾和冲突并非新问题[5]，学者与管理者的

---

① ［美］乔治·E.沃克、克里斯·M.戈尔德、劳拉·琼斯等著，黄欢译：《学者养成：重思21世纪博士生教育》，北京理工大学出版社2018年版，第10-11、27-28、131-132页。

② 何晓芳：《学科嵌入式治理：一流学科生成与发展的制度逻辑》，载《中国高教研究》2019年第9期。

③ ［美］乔治·E.沃克、克里斯·M.戈尔德、劳拉·琼斯等著，黄欢译：《学者养成：重思21世纪博士生教育》，北京理工大学出版社2018年版，第10-11、27-28、131-132页。

④ 徐少君、眭依凡、俞婷婕等：《加州大学共同治理：权力结构、运行机制、问题与挑战——访加州大学学术评议会前主席James A. Chalfant教授》，载《复旦教育论坛》2019年第17卷第1期。

⑤ 范文曜、马陆亭：《高等教育发展的治理研究——OECD与中国》，教育科学出版社2010年版，第40-48页。

关系在高校"各种人际关系类型中"也最受关注。①

尽管高等教育认识论哲学主张以"悠闲的好奇"精神将追求知识作为目的②,但学科专业本身就具有规制的含义,二者之间存在一定的张力。教师对本学科专业所掌握的丰富知识与一些管理人员对该领域的知之不多形成了巨大反差③,而行政管理人员有时会在学科专业的发展和调整中具有最后的决策权,使得教师往往比管理者对于学科专业的治理现状更为不满。④

同时,在知识的不断发展过程中,如果一味地以传统基础学科专业作为知识归属,拒不承认应用学科、行业领域学科和新兴交叉学科的意义与作用,不仅难以跟上时代的步伐,还总是会抱怨学校行政管理与外部干涉改变了知识的属性。为此,许多大学制定措施来引导和促进新兴交叉学科发展,但不能一味地以市场需求为导向,不顾学科专业自身的逻辑与规律,阻碍基础学科的发展。

### (二)教师与学生

教师与学生在学科专业治理中有利益一致的方面,也有矛盾冲突的地方,特别是有的教师希望集中精力搞科研,能够少上课、少开新课;学生却希望教师能够全身心投入教学,增加课程的种类,把最新研究成果导入课程。

20世纪中后期以来,以学生发展为中心、学生学习为中心、学习效果为中心的新"三中心"的发展,强调教育的目的是学而不是教⑤,课堂文化

---

① 刘晨飞、顾建民:《美国大学有效治理研究的回顾与反思》,载《江苏高教》2014年第3期。

② BRUBACHER J. S.: *On the Philosophy of Higher Education*, Jossey-Bass Publishers, 1982: 13.

③ [美]罗纳德·G.埃伦伯格著,张婷姝、沈文钦、杨晓芳译:《美国的大学治理》,北京大学出版社2010年版,第69、71-72页。

④ [美]罗纳德·G.埃伦伯格著,张婷姝、沈文钦、杨晓芳译:《美国的大学治理》,北京大学出版社2010年版,第127-134、156-158页。

⑤ 赵炬明:《论新三中心:概念与历史——美国SC本科教学改革研究之一》,载《高等工程教育研究》2016年第3期。

和教学模式发生变化，不仅促使师生共建学习共同体，也对师生在学科专业治理改革中的作用提出了新要求。

**（三）学校与院系**

美国多数高校依然保留等级结构的特点，虽然学校董事会把一些权力委托给校长，但校长通常是由董事会成员选出的；校长常常把学术事务的主要责任委托给教务长，而教务长的人选通常又由校长决定；教务长再把一些重要的责任委托给本科生学院和专业学院的院长们，并在这些院长的遴选中充当重要角色[①]；二级学院院长及系主任具体负责推进本单位的教学、科学研究以及社会服务，要努力保留本单位的学科专业，并尽可能争取更多的资源。

在学科专业治理中，学校与二级学院存在一定的矛盾，特别是对在现有组织结构之外设立新兴交叉学科、合并及撤销现有学科可能意见不一。为此，学校不仅要积极推进相近和相关学科专业的交流合作，也要重视那些不存在典型交互影响的院系和学科专业，共同分享他们在做什么以及担忧什么，寻求交流合作和交叉发展的机遇，深化学科专业设置方面的改革。

对于二级学院，学校一方面要加强考核和问责，采取措施引导跨学科专业发展，缓解对于学科专业改革的抵抗和制约，不能允许二级学院"像独立的孤岛一样运转"，不与经济社会的实际结合，没有任何可见的绩效指标。另一方面，学校也不能忽视不同学院的具体情况，机械地要求所有二级学院千篇一律地应用过分简化和机械的绩效量化标准，以免有的院系和教师只在被测评的方面努力，而忽视其他方面的工作。[②]

**四、建议**

高校共同治理在不断完善，学科专业的共同治理在实际运行中也会遇

---

① ［美］罗纳德·G.埃伦伯格著，张婷姝、沈文钦、杨晓芳译：《美国的大学治理》，北京大学出版社2010年版，第69、71-72页。

② ［美］罗纳德·G.埃伦伯格著，张婷姝、沈文钦、杨晓芳译：《美国的大学治理》，北京大学出版社2010年版，第59-62、67-68页。

到很多问题与挑战，特别是不同治理主体对于学科专业调整的意见可能并不一致，甚至观点对立。学科专业目录正是在这种相互博弈、制约与监督的张力中不断优化调整，并已成为学科专业治理的重要内容。同时，美国高校的多样性与多元化，导致学科专业治理模式差异很大，不可一概而论和泛泛而谈，更不能照抄照搬美国学科专业治理的方式方法。

当前，我国高等教育治理体系和治理能力现代化进程加快，学科专业的治理水平不断提高。要坚持党的领导和社会主义办学方向，促进学科专业更加适应人才培养的中心任务，更好地顺应教学、科学研究和社会服务的发展，遵循学科专业自身规律，强化需求导向和供给侧结构性改革，深化科技融合、产教融合，持续优化学科结构，打造学科高峰，科学设置和调整学位类别，分类调整研究生培养结构、学科布局和专业设置，分类评价、分类指导、分类施策、分类管理、分类推进。

应按照新一轮学科专业调整思路，进一步加强政府的引导和调整，强化国家宏观调控，优化省级统筹管理，继续对符合条件的高校学位自主审核放权，支持有条件的高校自主设置和调整一级学科、新兴交叉学科和专业学位类别，完善高校自主设置二级学科专业领域，规范高校自设学科专业的统计发布程序与标准，细化申请登记、形式审查、归类整理、客观描述、公示发布等流程，健全退出机制，加强国际合作交流，进一步落实高校主体责任，健全新时代中国特色学科专业体系。

对高校来说，一是充分调动教师参与的积极性和主动性，虚心听取教师的意见，尊重学术委员会充分讨论的结果，支持和鼓励教师在学术组织中积极发挥作用。教师也应进一步开阔视野，传导改革压力，打破学科专业壁垒，推动不同学科专业之间的对话与交流，瞄准国际科技前沿和国家重大战略需求，促进学科专业交流融合和新兴交叉学科的发展。

二是深化改革，推进高校管理重心下移。增强辩证思维能力，顺应一些高校"一科多院"和"一院多科"的组织架构和发展趋势，化解二级学院业绩考核与学科评估之间的矛盾，避免非此即彼的二元对立的思维方式，强化特色，突出优势，提高质量，[①]加强统筹协调，优化资源配置，适时增加国家急需和本校具有发展前景的学科专业，撤并陈旧过时、缺乏需求的学科专业，不断提升学科专业治理的能力和水平。

三是加强自律，自觉接受社会监督，努力"培育学科治理中浓郁的学术文化"[②]氛围，统筹协调好学科建设专与博、特与优、学科与院系、有所为与有所不为等关系。[③]通过学科专业目录调整和教育评估评价，以评促改、以评促建，不断完善学科专业的内涵，使之更好地适应和体现新时代高等教育理念、体系、制度、内容、方法和治理要求，为统筹协调高等教育规模、质量、结构、效率、公平的高质量内涵式发展作贡献。

（原载于《大学与学科》2020年第2期，有删改。）

# 第六节　美国学科专业分类目录2020版的新变化及中美比较分析

加快世界一流大学和一流学科建设，需要进一步增强对于学科的认识，更加关注对学科专业设置的比较研究。谢桂华主编的《高等学校学科建设

---

① 张炜、汪劲松：《行业特色高校的发展历程与辩证分析》，载《中国高教研究》2020年第8期。
② 杨岭、毕宪顺：《自组织理论视野下学科治理的推进路径》，载《研究生教育研究》2020年第4期。
③ 张炜：《统筹协调好学科建设的几个关系》，载《大学与学科》2020年第1期。

论》①一书，由笔者与杨选良老师共同撰写第八章"国外高等学校发展学科的借鉴"，内容包括评介美国"学科专业分类目录2000版"。之后，美国教育部国家教育统计中心（NCES）又公布了"学科专业分类目录2020版（CIP-2020）"②。新版本有何变化，对中美两国学科比较有何新意，在此有必要介绍和讨论。

## 一、美国学科专业分类目录的发展变化

### （一）背景

19世纪下半叶到20世纪中叶，美国高校设置了大量新的学科专业，原有的一些学科专业也进一步细分。如东海岸某高校在1965年只有一个林学专业，到1975年，发展成为有4个专业的林学院；1985年已拥有7个专业，其中园艺学专业就有水果与蔬菜园艺、观赏园艺、草坪园艺3个专业方向。③

为了组织、收录和公布全国中学后教育机构开设的学科专业，进行分类并赋予代码，提供信息服务④，NCES于1980年研究开发了"Classification of Instructional Programs（CIP）"。考虑到CIP涵盖所有中学后教育，而我国将本专科教育的学业分类称为专业，将研究生教育的学业分类称为学科和专业，故本节采用"学科专业分类目录"的译法。

CIP的构成为两位数、四位数与六位数代码三个层次。其中，两位数代码代表相关学科专业群（summary groups），使用大写字母粗体字，有专门的定义。例如，"13　教育学（EDUCATION）"，定义为该学科专业群着重于学习与教授教育理论和实践以及相关研究、管理与支撑服务。

---

① 谢桂华：《高等学校学科建设论》，高等教育出版社2011年版。
② National Center for Education Statistics: *Classification of Instructional Programs-2020*, https://nces.ed.gov/pubsearch.
③ 国家教育发展与政策研究中心：《发达国家教育改革的动向和趋势（第二集）》，人民教育出版社1987年版，第208-209页。
④ 鲍嵘：《美国学科专业分类系统的特点及其启示》，载《比较教育研究》2004年第4期。

每个两位数代码包含若干四位数代码，代表中间学科专业类别（intermediate aggregation），用粗体字表示，没有专门的定义描述，顺序一般以"综合类（general）"学科专业代码开始，以"其他类（other）"学科专业代码结束。例如，"13.01　教育学，综合类（Education，General）"与"13.99　教育学，其他类（Education，Other）"。

在每一个四位数代码中，至少包含1个六位数代码。六位数代码是具体的学科专业（specific instructional program），也是高校上报学科专业授予学位数量的类别依据。每一个六位数代码都附有内容描述，例如，"13.0604　教育评估、测验和测度（Educational Assessment，Testing，and Measurement）"，其具体的描述为：该学科专业着重设计、开发、实施、评价等机制的原则与程序，这些机制用于测度学习（measure learning）、评价学生进步（evaluate student progress）、评估绩效（assess the performance）等教学工具、策略和课程体系的成效，包含心理测量、量表设计、测验技术、研究评价、数据报告要求、数据分析与解读等方面的教育教学。

由于在修订时将一些学科专业群、学科专业类别和单一学科专业移位（moved to）或删除（deleted），CIP代码序号变得不连续。

**（二）变更**

1980年以来，NCES先后发布了CIP-1985、CIP-1990、CIP-2000、CIP-2010和CIP-2020等修订版。CIP-2020延续了CIP-2010合并统计6大类学科专业的方法，而在CIP-2000中，将学科专业分为6个类别，即学术与专业型教育（Academic and Occupationally-Specific Programs），预备役军官训练团（高中军训课程、预备役军官训练营）教育（Reserve Officer Training Corps〈JROTC，ROTC〉Programs），个人提高和休闲教育（Personal Improvement and Leisure Programs），中学/第二级文凭和证书教育（High School/ Secondary Diplomas and Certificate Programs），牙医、医疗和兽医住院医师教育（Dental，Medical and Veterinary Residency Programs）以及技术教育/工业艺术教育（Technology Education/Industrial Arts Programs）。

相比于CIP-2010，CIP-2020在移位、更名和数量等方面都有了一些新的变化，简要讨论如下。（见表1-1）

表1-1　CIP-2020主要变化

| 代码分类 | 合计（个） | 变化 | | | |
|---|---|---|---|---|---|
| | | 新增（个） | 删除（个） | 移位（个） | 更名（个） |
| 两位数代码 | 48 | 1 | 0 | 0 | 5 |
| 四位数代码 | >450 | 76 | 5 | 4 | 33 |
| 六位数代码 | >2 130 | 420 | 7 | 145 | 182 |

1. 移位

四位数代码中有4个移位，如CIP-2010中的"60.06　足病医疗住院医师培养（Podiatric Medicine Residency Programs）"，在CIP-2020中移位到"61.22"，并更名为"足病医疗住院医师/职业培养（Podiatric Medicine Residency/Fellowship Programs）"。六位数代码的移位主要发生在"60"与"61"之间，共计115个。例如，CIP-2020中的"61.0212　老年医学医师职业培养（Geriatric Medicine Fellowship Program）"是从CIP-2010的"60.0520　老年医学住院医师培养（Geriatric Medicine Residency Program）"移位而来，并对代码名称做了调整。

2. 更名

有5个两位数代码的名称做了调整，约占CIP-2020中两位数代码的10.42%。（见表1-2）总体来看，新名称的覆盖面更广，更能体现其所含四位数、六位数代码的内容，而"60"的更名则主要因为部分代码的移出，导致其范围的变化。同时，四位数代码更名33个，六位数代码更名182个。

表1-2　CIP-2020两位数代码名称变化

| CIP-2010 | CIP-2020 |
|---|---|
| 01　农业、农业运营及相关科学（AGRICULTURE, AGRICULTURE OPERATIONS, AND RELATED SCIENCES） | 01　农业/动物/植物/兽医学及相关领域（AGRICULTURAL/ANIMAL/PLANT/VETERINARY SCIENCE AND RELATED FIELDS） |

（续表）

| CIP-2010 | CIP-2020 |
|---|---|
| 12　个人和餐饮服务（PERSONAL AND CULINARY SERVICES） | 12　餐饮、娱乐和个人服务（CULINARY, ENTERTAINMENT, AND PERSONAL SERVICES） |
| 15　工程技术及工程相关领域（ENGINEERING TECHNOLOGIES AND ENGINEERING-RELATED FIELDS） | 15　工程/工程相关技术/技师（ENGINEERING/ENGINEERING-RELATED TECHNOLOGIES/TECHNICIANS） |
| 31　公园、娱乐、休闲和健身研究（PARKS, RECREATION, LEISURE, AND FITNESS STUDIES） | 31　公园、娱乐、休闲、健身和运动学（PARKS, RECREATION, LEISURE, FITNESS, AND KINESIOLOGY） |
| 60　住院医师培养（RESIDENCY PROGRAMS） | 60　健康专业住院医师/职业培养（HEALTH PROFESSIONS RESIDENCY/FELLOWSHIP PROGRAMS） |

3. 数量变化

CIP-2020中，各级代码的数量进一步增加。两位数代码新增1个，即"61　医疗住院医师/职业培养（MEDICAL RESIDENCY/ FELLOWSHIP PROGRAMS）"，两位数代码总量达到48个。四位数代码新增76个，删除5个，总量增加到450多个。其中，两位数代码"60"中，新增了与护理师、药剂师、助理医师职业培养相关的3个四位数代码"60.07""60.08""60.09"。删除的"60.04　医疗住院医师培养——全科证书（Medical Residency Programs——General Certificate）"与"60.05　医疗住院医师培养——专科证书（Medical Residency Programs——Subspecialty Certificates）"两个四位数代码，在新增的两位数代码"61"中细分为27个新的各类医疗住院医师培养学科专业，如新设"61.03　变态反应和免疫学住院医师/职业培养（Allergy and Immunology Residency/Fellowship Programs）"。六位数代码多于2 130个，其中新增420个，仅删除了7个。在"60"中，新设了108个六位数代码；在"61"中，新设了71个六位数代码，如"61.0903　实验室遗传学和基因组学医师培养（Laboratory Genetics and Genomics Residency Program）"。

**二、美国学科专业分类目录的修订条件与程序**

CIP的具体编制程序为收集信息、归总分类、征求意见、完成定稿、公示结果[1]，体现出对于高校办学自主权的尊重。[2]

为了编撰CIP-2020，NCES开展了为期一年的全面、多层次的工作，包括广泛的调研与分析、"中学后教育集成数据系统（IPEDS）"的建议、技术审查小组（Technical Review Panel，TRP）的审定以及公示（public comment）等环节。在修订过程的第一阶段，NCES组织力量在网上系统开展调研，详细核对已经准备好的数据资料来源，并以此辨识各高校现有但没有纳入CIP-2010的学科专业，提出修订的初步建议。具体步骤为：

首先，选择研究对象。使用源于"IPEDS学业调查（IPEDS Completions Survey）"的资料，核对每一个两位数代码，查看其所有六位数代码中以"99　其他类"结尾的学科专业，并针对每一个上述学科专业，挑选出不超过5所拥有该学科专业的高校，查看这些学校的网站并下载该学科专业的介绍，再将其与CIP-2010的六位数代码进行比对，如找不到与其相符的学科专业，就列入备选的新学科专业。

其次，核对在IPEDS2014年、2015年、2016年的调查资料中列为"其他类"的学科专业，寻找有可能成为新学科专业的对象。

最后，对于每一个筛选出的备选对象，挑选出5~10所拥有该学科专业的高校，开展网上研究（internet research），比较不同高校该学科专业的介绍和培养方案，在此基础上起草新学科专业的说明。

在第二阶段，主要通过电话或网络，征求IPEDS核心成员和技术审查小组成员的意见，并请上述人员审查备选新学科专业的名称、合规性解释、内容说明以及具体位置。同时，广泛吸纳CIP用户参与修订过程，补充在前

---

[1] 鲍嵘：《美国学科专业分类系统的特点及其启示》，载《比较教育研究》2004年第4期。

[2] 刘念才、程莹、刘少雪：《美国高等院校学科专业的设置与借鉴》，载《世界教育信息》2003年第1-2期。

期调研中未能发现的其他学科专业。对于每一条意见和建议都要进行详细的研究，以决定是否符合学科专业新增的条件。上述工作完成后，NCES公开发布CIP修订版的草案。

2018年6月25日至26日，召开技术审查小组会议，讨论对于修订版草案意见建议的反馈方案。参会人员具有广泛的代表性，包括CIP用户，来自联邦政府和州政府部门的代表，4年制、2年制及学制不到2年的公立高校、私立非营利高校和私立营利性高校的代表。

在以上工作的基础上，NCES在《联邦公报》（*Federal Register*）上分别进行为期60天和30天的公示，请公众对CIP-2020草案中的内容提出意见和建议。在后面一次的公告中，NCES公布相关公众意见摘要，回应这些意见，并发布了CIP-2020拟定稿。

在此过程中，任何一所高校都能通过IPEDS核心成员提出新增学科专业的申请。NCES认真研究每一项申请，核对所申请的学科专业是否满足设置的条件要求。在这种情况下，一般要求至少要有5所第Ⅳ类中学后教育机构符合设置该学科专业的条件，才能考虑予以增加。

### 三、中美学科专业比较

#### （一）基本概念

不同国家间的比较研究要关注语言翻译及内涵辨析，因为"在不同语言文本的转换中，一种语言所蕴含、体现的文化内容不可避免地部分失落，而另一种语言所蕴含、体现的文化内容则不可避免地大量进入，因而引起信息的误读与变异"①。

学科可以译为"discipline"，但在做比较研究时，要注意汉语中还没有一个现成的词语能够涵盖其全部意蕴。例如，该英文单词所具有的学科制

---

① ［美］克拉克·克尔著，王承绪、徐辉、殷企平等译：《高等教育系统：学术组织的跨国研究》，杭州大学出版社1994年版，第11—13页。

度、严格训练、规范准则、戒律约束等含义①，并非与汉语中的"学科"完全对应②。同样，也难以找到一个英文单词能够涵盖汉语"学科"一词的全部意蕴，"学科建设"更是难以在英文术语中找到直接的表述，要避免望文生义、似是而非。

我国本专科专业与研究生的学科和专业目录各自独立设置。而CIP中副学士、学士、硕士、博士均采用同一个代码目录，相应的英文表述有discipline、field of study、specialized subject、instructional program等。

**（二）学科专业数量**

1.研究生学科和专业

我国过去几次学科目录调整，主要关注各门类、各学科的数量和比例关系，着力削减学科数量，特别是压缩二级学科。1997年版《授予博士、硕士学位和培养研究生的学科、专业目录》中，二级学科数从654个减少到381个，减少了71.65%。对此，有文献认为二级学科数量仍然偏多，甚至主张取消二级学科，但也有观点认为二级学科数量不足。③从2002年起，国务院学位委员会批准在具有博士学位授予权的一级学科下自主设置二级学科。④《学位授予和人才培养学科目录（2011年）》规定了学科门类和一级学科，并明确二级学科由各高校和科研院所自行确定。《学位与研究生教育发展"十三五"规划》进一步指出，支持学位授予单位按照经济社会发展需求自主设置二级学科。2018年修订的《学位授予和人才培养学科目录》共有13个学科门类、111个一级学科。近年来，对于二级学科的认识和评价有所淡化，如何保持和突出二级学科中蕴含的行业高校的学科特色，需要进行新的思考。

---

① 谢桂华：《高等学校学科建设论》，高等教育出版社2011年版，第57页。
② 鲍嵘：《学科制度及其反思》，载《学位与研究生教育》2006年第7期。
③ 郑杭生：《当前社会学学科制度建设的问题》，载《中国社会科学》2002年第3期。
④ 高久群、郑华、余全红：《交叉学科设置和研究生培养的实践与思考——以中山大学为例》，载《高教论坛》2015年第2期。

2. 本专科专业

1952年，我国高等教育开始按照专业培养人才。1953年，全国高校共设置专业215种，1957年、1962年和1963年分别为323种、627种、432种。改革开放以来，我国历次专业设置调整，主要也是关注专业数量的多少，（见图1-1）基本上是调整时压缩，然后有所增加，继而再调整压缩。

例如，改革开放后的第一次修订目录于1987年颁布实施，专业调减到671种，但第二年就大幅反弹；1993年第二次修订目录，专业进一步减到504种；1998年第三次修订目录，锐减到249种；2012年第四次修订目录，专业又由635种调减至506种，其中基本专业352种，特设专业154种。[1][2]这样一个反复增减的过程，说明对于专业内涵的把握还需要不断完善。

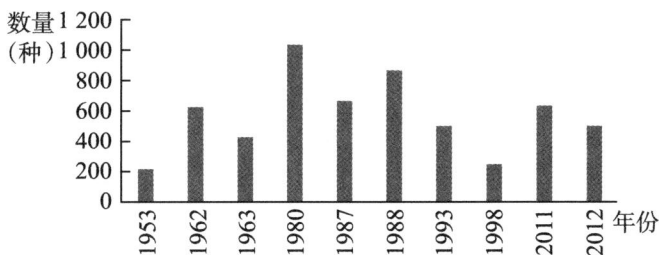

图1-1　我国高校专业数量变化图

3. 数量比较

关于学科专业数量的中美比较，一种观点主张将美国的两位数代码、四位数代码、六位数代码分别对应我国的一级学科、二级学科、三级学科，认为我国存在学科划分过细的问题。另一种观点认为，应该将美国的三级学科专业代码分别与我国的学科门类、一级学科、二级学科相对应，因此我国各级学科数量均只有美国的三分之一左右，不认可关于我国学科

---

[1] 卢晓东：《中美大学本科专业设置比较》，载《比较教育研究》2001年第2期。
[2] 张忠福：《美国高校学科专业和课程设置特点及其启示》，载《现代教育科学·高教研究》2015年第3期。

划分过细的说法，笔者也曾持这样的看法[①]。

但是，由于中美两国学科制度的差异，不宜将美国CIP的三个层次简单地与我国学科体系进行类比，并以此得出两国间学科、专业数量多寡的结论。同样，也不可简单地将我国本专科专业的数量与美国CIP的两位数代码、四位数代码和六位数代码进行类比。

### （三）学科专业的交叉融合

CIP专门设置了"30　多学科/交叉学科（MULTI/INTERDISCIPLINARY STUDIES）"。同时，CIP在四位数和六位数代码中分别用"**.99"和"**.**99"来表示多学科/交叉学科。例如，"13.99　教育学，其他类（Education，Other）""13.0699　教育评估、评价与研究，其他类（Educational Assessment，Evaluation，and Research，Other）"。

新增新兴交叉学科的例子有，在CIP-2020的两位数代码"30"中，新设置了22个四位数代码，如"30.39　经济学与计算机科学（Economics and Computer Science）""30.40　经济学与外国语/外国文学（Economics and Foreign Language/Literature）""30.50　数学与大气/海洋科学（Mathematics and Atmospheric/Oceanic Science）""30.52　数字人文与文本研究（Digital Humanities and Textual Studies）"等。同时，新增的六位数代码数量更多，充分体现了文理交叉与理工融合的特点。

同时，CIP-2020中出现了一些新的学科专业。例如，在"22.02　法律研究与高级专业学习（Legal Research and Advanced Professional Studies）"中，新设了专利法、农业法、家庭/儿童/老年法等12个六位数代码，体现出学科专业进一步细分的趋势。

2011—2014年，我国共有147所高校设置了480个交叉学科（不含军事学），其中博士学位授权学科293个，硕士学位授权学科187个。有78个一级学科都已设置了交叉学科，发展势头较好。但也应注意避免内涵模糊、

---

①　谢桂华：《高等学校学科建设论》，高等教育出版社2011年版，第255页。

名称不规范等问题[1]，进一步完善学科目录的更新程序与公开机制[2]。

### 四、学科专业的功能与作用

美国的学科专业划分侧重于管理上的统计功能和调查信息标准，高校在开展教学、科研活动时，能够根据自身与社会需求实际，自行设置和调整学科专业。虽然美国高校开设的学科专业大多都与CIP代码相一致，但仍有一些例外。例如，加利福尼亚大学洛杉矶分校（UCLA）109个可授予研究生学位的学科专业中，有9个不在CIP-2000的六位数代码之内；而加利福尼亚大学伯克利分校（UCB）的108个学科专业，有5个也是如此。[3]

尽管如此，也不可低估美国高校教师对于学科的重视程度。有调查显示，76%的高校教师认为他们所专长的学科专业"很重要"，而只有26%和40%的高校教师认为他们所在的学校、所在的院系"很重要"。有的教师甚至认为，他们与其他高校的同行之间有许多共同语言，而与在其隔壁办公室工作但不是同一学科专业的同事之间，共同语言则要少得多。[4]

在我国，学科设置是"对学科发展和科学研究进行管理的基本而有效的手段之一"[5]，强调学科专业划分在管理上的"规范功能"，在培养高层次创新人才、推动和引领大学学科建设与发展、催生新的学科生长点、促进国际学术交流和合作等方面，都具有十分重要的作用。[6]

---

① 谢桂华：《学位与研究生教育研究新进展》，高等教育出版社2006年版，第259-276页。

② 韩双淼、许为民、衣龙涛：《英国研究生学科专业目录：演变轨迹与启示》，载《学位与研究生教育》2019年第8期。

③ 张振刚、向斂锐：《美国高等教育学科专业分类目录的系统研究》，载《学位与研究生教育》2008年第4期。

④ 国家教育发展与政策研究中心：《发达国家教育改革的动向和趋势（第二集）》，人民教育出版社1987年版，第208-209页。

⑤ 蔡曙山：《科学与学科的关系及我国的学科制度建设》，载《中国社会科学》2002年第3期。

⑥ 王战军、翟亚军：《关于〈研究生学科、专业目录〉的思考》，载《高等教育研究》2007年第28卷第3期。

在一些高校，以学科为单位来进行资源配置，诸如项目和课题、科研经费、研究生和导师指标、实验室面积、成果鉴定、职称评定等，都以学科作为"法定"依据。[①]同样，《普通高等学校本科专业目录》规定的专业划分、名称及所属门类，是本专科设置和调整专业、招生、授予学位、指导就业以及人才需求预测等工作的重要依据。因此，学科和专业学位点成为"紧缺资源"，有的高校和院系热衷于"抢点占坑"[②]。

人类系统化了的知识主要是以学科专业的形式出现的，但对于知识的划分却是人为的产物。[③]划分学科专业是高等教育发展的逻辑规律，但如果划分不当或过度强化细化，也可能会带来学术活动内容的支离破碎，形成"学科壁垒"。同时，基于学科专业衍生出来的管理组织，如教研室、系、学院乃至大学，一定程度上又会反过来人为地影响学科专业的合理分化与集成。在研究生学科和专业方面，新设学科往往更容易得到赞同和支持，合并或撤销已有学科和专业的阻力则非常大；在本科专业方面，尽管"专业对口"在职业教育和应用型高校依然重要，但给研究型大学的大类招生、大类培养和通识教育带来了压力。

高等教育具有国际化的基因，学科设置与学位制度都是在高等教育国际化背景下展开的，但也体现出鲜明的国家特色。虽然各国都会对知识和学业门类进行划分，但划分的方法并不相同。即使在同一国家，由于划分目的、角度和需要不同，或由于个体认识上的差异，在不同时期划分方法和结果也会有所不同，导致学科专业的设置出现差异，各国之间相互学习、相互借鉴，有助于促进各自学科的发展。尽管中美两国高等教育的体制机制有所差异，对于学科的认识和理解也有不同，但美国学科设置的经

---

① 李一希、方颖、刘宏伟等：《推动学科交叉建设一流学科的若干思考》，载《国家教育行政学院学报》2016年第12期。

② 张炜：《"两个一流"建设，要有所为有所不为》，载《人民日报》2016年3月31日。

③ 王伟廉：《高等学校学科专业划分与授权问题探讨》，载《高等教育研究》2000年第3期。

验和做法，对于促进我国高校学科建设及新兴交叉学科发展，具有一定的借鉴意义，只是要防止形而上学地照抄照搬。[①]要坚定"四个自信"，坚持中国特色，不断加强对于学科专业设置方法及过程管理的深入论证，特别是强化对于新兴交叉学科专业发展的激励措施，深化对于二级学科或学科方向功能定位的认识，使得学科建设在弘扬优秀传统、不断创新发展、实现高等教育高质量内涵式发展的过程中发挥更大的作用。

（原载于《学位与研究生教育》2020年第1期，有删改。）

# 第七节　关于引用美国高等教育数据的讨论

## ——兼论中美高等教育比较与借鉴

近年来，中美高等教育比较研究已成为学界关注的热点。2019年8月3日，笔者在中国知网（CNKI）上查询，1998年至2018年，国内以"美国高等教育"为主题的期刊文献4 209篇。其中，CSSCI收录1 451篇，按照年度分布，1998年有16篇，至2008年逐年上升至峰值126篇，20年间年均增长22.92%；此后3年都在百篇以上，2012年后历年也在80至100篇之间，2018年81篇。上述文献有助于认识和把握美国高等教育的历史变革与发展现状，对中美高等教育比较与借鉴作出贡献，但也有一些文献对于美国高等

---

① 张炜：《关于引用美国高等教育数据的讨论——兼论中美高等教育比较与借鉴》，载《中国高教研究》2019年第10期。

教育数据的引证和解读存在缺陷。①如果有所偏颇的观点与社会上的关注点相吻合，不仅流传很广，而且走出认识误区的难度更大、时间更长。笔者从2001年发表中美研发经费比较的文章开始②，陆续撰写了一批中美两国高等教育比较的文章，内容涉及办学理念与质量、大学治理与管理、规模增长与办学条件、研究生教育、科技创新等方面，深感有必要讨论如何"引用"美国高等教育数据的问题。

### 一、数据使用

部分文献缺乏数据支撑，形成了一些想当然和似是而非的观点。

### （一）教职工结构

1999年开始，我国高等教育不断扩大招生规模，在校生人数快速增加，但专任教师人数增加相对缓慢，使得生师比从1998年的11.6猛增到2002年的19，2006年后也一直在17以上。对此，关于增加高校教师数量的呼声不断。在编制难以突破和办学成本不断上升的情况下，一些文献也关注教职员工的构成问题③，认为美国高校非专任教师在教职工中的比例较低，而我国的比例偏高。

美国国家教育统计中心（NCES）公布的数据④显示，1999年秋季，288.32万人受雇于美国高校，其中全职人员191.87万人。具体构成为，教学科研人员占30.8%，与管理人员、非教学科研专业人员二者之和（30.71%）相当，比各类非专业人员占比要低7.69个百分点。4年制高校中，私立高校教学科研人员的占比为28.57%，低于公立高校（29.53%）。

---

① 张炜：《对美国高等教育的十个认识误区》，载《高等教育研究》2005年第6期。
② 张炜：《中美两国研发经费的比较研究》，载《中国软科学》2001年第10期。
③ 易家言：《中国教育的尖锐问题：学校、市场和政府的重新定位》，载《管理世界》2001年第3期。
④ 如无专门说明，本节涉及美国高等教育的数据均来自美国"国家教育统计中心"（National Center for Education Statistics，NCES）《教育统计摘要》（*Digest of Education Statistics*）历年的电子版，https://nces.ed.gov/programs/digest/。

NCES关于2016年的数据，对教职工做了进一步的细分。在近400万教职工中，全职人员252.4万人，教学人员占到28.52%，加上专职科研人员，二者合计比1999年高出0.72个百分点，非专业人员占比也提高了1.17个百分点，但从总体看，结构并没有明显变化。（见表1-3）同时，教学人员中的全职人员仅占50.3%，是各类人员中比例最低的，而有四类人员中全职人员的占比超过90%，依次为管理人员（97.3%），自然资源、建筑和维修人员（94.4%），经营和财务运行人员（93.6%），计算机、工程及科学人员（91.7%），具体原因还需进一步研究。

2018年，我国普通高校专任教师167.28万人，占教职工总数的67.25%，比2003年提高了17.10个百分点。[1]但是，我国对教职工统计的口径与美国有所不同，特别是非事业编教职工一般没有进入统计之中，如何合理比较还需要进一步研究。

表1-3 美国高校全职教职工结构（2016年秋季）[2]

| 类别 | 人数（人） | 占比（%） | 类别 | 人数（人） | 占比（%） |
|---|---|---|---|---|---|
| 教学 | 719 873 | 28.52 | 社区、社会服务、法律、艺术、设计、娱乐、体育和媒体 | 146 021 | 5.79 |
| 专职科研 | 75 620 | 3.00 | 保健从业人员与技术员 | 94 899 | 3.76 |
| 公共服务 | 20 267 | 0.80 | 服务职业 | 202 931 | 8.04 |
| 图书馆管理与档案 | 35 832 | 1.42 | 销售和相关职业 | 10 521 | 0.42 |
| 学生、学术事务及其他服务 | 121 296 | 4.81 | 办公室和行政管理支撑 | 347 181 | 13.76 |
| 管理 | 252 156 | 9.99 | 自然资源、建筑和维修 | 70 156 | 2.78 |
| 经营和财务运行 | 197 107 | 7.81 | 生产、交通和物流 | 158 71 | 0.63 |
| 计算机、工程及科学 | 214 249 | 8.49 | | | |

① 如无专门说明，本节涉及我国高等教育的数据均来自教育部《教育统计数据》与《教育发展统计公报》历年的电子版，http://www.moe.gov.cn/jyb_sjzl/。

② 本表数据来源于2017年NCES的统计。

## （二）私立大学水平

随着我国民办高等教育的发展，哈佛、耶鲁、斯坦福、麻省理工等世界一流大学成为不少国内文献关注的热点，有的文献甚至认为美国的"精英教育多数集中在那些历史悠久的著名私立大学"[①]。

1999年，美国研究型私立大学只有40所，在私立高校总数中所占比例仅为1.73%，而研究型公立大学有86所，在公立高校总数中的占比为5.23%。同时，私立高校中学士学院（Baccalaureate institutions）和其他4年制高校共1 322所（57.18%），其数量和占比都远远超过了公立高校中的同类院校。（见表1-4）

表1-4　美国高校不同办学模式下的分层定位（1999年）[②]

| 高校类型 | 私立高校 | | 公立高校 | |
|---|---|---|---|---|
| | 数量（个） | 百分比（%） | 数量（个） | 百分比（%） |
| 研究Ⅰ型大学 | 30 | 1.30 | 59 | 3.58 |
| 研究Ⅱ型大学 | 10 | 0.43 | 27 | 1.65 |
| 博士大学 | 48 | 2.08 | 65 | 3.95 |
| 硕士学院和大学 | 280 | 12.11 | 277 | 16.83 |
| 学士学院 | 757 | 32.74 | 123 | 7.47 |
| 其他4年制高校 | 565 | 24.44 | 58 | 3.52 |
| 2年制高校 | 622 | 26.90 | 1 037 | 63.00 |
| 合计 | 2 312 | 100.00 | 1 646 | 100.00 |

从《2008年教育统计摘要》开始，NCES采用新的标准，根据高校研发经费支出、研发人员数量、授予博士学位的规模对高校进行分类，但研究型大学中公立高校与私立高校的分布态势并未显著改变。同时，无论是公立高校还是非营利私立高校，年授予20个以上博士学位的高校数量与占比（见表1-5中前三类大学）都有所提高，说明美国高校办学层次的重心在提升。

---

① 张炜：《美国私立高等学校规模结构效益讨论》，载《中国高教研究》2005年第8期。
② 本表数据来源于2002年NCES的统计。

表1-5　美国高校不同办学模式下的分层定位[①]

| 高校类型 | 非营利私立高校 | | | | 公立高校 | | | |
|---|---|---|---|---|---|---|---|---|
| | 数量（个） | | 百分比（%） | | 数量（个） | | 百分比（%） | |
| 年份 | 2016 | 2007 | 2016 | 2007 | 2016 | 2007 | 2016 | 2007 |
| 超高水平研究型大学 | 34 | 33 | 2.02 | 2.04 | 81 | 63 | 4.99 | 3.75 |
| 高水平研究型大学 | 30 | 27 | 1.78 | 1.67 | 74 | 75 | 4.56 | 4.46 |
| 博士/研究型大学 | 54 | 45 | 3.21 | 2.78 | 38 | 27 | 2.34 | 1.61 |
| 硕士学院和大学 | 412 | 343 | 24.49 | 21.16 | 271 | 264 | 16.7 | 15.7 |
| 学士学院 | 460 | 533 | 27.35 | 32.88 | 223 | 177 | 13.74 | 10.52 |
| 专业学院 | 591 | 549 | 35.14 | 33.87 | 50 | 47 | 3.08 | 2.79 |
| 2年制高校 | 101 | 91 | 6.00 | 5.61 | 886 | 1 029 | 54.59 | 61.18 |
| 合计 | 1 682 | 1 621 | 99.99 | 100.01 | 1 623 | 1 682 | 100.00 | 100.01 |

## 二、数据来源

一些文献的数据来源不详或缺乏科学性、可信性，可能由此得出错误的结论。

### （一）学杂费

在我国高校经费来源中政府投入占比下降的背景下，有文献夸大美国高校经费中学杂费的占比和校友捐款的作用，并以此得出结论：美国"大学经费来源以社会和个人为主"[②]。

NCES的最新数据对于高校收入来源有所细化。经过归类计算，与

---

① 本表数据来源于2008年及2017年NCES的统计。

② 张炜：《我国高校收费制度改革的分析与思考》，载《北京大学教育评论》2005年第2期。

1995—1996学年相比，2015—2016学年，公立高校学杂费收入占比提高了2.2个百分点，政府投入虽然减少了8.4个百分点，但仍然是最大经费来源，其中州政府的投入占比下降幅度较大，而联邦政府与地方政府分别提高了2.6个和2.9个百分点；非营利私立高校的学杂费占比下降了2.0个百分点，私人捐赠占比提高了6.2个百分点，尽管超过了政府投入，但仍远低于销售和服务收入。（见表1-6）

表1-6　美国高校经常性收入主要来源[①]

| 高校类型<br><br>经常性收入主要来源 | 公立高校(%) | | 非营利私立高校(%) | |
|---|---|---|---|---|
| | 1995—1996<br>学年 | 2015—2016<br>学年 | 1995—1996<br>学年 | 2015—2016<br>学年 |
| 学杂费 | 18.8 | 21.0 | 41.5 | 39.5 |
| 政府 | 51.0 | 42.6 | 16.7 | 14.1 |
| *其中：联邦政府* | *11.1* | *13.7* | *14.1* | *12.9* |
| *州政府* | *35.8* | *21.9* | *1.9* | *1.2* |
| *地方政府* | *4.1* | *7.0* | *0.7* | |
| 私人捐赠 | 4.1 | 3.4 | 9.5 | 15.7 |
| 销售和服务收入 | 22.2 | 23.2 | 21.6 | 25.2 |
| 其它 | 3.9 | 9.9 | 10.7 | 5.6 |
| **合计** | 100.0 | 100.1 | 100.0 | 100.1 |

需要注意的是，美国公立高校一般都把佩尔助学金（Pell Grants）列入联邦政府拨款，而私立高校则将其计入学杂费中，因而二者统计口径有所差异，一定程度上会拔高私立高校的学杂费收入水平。

### （二）科技成果转化率

近30年来，"科技成果转化率"这一术语在国内普遍使用。[②]作为一个概念，该术语十分形象、易于理解，但不同文献在定量分析中给出的数值

---

① 本表数据来源于2002年及2017年NCES的统计。
② 张炜：《科技成果转化认识误区》，载《中国科技论坛》2004年第5期。

差异很大，我国为10%~30%，而发达国家为60%~80%。

对于科技成果转化率的分母，即"科技成果"的统计标准难以确定。一项科学成果究竟是一个新理念、新知识、新原理、新规律、新发现，还是一篇论文、一部专著？对于技术成果，究竟是完成一个科研课题就算形成了成果，还是通过鉴定才算？具体体现为一项专利、一个技术诀窍，还是一个设计、一项工艺、一个产品？

对于科技成果转化率的分子，即"已转化科技成果"的界定标准意见不一。有文献认为得到应用的科技成果就是转化了，包括理论成果被引用后的学术指导意义；但也有文献认为，科技成果要成为商品或转化为现实生产力才是转化。而一件商品可能包含了若干转化了的科技成果，科学技术的一个重大突破也可能引发若干新产品的开发，并非一一对应的关系。

另外，我国高校研发经费的三分之一来自企事业单位的横向课题。这些课题大多直接围绕一线实际，项目结题就标志着科技成果转化的发生。但也有一些科技成果，特别是基础研究成果，从成果产生到实现转化需要时间较长，有的甚至长达数年甚至数十年，即分子和分母的时间周期有可能不同步。

由于科技成果转化率的分子、分母均难以界定和计量，有的又无法在同一时间尺度内进行比较，一些文献中列出的科技成果转化率的具体数值，其计算方法与结果的科学性令人质疑，而英文中也难以找到一个与科技成果转化率相近的术语，更找不到任何一个国家公布的统计数据，相关国际比较的结果令人难以置信。[①]也有文献计算专利使用率，但专利并非科技成果的唯一表现形式，其计算方法也须认真研究。

### 三、数据界定

有些文献由于没有认真查看相关指标的定义，可能会对比较产生误解

---

① 张炜：《高校"科技成果转化率低"一说不成立》，载《光明日报》2015年10月20日。

误判。

**（一）授予博士学位高校的数量**

有文献指出，美国博士学位授予大学仅200多所，占其高校总量的6%，并以此判定我国最高层次办学机构的数量已经接近美国的水平，中国博士学位授予大学占比是美国的2倍。

2000年版的"卡内基高等教育机构分类"，将博士授予高校划分为两类，即博士/研究型大学—广博类和博士/研究型大学—密集类，二者的数量分别为151所、110所。[1]

但是，卡内基对于上述大学是有专门定义的，博士/研究型大学—广博类每年要在15个学科专业授予50个以上博士学位；博士/研究型大学—密集类每年要在3个以上的学科专业授予至少10个博士学位，或每年授予不少于20个博士学位。可见，除上述两类大学之外，美国还有一些授予博士学位的高校，由于其授权的学科专业较为单一或授予博士学位的数量较少，未能统计在内。而我国在统计博士学位授予机构的数量时，并没有类似规定。因此，美国卡内基高等教育机构分类中博士/研究型大学的涵盖范围，并不等同于我国具有博士学位授予权的机构范围。同样，表1-4、表1-5中的前三类大学，也都与我国博士学位授予机构没有可比性。

根据NCES的数据，2015—2016学年，美国授予博士学位的高校已达981所，占其高校总数的21.41%，这些数据均高于我国高校。[2]

**（二）博士学位授予数量**

我国博士研究生教育发展过程中，中美博士规模比较经常引发热议。根据NCES的数据，2004—2005学年，美国授予博士学位52 631个，与我国当时博士研究生的招生人数相近，一些文献由此推论我国授予博士学位的

---

[1] The Carnegie Foundation for the Advancement of Teaching: *The Carnegie Classification of Institutions of Higher Education*, http://www.carnegiefoundation.org/classification/ index.htm.

[2] 张炜：《中美两国博士学位授予高校的比较与启示》，载《中国高教研究》2019年第5期。

人数（将）跃居世界第一。

NCES曾经长期将博士学位限定在学术型博士的范围之内，不包含第一级职业学位（first professional degree，FPD）。[①]而对于FPD，国内大多译为博士，也都是按照博士对待的，且我国将自己培养的临床医学博士、口腔医学博士、兽医博士等专业学位博士都纳入博士范围之内。可见，当时美国博士学位的统计范围要小于我国。[②]因此，引用美国博士学位的数据，应该考虑FPD（2004—2005学年为81 756个）。否则，既会低估美国的博士规模，也会影响中美博士生教育比较的客观性。[③]

### 四、数据时效

由于高等教育的快速发展，许多数据的时效性很强，加之统计口径的调整，如果引用过时的数据作比较，有可能引起结论的失真。

**（一）博士学位变化**

仍然以授予博士学位数量为例，2008—2009学年，NCES重新界定研究生教育授予学位的类别和标准，主要变化是将绝大部分FPD归入博士学位，也有少量归入硕士学位。[④]以2008—2009学年授予的博士学位为例，在《2011年教育统计摘要》中变更为154 425个，比《2010年教育统计摘要》中的数据多出86 709个。2015—2016学年，美国授予博士学位177 867个，同比是我国的3倍以上。

**（二）高校规模变化**

第二次世界大战之前，美国高校大多在校学生规模偏小。伴随高等教育

---

① National Center for Education Statistics: *Digest of Education Statistics 2001*, U.S. Department of Education, 2002: 541.

② 张炜、刘延松：《对美国第一级专业学位的再认识》，载《中国高教研究》2008年第5期。

③ 张炜：《中美博士研究生教育发展趋势比较分析》，载《国家教育行政学院学报》2018年第5期。

④ 张炜：《美国研究生统计标准调整与中美比较分析》，载《学位与研究生教育》2019年第8期。

的快速发展，在学人数的增幅远远超过高校数量，1989—1990学年校均学生达到3 830人，是50年前的4.4倍，更多的人接受了高等教育，但对办学能力和质量提出了新的挑战，受到诸多诟病。2001年，美国有学位授予权的高校的校均在校生为3 795人，其中，有两所高校在校生超过5万人、10所超过4万人，而近90%的高校低于1万人，四分之一以上的高校不到500人。1998年，我国普通高校校均学生为3 335人，还低于美国高校同期的水平，但2002年就达到美国的1.4倍，而一些文献依然认为我国高校的规模偏小、效率偏低。

同时，被一些文献认为拥有10多万学生的加利福尼亚大学，早已演变为一个大学系统，各大学都"享有管理自己内部事务的可观的自治权"①，NCES也是对每一所大学单独进行统计，不能因为有文献将其校名译为"加州大学某某分校"，就把它等同于我国的大学分校。2016年，加利福尼亚大学系统中规模最大的是加利福尼亚大学洛杉矶分校，注册学生为43 518人，其次为加利福尼亚大学伯克利分校（40 154人）。同理，也不能将加利福尼亚州立大学系统（California State University）理解为一所拥有10多万学生的大学，加利福尼亚社区学院（California Community College）更不是一所100多万人的学院。

近年来，远程教育的兴起与营利性私立高校的扩张催生了一批规模较大的高校。与2001年相比，2016年美国授予学位的高校数量增加了9.59%，在校生增加了24.57%，校均规模达到4 329人。其中，在校学生人数排前4位的高校为凤凰城大学（13.16万人）、西部州长大学（8.43万人）、常春藤科技社区学院（7.89万人）和大峡谷大学（7.58万人）。在校学生5万人以上的高校有24所，4万人以上的有47所。不过，仍有31.12%的高校少于500人，甚至还有675所高校在校生不到200人。2018年，我国普通高校的校均规模为10 605人，但统计口径与美国有很大差异。我国开放大学的规模更为可

① ［美］盖泽尔·G.著，沈红等译：《美国多校园大学系统：实践与前景》，教育科学出版社2004年版，第155页。

观，而且不少高校网络教育、成人教育的规模也很庞大，如何更为合理地比较中美高校的学生规模，还需要进一步研究。

**五、数据解读**

有些文献尽管采用了来源可信、定义清晰的实时数据，但如果解读的视角有误，也可能产生歧义。

**（一）增长速度**

比较中美高等教育的发展速度，不少文献认为我国"超速"，我国高校扩招与研究生规模的快速增长，也都由此受到质疑和批评。上述观点有一定道理，但如果后发国家与发达国家增长同步，差距就难以缩小。

实际上，多数国家的高等教育都有过快速发展期，美国也不例外。第二次世界大战后，美国高等教育入学人数的快速增长以及后来由于高校师资短缺引发博士研究生教育的快速发展都是如此。1947年，美国高校注册入学人数是1944年的2倍，1975年是1955年的4.2倍。[1]美国授予的博士学位从1961年的10 613个增加到1970年的59 486个，仅用了9年时间，年均递增21.69%；而我国授予博士学位从1999年的10 160个增加到2018年的59 368个，用了19年的时间，年均递增9.74%。

**（二）校园建设**

2001年，我国普通高校在校生719.1万人，是1998年的2.11倍。但新校舍来不及建设，一些学校在校内搭建临时用房，还有的校园在扩招前就非常拥挤，不得不在外租用校舍，教学质量和安全稳定隐患不小。针对上述问题，国家支持高校征地建设新校区，但办学条件紧张的状况在一定时期内并未根本改变。2006年，生均校舍面积继续下降，尽管新增了1 064.18万平方米的教室，但生均教室面积与上年相比几乎没有变化，依然不到6平方

---

[1] 张炜：《中美两国高等教育学生规模的比较与思考》，载《高等教育研究》2008年第8期。

米；11.06%的学生宿舍使用非学校产权的建筑，而正在施工的学生宿舍仅占已有面积的5.91%；学生食堂面积比上年增加了9.95%，低于学生人数增速1.39个百分点，生均食堂面积进一步下降。①即使到了2018年，普通高校校舍面积比20年前增加了5.39倍，但在校生却增加了7.31倍。尽管如此，高校的基本建设受到不少指责。一些文献通过与美国高校的数据比较，批评我国"一些学校钱多了，就忙着去圈地、盖大楼"，有的文献还对高校完善后勤服务提出异议。

普林斯顿大学占地约1.21平方千米，但只有6 500名学生，生均近200平方米；而哈佛大学占地约1.53平方千米，有近两万名学生，生均也超过了66.67平方米，这是我国多数高校在扩招之前都无法企及的。美国高等教育快速扩张后，也曾出现过一批高校校园拥挤和办学条件恶化的问题，并成为20世纪60年代高校学生骚乱的一个重要原因。②1996年，时任斯坦福大学校长的格哈德·卡斯帕畅谈的办学"新资源"，主要是校园硬件设施，并将新教学楼作为学校对"前沿研究项目提供支持的最重要的形式"③。

一些文献对于美国一流大学的校园给予赞誉，却忽视了其背后的建设与管理，甚至有文献将校园建设与办学质量完全对立。克拉克·克尔指出："现代大学在空间上常常反映着自己的历史。图书馆、人文学科和社会科学（学院）位于校园中心，外层是专业学院和科学实验室，……并点缀着学生宿舍、公寓和供膳食的寄宿处。"④他十分赞赏本杰明·惠勒担任加利福尼亚大学伯克利分校校长的20年间，学校的学生规模扩大了5倍，特别是一批标志性建筑的落成，学校才得以"逐渐成形"。1991年，尼尔·陆登庭

① 教育部发展规划司：《中国教育统计年鉴2006》，人民教育出版社2007年版，第63页。
② ALTBACH P. G.: *Comparative Higher Education: Knowledge, the University, and Development*, Ablex Publishing, 1998: 11.
③ 眭依凡：《学府之魂：美国著名大学校长演讲录》，教育科学出版社2013年版，第109页。
④ ［美］克拉克·克尔著，陈学飞、陈恢钦、周京等译：《大学的功用》，江西教育出版社1993年版，第64页。

在就任哈佛大学校长的演说中也指出，"哈佛从一开始就实行住宿制并不是偶然的"，并承诺"本科生的住宿生活方面值得重视，包括重建一些项目和更新重要设备"[①]。

实际上，美国高校并非不提供后勤服务，布朗大学校长瓦尔坦·格雷戈里安在离职演说中，专门感谢工作人员为全体师生提供每天食用的面包以及"安全、技术基础设施、通信、预算准备、维修等一系列服务"[②]。不少美国高校在招生宣传中都将良好的校园环境与住宿条件作为吸引优秀学生的优势之一。对此，笔者曾与几位美国高校的同人讨论，有人强调，无法容纳更多的学生住校，这是他们的无奈之举，切不可当作经验之谈。

### 六、建议

综上，在中美高等教育比较与借鉴中，应注意以下五个问题。

**（一）坚定"四个自信"**

改革开放以来，我国高等教育的发展成就巨大，2018年毛入学率已经达到48.1%，2019年迈入普及高等教育发展阶段。必须坚定自信，认真总结经验及教训，深化对于我国高等教育旺盛生命力、制度优越性、文化先进性的了解和认识，构建中国特色社会主义高等教育话语体系，加快推进高等教育现代化。

**（二）获取一手资料**

伴随我国出国留学、访学、访问人员的增多，获取一手资料的机会也越来越多。如果事先做好充分准备，就能有的放矢，避免"走马观花"。同时，留学和访学期间如果不仅仅局限于所学专业和所在实验室、院系，而是有意识地观察调研、主动访谈、向专家请教及与同事交谈，可以加深对

---

① 眭依凡：《学府之魂：美国著名大学校长演讲录》，教育科学出版社2013年版，第13、89—90页。

② 眭依凡：《学府之魂：美国著名大学校长演讲录》，教育科学出版社2013年版，第73页。

教育政策和学校管理状况的了解，避免"盲人摸象"。

### （三）合理定量分析

在比较研究中，应有意识地引用数据作支撑并深入分析，避免"泛泛而谈"。同时，也要防止简单地解读数据导致的武断和绝对化，避免过度量化。应多使用正式公布的统计数据和相关文献资料，避免"以讹传讹"。加强历史数据与最新数据的结合，既要了解历史传统和阶段特征，也要关注发展变化和适时状态，避免"刻舟求剑"。

### （四）严格数据界定

对查询到的数据，不能仅仅满足于根据英文术语找到对应的中文词，然后根据该中文的字面词义进行比较，而是要弄清楚统计指标的定义和内涵，确定美国的指标与我国相应指标之间的差异，进行必要和适当的调整，防止简单文字翻译演绎出的错误导向，避免"鸡同鸭比"。

### （五）多维视角研究

增强辩证思维和历史思维能力，正视美国高等教育多元化和多样性的特点，"从多学科、多视角进行审视、探索"①，正确解读数据带来的信息，多种证据相互印证，不可被一些表面现象迷惑，防止主观臆断，避免"只见树木不见森林"。另外，对于有关国外文献的观点要准确把握，不可将一些作者引用的观点误以为其自身的看法，更"不应该把分析与赞同或把描述与辩护相混淆"②，不可一概而论，避免以偏概全。对于一些不当观点，也要主动发声，坚持实事求是，有理有据地分析讨论。

习近平总书记指出，"我们要认真吸收世界上先进的办学治学经验，更要遵循教育规律，扎根中国大地办大学"③。比较研究是一种要审慎地对其

---

① 潘懋元：《多学科观点的高等教育研究》，上海教育出版社2001年版，第3页。

② ［美］克拉克·克尔著，陈学飞、陈恢钦、周京等译：《大学的功用》，江西教育出版社1993年版，第64页。

③ 陈旭、邱勇：《扎根中国大地建设世界一流大学》，http://www.moe.gov.cn/jyb_xwfb/s5148/202104/t20210419_526973.html。

他国家的经验、模式和实践进行对比评价的批判性工作。对待发达国家高
等教育发展的经验，要注意分析、研究并借鉴其中有益的成分，但绝不能
离开中国具体实际而盲目照搬照抄。正如阿特巴赫指出的，对于外国教
育模式，无论是殖民主义统治下的强制推行，还是在后殖民时期不加区
分地借用，都给第三世界教育系统带来了严重的问题。例如，将美国赠
地大学的概念出口到尼日利亚、印度等国，多数情况下与预计的结果差
异很大。[①]开展高等教育比较与借鉴，应充分考虑不同国家政治、经济、科
技、文化、人口和制度等因素的差异，认真探究政策制定的背景以及实施
该政策的环境。中国已成为高等教育规模最大的国家，但人民日益增长的
接受高质量高等教育的需要和高等教育发展不平衡不充分之间的矛盾还比
较突出。要科学准确引用数据，审慎思考与明辨是非，认真学习和准确运
用比较教育的理论和方法，综合运用多种科学研究方法，基于成功经验和
确凿证据，科学、客观、合理地进行分析研判，坚持中国特色高等教育发
展之路，实现高等教育内涵式发展，建设高等教育强国。

（原载于《中国高教研究》2019年第10期，有删改。）

---

① ALTBACH P. G.: *Comparative Higher Education: Knowledge, the University, and Development*, Ablex Publishing, 1998: 56–57.

# 第二章

## 研究生教育（上）

　　作为研究生教育的后发国家，我国需要学习和借鉴包括美国在内的西方发达国家研究生教育发展的经验和教训，做到胸中有数，知己知彼，防止盲人摸象和盲目照搬。本章围绕研究生教育，分为6节。

　　我国研究生教育区域布局的变异系数和基尼系数计算结果显示，2019年我国高校毕业生的省域均衡性要优于美国，硕士毕业生的省域均衡性有所改善，但博士毕业生的省域差异显著且更不均衡。我国省域高校毕业生总量与人口、地区生产总值高度相关，省域硕士毕业生次之，而省域博士毕业生数量与人口不相关、与产值弱相关。通过九宫图，对我国省域硕士、博士毕业生与人口和产值的关系作进一步分析和比较。建议要服务战略需求，加强统筹协调，优化资源配置，科学比较分析，建设高质量研究生教育体系。

　　本章还介绍了美国高等教育规模的预测与结果，回顾了中国高等教育规模的预测、规划与实际值，梳理了高等教育规模预测误差的主观因素、方法局限和政策影响。随着我国高等教育进入普及化阶段，研究生教育的规模和质量还将继续提升，研究生教育规模预测需要兼顾绝对指标和相对指标。加快建设社会主义强国，应适度超前布局研究生教育，建设高质量高等教育体系。

美国国家教育统计中心从《2011年教育统计摘要》开始，采用新的研究生统计标准，博士和硕士的数据发生变化，特别是博士学位授予数量翻番。在新标准之下，中美之间博士教育规模、学科专业结构及授权机构数量等的差异进一步凸显。应增强辩证思维能力，服务教育强国和现代化建设需要，科学确定我国研究生教育的规模和结构，实现质量全面提升的内涵式发展。

作为《世界研究生教育经典译丛》的总译审，笔者对照原著阅览了译文，写了几篇读后感，回顾了该译丛的背景与过程，介绍了几个国家研究生教育研究项目与方法，围绕我国研究生教育及其学科发展关注的问题，梳理了美国等发达国家研究生的学习过程、完成学业、就业趋向、教育公平及导师制面临的挑战。《研究生院之道》讨论了美国研究生特别是人文博士研究生教育中存在的问题，如双轨模式定位不清、课程教学脱离实际、综合考试方法欠佳、论文写作偏离培养目标、完成学业时间过长、辍学率偏高、学术就业供求矛盾等，并从历史演变、系统背景、市场作用等视角分析了原因，建议应加强道德修养、优化培养目标、改革课程教学、明确论文要求、拓宽就业选择、强化导师责任，对于了解和借鉴美国研究生教育不无裨益。笔者还对《学者养成：重思21世纪博士生教育》一书中博士生教育治理的内容进行了归纳梳理，包括教师、博士生、行政管理者和院系等内部治理主体的张力以及各学会、资助型组织、认证机构、社会舆论和政府等外部治理主体的作用，讨论了分权的问题与举措、导师与博士生的沟通交流、质量保障与评估体系、跨学科交叉融合的影响等问题。

# 第一节　基于经济社会发展视角的研究生省域布局研究

2021年《政府工作报告》提出，要发展更加公平更高质量的教育。全国研究生教育会议要求，全面提升研究生教育服务国家和区域发展能力。为此，需要进一步思考研究生教育的省域布局和发展。

## 一、研究背景

高等教育空间布局是高教资源的"空间分布、组合方式及区域间的联系"[1]，若布局失衡，会导致适龄人口接受高等教育的机会不均衡[2]，这已成为影响区域经济社会协调发展的一个主要原因[3]。因此，优化高等教育区域布局以提高教育公平的水平，是促进区域经济社会公平的有力举措。[4]

2005年，《我国东西部高等教育布局结构研究》一文曾研究过我国东西部高等教育的布局，结果显示空间分布不均衡。[5]近年来，国内文献采用统

---

[1] 谢安邦、赵文华：《高等教育空间布局的系统观》，载《上海高教研究》1998年第2期。

[2] 严全治、苗文燕：《区域高等教育与经济非均衡发展实证研究》，载《教育发展研究》2006年第23期。

[3] 劳昕、薛澜：《我国高等教育资源的空间分布及其对地区经济增长的影响》，载《高等教育研究》2016年第6期。

[4] 张炜：《推进高教区域均衡发展》，载《光明日报》2019年3月14日。

[5] 潘璐璐、张炜、赵红星等：《我国东西部高等教育布局结构研究》，载《数学的实践与认识》2005年第11期。

计、经济、管理、地理等多学科研究方法，分析高等教育的空间布局，但由于数据定义、指标体系、分析方法等差异，加之有的文献对相关模型和公式的限定条件关注不够，产生了一些不同甚至对立的研究结果。[①]

省级行政区域（以下简称省域）高等教育是"省级行政区划内各级各类高等教育共同构成的有机整体"[②]，应契合当地经济社会发展所需的"学科专业结构与人才培养"[③]。伴随改革开放不断深入，省级行政管理和资源配置权限逐渐加大，省域高等教育布局出现了变化[④]，特别是进入高等教育大众化阶段后，一些人口和经济大省已成为高等教育大省，中西部高等教育也加快发展。[⑤]

潘懋元先生指出，"教育是一种社会活动"[⑥]，必须与社会发展相适应，既要受其制约，又要为之服务；既要超前发展，又只能适度超前[⑦]。地方经济水平既代表当地财政对高等教育投入的能力，也体现地方经济发展对高等教育的需求。如果高等教育水平滞后于经济社会发展，则经济长期发展和社会持续进步所需的人才资源会不足；但如果过度超前，又可能面临办学条件和质量下滑的风险。[⑧]同样，人口分布是高等教育均衡发展的基础性因素，步入大众化阶段后，这种影响会更加凸显。[⑨]

---

① 张振刚、林春培、金文钧：《基于研究生教育和经济协调发展的学位授权点区域布局研究》，载《学位与研究生教育》2009年第2期。

② 丁晓昌：《做强省域高等教育研究》，高等教育出版社2016年版。

③ 王战军、刘静、杨旭婷：《省域"双一流"建设推进策略研究》，载《江苏高教》2019年第10期。

④ 马陆亭：《论高等教育的均衡发展》，载《教育研究》2005年第10期。

⑤ 张炜：《守正创新激发内生动力和发展活力》，载《高等理科教育》2020年第5期。

⑥ 潘懋元：《高等教育学的若干问题》，载《高等教育研究》1983年第1期。

⑦ 潘懋元：《大众化阶段的精英教育》，载《高等教育研究》2003年第6期。

⑧ 毛盛勇：《中国高等教育与经济发展的区域协调性》，载《统计研究》2009年第26卷第5期。

⑨ 米红、文新兰、周仲高：《人口因素与未来20年中国高等教育规模变化的实证分析》，载《人口研究》2003年第6期。

2000年，美国每万人中拥有高等教育学历的有3 176人，2010年增加到3 613人，年均递增1.3%；同期，我国由354人上升到888人[1]，年均递增9.63%，两国间的差距有所缩小。另外，美国51个州（特区）的高等教育发展也不均衡，爱达荷州、缅因州、南达科他州和怀俄明州4个州的高等学校数量之和还不到加利福尼亚州的五分之一。[2]2010年，美国25~34岁人口中硕士及以上学位拥有者占8.9%，是我国的8.9倍。[3]2018年，经济合作与发展组织（OECD）国家25~64岁的人口中，各国获得最高学位为硕士的达12.7%、为博士的占1.1%。[4]

研究生教育的区域分布不仅具有高等教育的共性，也有其自身发展的特性，"规模和结构研究的价值日益凸显"[5]，而我国"博士研究生教育主要集中于少数省份"[6]，特别是与计划经济时期部委直属高校在北京和六大行政区所在城市的布局有关，行业特色高校授予博士学位的数量占较大比例[7]，研究生教育的区域分布不均衡问题值得关注。[8]

---

① 张银锋、侯佳伟：《当前中国高等教育人口现状及发展趋势分析》，载《中国青年研究》2016年第2期。

② 朱永东、向兴华、叶玉嘉：《基于因子分析的美国高等教育发展水平综合评价研究》，载《高教探索》2014年第5期。

③ 祁静、张银锋：《新世纪之初中国和美国青年人口的发展趋势》，载《青年探索》2015年第6期。

④ 如无专门说明，本节关于美国的数据来自美国国家教育统计中心（NCES）《教育统计摘要》历年电子版，https://nces.ed.gov/programs/digest。

⑤ 赵庆年、祁晓：《区域研究生教育规模和结构问题研究方法论探析》，载《学位与研究生教育》2012年第4期。

⑥ 李立国、黄海军：《我国省域研究生教育的学科布局》，载《复旦教育论坛》2012年第1期。

⑦ 张炜、汪劲松：《行业特色高校的发展历程与辩证分析》，载《中国高教研究》2020年第8期。

⑧ 高耀、张琳、顾剑秀：《中国省域研究生教育竞争力与经济竞争力协调度双层次因素分析与综合评估——兼论促进区域研究生教育布局优化的可能路径》，载《复旦教育论坛》2013年第11卷第3期。

## 二、毕业生的省域分布及变化

关于高等教育区域布局，有些研究侧重于构建综合评价指标体系，但有的指标体系部分指标的定义和内涵相近，分级、分类不清，影响了研究结果的科学性和可信度；有的文献选用单一指标，较为关注普通高校数量或在校生整体规模[①]，或通过入学机会进行分析[②]。相比而言，"最终教育成就作为单一指标，能够比较集中地反映教育诸环节的累积成效"，可以相对综合地反映和评价教育发展水平。[③]本节以高校毕业生数量作为单一指标进行讨论。

### （一）绝对规模的省域差异

2019年，我国高校毕业生总量已达822.50万人[④]，其中河南、山东都在60万人以上，广东、江苏也已超过50万人，而毕业生人数最少的省域刚过万人，省域间差异显著。

按教育层次细分，博士毕业生数量[⑤]，2019年北京达到18 653人，是唯一过万的省域，其次为上海5 752人、江苏4 975人、湖北3 965人，而有14个省域的博士毕业生不到千人，有4个省域甚至不到百人。硕士毕业生总人数从2006年的21.97万人增加到2019年的57.71万人，仅北京就增加了4.22万人，达到79 242人，而排在最后的3个省域仅增加了3 075人。

---

① 李硕豪、魏昌廷：《我国高等教育布局结构分析——基于1998—2009年的数据》，载《教育发展研究》2011年第3期。

② 魏玉梅、刘先春：《中国西部高等教育入学机会公平发展研究》，载《高教发展与评估》2015年第31卷第3期。

③ 黄维海、陈娜、张晓可：《教育扩展效应、人口结构效应与受教育平衡程度的波动——新中国成立以来的受教育库兹涅茨曲线》，载《清华大学教育研究》2014年第35卷第3期。

④ 如无专门说明，本节关于中国的数据来自教育部《教育统计数据》电子版（http：//www.moe.gov.cn/s78/A03/moe_560/jytjsj）以及国家统计局《中国统计年鉴》电子版（http：//www.stats.gov.cn/tjsj/ndsj）。

⑤ 中国博士、硕士毕业生的数据含高校和研究院所培养的研究生。

2019年，我国本科毕业生的省域分布和变化形态与研究生有所不同，河南、广东超过江苏，位列全国前两位，这3个省域的本科毕业生都超过了26万人。海南和广西等中西部省域的增幅较大。同时，山东、河南的专科毕业生人数均在30万人以上，位居全国前两位，贵州、宁夏、云南等西部省域的增幅较大，既对职业教育的发展作出贡献，也有利于省域高等教育整体规模的均衡，而北京与上海的专科毕业生出现负增长。

相比较而言，2017—2018学年，美国授予学位的总量不到中国2019年高校毕业生的一半（48.55%）。其中，博士、硕士学位获得者分别是中国博士、硕士毕业生的2.94倍和1.42倍，而学士、副学士学位获得者分别只有中国本、专科毕业生的50.09%和27.80%，体现出两国高等教育学历层次分布的差异。

由于我国本、专科毕业生在高校毕业生总量中所占的比重较大（2019年为92.22%），且与高校毕业生的省域分布形态相近，本节以下重点讨论毕业生总量及博士、硕士毕业生的省域分布情况。

**（二）相对规模的省域差异**

2019年，高校毕业生最多的河南、山东、广东、江苏4个省域共占全国高校毕业生总量的28.04%，比2006年位居前4位省域的占比提高了1.61个百分点，河南从全国第6上升到第1，占比提高了2.30个百分点，而高校毕业生最少的4个省域占比均低于1%，合计仅1.42%。

就不同省域博士毕业生数量占当年全国博士毕业生数量的比例而言，北京2019年高达29.81%，比2006年提高了3.70个百分点，如果再加上上海、江苏、湖北，该占比超过全国的一半（53.29%），博士毕业生更加向少数省域聚集；而有13个中西部省域的博士毕业生占比均低于1%，合计不到5%，排在最后的3个省域合计占比0.12%。相比2006年，2019年浙江、湖南的博士毕业生数量在全国的位次分别提升了3名。（见表2-1）

表2-1　我国研究生毕业生的省域比重[①]

| 比重（%） | 博士毕业生 | | 硕士毕业生 | |
|---|---|---|---|---|
| | 2019年 | 2006年 | 2019年 | 2006年 |
| 10～30 | 北京 | 北京、上海 | 北京 | 北京 |
| 5～10 | 上海、江苏、湖北 | 江苏、湖北 | 江苏、上海、湖北、辽宁、陕西 | 湖北、江苏、上海、陕西 |
| 4～5 | 广东、陕西、四川 | 广东、陕西、辽宁、吉林 | 广东、四川、山东 | 四川、广东、辽宁 |
| 3～4 | 辽宁、浙江、吉林、黑龙江 | 四川、天津、黑龙江、浙江、山东 | 湖南、浙江、黑龙江、吉林 | 山东、黑龙江、天津、浙江、吉林 |
| 2～3 | 湖南、天津、山东、安徽 | 安徽、湖南 | 天津、安徽、河南、重庆、河北、福建 | 湖南、重庆、安徽 |
| 1～2 | 重庆、福建、甘肃 | 福建、甘肃、重庆 | 云南、江西、甘肃、广西、山西、新疆、内蒙古 | 福建、河北、河南、云南、甘肃、山西、广西、江西 |
| <1 | 其他13个省域 | 其他13个省域 | 其他5个省域 | 其他7个省域 |

就硕士毕业生而言，2019年北京、江苏、上海、湖北占到全国的三分之一以上（34.64%），比2006年降低了6.34个百分点，其中北京就下降了3.15个百分点，而占比提升最多的是河南（提高1.12个百分点）；江苏的硕士毕业生人数超过湖北，跃居全国第二，湖南在全国的位次上升了4位。有5个省域硕士毕业生占比均低于1%，比2006年减少了2个，合计占比1.87%，是2006年的两倍。可见，我国硕士毕业生的省域均衡性有所改善。

2006年，我国每百名高校毕业生中有博士毕业生0.90人，一直有观点质疑我国高校毕业生中博士毕业生的占比太高。2019年，我国每百名高校毕业生中有硕士毕业生7.02人，比2006年提高了28.81%，而每百名高校毕业生中博士毕业生的数量下降到0.76人，北京每百名高校毕业生中博士毕业生

———————————

① 本表同类中的省域排序规则为所占比重从高到低排序。

为7.61人，而河南只有0.05人，二者相差150多倍。相比较，2017—2018学年美国每百个授予学位中博士学位有4.61个，其中华盛顿哥伦比亚特区最多（12.86人），新罕布什尔州最少（1.48人），二者相差不到9倍。

**（三）基于变异系数与基尼系数的分析**

在描述性分析的基础上，利用Excel中的函数STDEV.S计算省域毕业生人数占比的标准差，并进一步计算变异系数[①]。（见表2-2）与2006年相比，2019年我国省域高校毕业生的变异系数没有变化且相对较低，硕士毕业生的变异系数下降，但博士毕业生的变异系数进一步增大。美国高校授予学位及其博士、硕士学位数量的变异系数接近。相比较，2019年我国高校毕业生总量与硕士毕业生省域分布的变异系数均小于美国2017—2018学年的数据，但博士毕业生省域分布的变异系数要明显大于美国。

表2-2　省（州）域毕业生人数的变异系数

| 时间 | 类别 | | |
|---|---|---|---|
| | 博士（％） | 硕士（％） | 高校毕业生（授予学位，％） |
| 中国2006年 | 1.56 | 1.08 | 0.62 |
| 中国2019年 | 1.70 | 0.86 | 0.62 |
| 美国2017—2018学年 | 1.09 | 1.10 | 1.13 |

从基尼系数[②]的计算结果（见表2-3）同样可以看出，现阶段我国高校毕业生的省域均衡性较好，硕士毕业生次之，博士毕业生的省域分布最为不均衡。相比较，我国高校毕业生总量及硕士毕业生的省域分布优于美国，但博士毕业生的分布更加不均衡。

---

① 变异系数=（标准偏差/平均值）×100%。

② 基尼（GINI）系数是研究数据分布不均衡程度的一种国际通用方法。基尼系数 $=\frac{\sum_i\sum_{i>j}|x_i-x_j|}{\mu N(N-1)}$，其中$\mu$为待考察集合内数据的算术平均值，$N$为待考察集合内的数据个数，$x_i$为待考察集合内的数据。基尼系数的数值在0到1之间，数值越小，代表数据分布越均衡，反之，代表数据分布越不均衡。

表2-3　省（州）域毕业生人数及人口、产值的基尼系数

| 时间 | 类别 | | | | |
|---|---|---|---|---|---|
| | 博士（%） | 硕士（%） | 高校毕业生（授予学位,%） | 人口（%） | 产值（%） |
| 中国2019年 | 0.65 | 0.44 | 0.35 | 0.36 | 0.43 |
| 美国2017—2018学年 | 0.53 | 0.53 | 0.52 | 0.52 | 0.56 |

可见，变异系数与基尼系数的结果验证了描述性分析的结论。另外，我国高校毕业生省域分布的基尼系数要小于人口、产值的基尼系数，但硕士、博士毕业生省域分布的基尼系数均高于人口、产值的基尼系数，而美国高校授予学位、硕士学位、博士学位以及人口、产值州域分布的基尼系数均大于0.5，不均衡度都比较高。对此，有必要对省域毕业生与人口、产值的关系做进一步的分析。

### 三、毕业生与人口、产值的关系分析

#### （一）人口因素分析

我国省域高校毕业生总量与省域人口总量的皮尔逊相关系数，2006年、2019年分别为0.951、0.948（见表2-4），呈现出高度的相关性，反映出人口多的省域，其高等教育规模也较大。但省域博士毕业生人数与人口分布不相关，省域硕士毕业生人数与人口分布之间的关系从2006年的基本不相关变化为2019年的弱相关。2017—2018学年，美国各州高校授予学位及其博士学位、硕士学位数量与人口均呈现出高度相关性。

表2-4　省（州）域各类毕业生与省（州）域总人口的皮尔逊相关系数[1]

| 国家及年份 | | 博士（%） | 硕士（%） | 高校毕业生（%） |
|---|---|---|---|---|
| 中国 | 2006年 | −0.004 | 0.150 | 0.951** |
| | 2019年 | 0.010 | 0.268 | 0.948** |
| 美国2017—2018学年 | | 博士（%） | 硕士（%） | 授予学位（%） |
| | | 0.932** | 0.900** | 0.982** |

[1] 本表中，**表示在0.01水平（双侧）上显著相关。

　　尽管中国高校毕业生总量高于美国，但2019年中国每10万人中高校毕业生的数量还不到美国的一半（47.79%），其中博士、硕士毕业生数分别只有美国的7.89%、16.33%。北京每10万人中博士、硕士毕业生数均居全国第一，分别为86.60人和367.88人。华盛顿哥伦比亚特区每10万人中授予博士、硕士学位数也均居全美第一，分别是北京的5.66、5.02倍。贵州每10万人中博士毕业生数为全国最低，仅为北京的0.36%，也只有美国最低的州（阿拉斯加州）的3.75%；河南每10万人中硕士毕业生数为北京的4.45%，也只有阿拉斯加州（全美最低）的19.27%。

### （二）产值因素分析

　　如表2-5所示，2006年与2019年，我国省域高校毕业生总量与生产总值均高度相关，产值大的省域，其高等教育规模也较大。与2006年相比，2019年我国省域硕士毕业生与生产总值的相关程度有所提高，但相关系数刚过0.5；省域博士毕业生数与产值弱相关。相比较，美国授予学位总量及其博士、硕士毕业生数与产值均在0.01水平（双侧）上强相关。

表2-5　省（州）域各类毕业生与省（州）域总产值的皮尔逊相关系数[①]

| 国家及年份 | | 博士（%） | 硕士（%） | 高校毕业生（%） |
|---|---|---|---|---|
| 中国 | 2006年 | 0.294 | 0.379* | 0.905** |
| | 2019年 | 0.281 | 0.508** | 0.850** |
| 美国2017—2018学年 | | 博士（%） | 硕士（%） | 授予学位（%） |
| | | 0.944** | 0.925** | 0.982** |

### （三）人口、产值的双因素分析

　　在人口、产值的双因素分析研究中，可以采用九宫图进行人均研究生毕业生数与人均产值的关系描述。[②]图2-1以2019年我国省域每万人中硕士毕业生数与人均产值的规模为依据，分别将其划分为发达地区（前10位）、中等发达地区（11～21位）、欠发达地区（后10位），各自都有

---

　　① 本表中，**表示在0.01水平（双侧）上显著相关，*表示在0.05水平（双侧）上显著相关。

　　② 张振刚、徐颖、张茂龙：《硕士专业学位研究生教育发展的区域分布研究》，载《中国高教研究》2011年第6期。

高、中、低3个层次，形成9个区域。可以看出，2019年我国硕士毕业生规模与经济水平比较协调的地区有18个（位于C、E、G 3个区域），不协调的地区有13个（位于A、B、D、F、H、I 6个区域）。

在协调发展的区域中，在高位协调的发达省域有6个（C区），即北京、上海、天津、湖北、江苏和重庆，无论从硕士毕业生规模还是经济发展水平都位于全国前列，二者已形成良好的一致性；硕士毕业生规模与经济水平中位协调发展的省域有6个（E区），即四川、湖南、宁夏、安徽、新疆和内蒙古，硕士毕业生规模与经济水平相对均衡；硕士毕业生规模与经济水平低位协调的省域有6个（G区），即云南、青海、广西、河北、西藏以及贵州，硕士毕业生规模与经济水平均偏低。

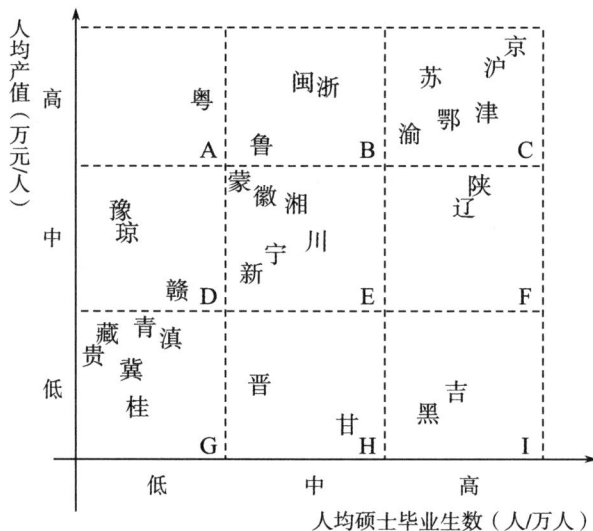

图2-1　我国省域硕士毕业生规模与经济水平的关系矩阵

在发展不协调的区域中，硕士毕业生规模高于经济水平的省域有6个（F、H、I区），其中吉林和黑龙江的硕士毕业生规模超前于其经济水平两个层次，陕西、辽宁、甘肃和山西高出一个层次；而硕士毕业生规模低于经济水平的省域有7个（A、B、D区），其中广东低了两个层次，福建、浙江、山东、河南、海南和江西低了一个层次，其硕士研究生规模还有较大的发展空间。

用同样的方法，可以绘制2019年省域每万人拥有的博士毕业生数与人均产值在全国布局的九宫图，结果与图2-1类似，但广东从A区变到了B区、内蒙古从E区变到了D区。可见，尽管广东的博士毕业生数量位居全国第5，但仍然落后于当地经济社会发展水平。

**四、关于省域研究生教育协调发展的建议**

2020年9月1日，习近平总书记主持召开中央全面深化改革委员会第十五次会议，审议通过了《关于新时代振兴中西部高等教育的若干意见》，强调要全面贯彻党的教育方针，落实立德树人根本任务，推动实现内涵式发展，主动对接重大区域发展战略，扎根中国大地办大学，突出优势特色、会聚办学资源、促进要素流动，有效激发中西部高等教育内生动力和发展活力，推动形成同中西部开发开放格局相匹配的高等教育体系。研究生教育应为此作出新的更大的贡献。

**（一）服务战略需求**

坚持立德树人根本任务，促进省域研究生教育"量"的拓展、"质"的提升与布局优化等相互促进、相得益彰[1]，在巩固提高高等教育整体规模、省域布局继续优化的基础上，不断增强省域研究生发展的协调和协同能力，使之更好地与区域经济社会发展密切相关、互动互进。研究生教育应主动服务区域重大战略、区域协调发展战略和主体功能区战略，健全区域协调发展体制机制，完善区域战略统筹、区域合作互助、区际利益补偿等机制，把握博士生招生规模适度超前布局、硕士招生规模稳步扩大、大力发展专业学位研究生教育的机遇，鼓励行业特色高校在继续服务国家行业的同时，更好地为省域经济社会服务。

**（二）加强统筹协调**

科学论证"十四五"研究生教育发展规划，"既要考虑到中西部地区的

---

① 刘昌亚：《加快推进教育现代化开启建设教育强国新征程——〈中国教育现代化2035〉解读》，载《教育研究》2019年第11期。

博士生教育、发挥当地的特色与优势学科，更要支持广东等发达地区与中心城市博士生教育的发展"[①]，支持"双一流"建设高校为雄安新区、粤港澳大湾区、长三角、海南自由贸易试验区和长江经济带等区域拓展研究生教育，振兴东北地区研究生教育，发挥武汉、长沙、重庆、成都、西安等中西部中心城市行业特色高校的作用，强化"辐射"和"扩散"功能，建设中西部区域性研究生教育高地，更好地满足人民群众对美好生活的新期待。

### （三）优化资源配置

中西部所需的高层次人才，主要还得靠本地区来培养。应更加注重国家补偿机制的系统性、整体性、协同性，健全以政府投入为主、受教育者合理分担、行业企业和培养单位多渠道筹集经费的投入机制，进一步完善转移支付制度，加大对欠发达地区的财力支持，向高等教育资源承载力较弱的地区倾斜，继续通过加大资金分配系数、提高补助标准或降低地方财政投入比例等方式，对中西部地区实行差别化补助，对研究生发展相对滞后的省域，在资金、教学、学科、平台、学位点等方面继续给予政策倾斜，加强跨省对口支援与研究生联合培养，进一步推进省域协调发展。

### （四）科学比较分析

数据的选用与界定，对于不同国家、区域之间高等教育的横向比较有影响。一是我国省域授予学位的数据不完整，只能选用省域高校毕业生及研究生毕业生的数据；二是我国专科毕业生不授予学位，而美国授予副学士学位；三是美国一些统计数据的发布至少比我国要晚一年，难以适时同期比较；四是对美国的研究生数据有不同解读，特别是如何看待专业博士学位的

---

① 杜帆、李立国：《中国博士生教育规模增长预测分析——基于1996—2018年省际面板数据的实证研究》，载《学位与研究生教育》2020年第6期。

意见分歧。<sup>①</sup>应实事求是，客观分析，既要学习借鉴，又要防止盲从。

2021年3月6日，习近平总书记在全国政协十三届四次会议的医药卫生界、教育界联组会上指出："我们应该通过提升中西部教育水平来促进中西部经济社会发展，通过解决教育不平衡带动解决其他方面的不平衡。"<sup>②</sup>为此，应进一步优化高等教育的省域布局，统筹考虑国家需求、省域差异、能力水平和培养质量等因素；充分认识我国高等教育改革发展的巨大成绩，坚定信心和决心，突出国家意志和制度优势，坚持中国特色社会主义教育发展道路，以需求和问题为导向，育人为本、创新引领、改革驱动，促进供给与需求相匹配、数量与质量相统一，支持中西部地区发展与国家及区域战略相匹配的学科与重大研究基地及平台，推动高校、科研院所和企业深度合作，加强中西部欠发达地区教师定向培养和精准培训，以质量为核心，推进与省域经济社会发展相适应的研究生教育规模、结构、效益和公平统筹协调，建设高质量研究生教育体系。

（原载于《学位与研究生教育》2021年第4期，有删改。）

---

① 张炜：《美国专业博士生教育的演变与比较》，载《研究生教育研究》2020年第3期。

② 中国社会科学网：《提升中西部教育水平　促进中西部经济社会发展》，https://baijiahao.baidu.com/s?id=1693576938869435497&wfr=spider&for=pc。

# 第二节　研究生教育规模预测与中美比较[①]

　　习近平总书记指出，要"适应党和国家事业发展需要，培养造就大批德才兼备的高层次人才"[②]。教育部《2020年全国教育事业发展统计公报》显示，我国高等教育在学总规模为4 183万人，毛入学率为54.4%。我国高等教育进入普及化阶段，规模和质量还将继续提升，特别是研究生教育迅速增长将成为一个显著特点。[③]伴随我国"十四五"乃至中长期高等教育的持续发展，研究生教育的规模和质量将引发更多关注，既要科学预测和合理规划，也要回应各界的关心和质疑，遵循高等教育普及化阶段高质量发展的逻辑和规律，适应经济社会高质量发展的迫切需求。

## 一、中美关于高等教育的预测及其结果

　　预测是开展研究、制定规划和完善政策的重要手段，高等教育规模预测有助于确定教育发展目标和要求、完善和调整相关政策、提高高等教育资源配置效率。但是，准确预测高等教育规模的难度较大，不仅一些著名

---

　　① 教育部学位管理与研究生教育司林晓青等老师审阅了本节并提出修改意见，在此表示感谢。
　　② 中华人民共和国教育部：《习近平对研究生教育工作作出重要指示强调　适应党和国家事业发展需要　培养造就大批德才兼备的高层次人才　李克强作出批示》，http://www.moe.gov.cn/jyb_xwfb/s6052/moe_838/202007/t20200729_475754.html。
　　③ 高文豪、崔盛：《普及化阶段高等教育层次结构调整的国际借鉴》，载《大学教育科学》2021年第1期。

学者的预测会出错，美国国家教育统计机构的预测也存在误差。

**（一）美国的相关预测与结果**

克拉克·克尔先生于20世纪80年代预测，美国高等教育适龄人口（18～24岁）在其后20年将下降25%，高等教育注册学生人数将相应减少5%～15%。[①]马丁·特罗也指出，1979年美国高中毕业生达到300万人的峰值，1991—1994年将下降到230万人，当时的多数预测都据此以为1979年起美国高校注册学生人数要开始减少，但事实证明上述预测都是错的。[②]

美国教育部国家教育统计中心的数据[③]显示，1960—1980年是美国高等教育快速发展时期。1980年，美国学位授予高校注册学生1 209.69万人，是1960年的3.11倍。（见图2-2）1980—2000年，美国学位授予高校注册学生人数继续增加，2000年达到1 531.23万人，是1980年的1.27倍。可

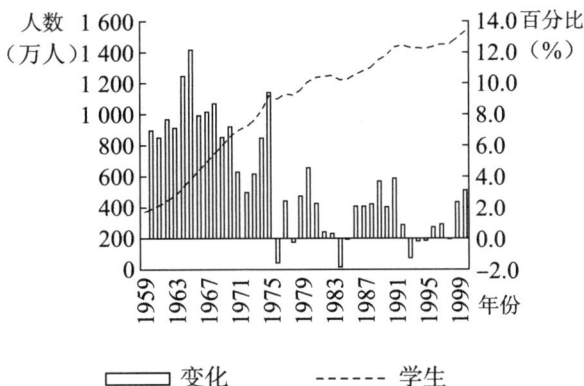

注：1960年、1962年的学生人数为插值计算。

图2-2　美国学位授予高校学生人数变化图（1959—2000）

---

① ［美］克拉克·克尔、马希文：《从人口预测看今后二十年美国的高等教育》，载《科技导报》1985年第4期。

② TROW M.: *American Higher Education: Past, Present, and Future, Educational Researcher*, 1988（4）.

③ 如无专门说明，本节引用美国的数据和资料均来自美国"国家教育统计中心"（National Center for Education Statistics，NCES）《教育统计摘要》（*Digest of Education Statistics*）历年的电子版，https：//nces.ed.gov/programs/digest/。

见，在此期间美国学位授予高校的注册学生人数并未像诸多预测那样出现下降，只是增速显著降低。

NCES通过计算人口中18岁青年的数量和移民数据，对美国高中生毕业率、大学生毕业率、高等教育入学情况等进行测算，再根据每一项指标的权重，做出高等教育规模的高、中、低三种预测方案。[①]

NCES关于授予学位的预测数据，初期误差较大。例如，1996年对2004—2005学年授予学术型博士学位数量的预测，比实际值低了21.83%；2001年对2009—2010学年授予硕士学位数量的预测，更是比实际值低了45.29%。2008年之后历年关于2018年授予硕士、博士学位数量的预测，误差呈下降趋势，2014年之后关于授予博士学位数量的预测误差已收窄到±2%以内，（见图2-3）授予博士学位数量的短期预测精度有所提高。

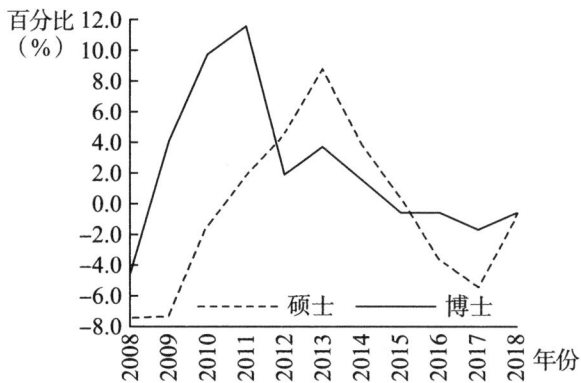

图2-3　NCES 2008年后对2018年美国授予研究生
学位数量的预测误差

**（二）中国的预测、规划与结果**

早期对于我国高等教育规模的预测大都低于实际值。[②]例如，按照20世

---

①［美］亚瑟·科恩著，李子江译：《美国高等教育通史》，北京大学出版社2019年版，第407-408页。

②刘延松、张炜：《高等教育规模预测模型讨论及实证研究》，载《辽宁教育研究》2007年第2期。

纪90年代初的安排部署，"2000年在校研究生的规模比1992年翻一番"[1]，但2000年的实际值是1992年的3.19倍；"九五"计划到2000年在校研究生规模达到20万人，不到实际值的三分之二；《中国学位与研究生教育发展战略报告（2002—2010）》提出，到2010年在学硕士、博士研究生数量分别比2000年增加4.36倍和1.51倍，而实际结果分别为4.71倍和3.33倍[2]，对于博士研究生规模的预测偏差更大。

近年来，短期预测的精度显著提高，2016年别敦荣老师团队测算，到2020年我国在学博士生规模为41.7万～44.02万人[3]，预测上限值与实际值（46.65万人）较为接近，仅相差5.97%。

**二、预测误差的原因分析**

高等教育规模预测出现误差的原因很多，其中有三个因素值得关注：一是预测者的主观因素，二是预测方法存在局限性，三是国家教育政策的影响。

**（一）主观因素**

预测者自身的主观认识和外部舆论会对预测方法乃至结果的选择和解读产生影响。

从高校的视角来看，作为"学术部落"，高校多数时候对于环境变化的适应是"迫不得已"的[4]，尽管也有一些"不跟风""保持冷静"的案例，但是在资源配置和市场需求能够较好满足时，多数高校对于扩大研究

---

① 林惠青：《试析90年代我国高等教育改革和发展目标》，载《中国高教研究》1993年第2期。

② 如无专门说明，本节关于中国的数据均来自教育部《教育统计数据》历年的电子版（http://www.moe.gov.cn/jyb_sjzl/）以及国家统计局《中国统计年鉴》历年的电子版（http://www.stats.gov.cn/tjsj/ndsj/）。

③ 别敦荣、易梦春、李家新：《"十三五"时期研究生教育发展思路》，载《中国高教研究》2016年第1期。

④［英］托尼·比彻、保罗·特罗勒尔著，唐跃勤、蒲茂华、陈洪捷译：《学术部落与学术领地 知识探索与学科文化》，北京大学出版社2018年版，第10页。

生教育规模的政策是"积极响应"的，长此以往产生了潜移默化的作用。2015—2016学年，美国授予博士学位数量最多的10所高校，其博士学位授予数相较于2000—2001学年都有所增加。（见图2-4）其中，诺瓦东南大学增长了44.44%，明尼苏达大学双城分校增长了39.94%，佛罗里达大学增长了37.46%，哈佛大学也增长了20.29%（从1 257人增加到1 512人）。

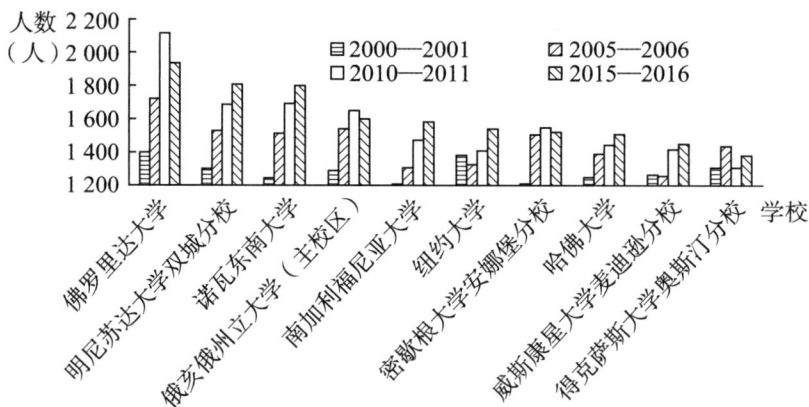

图2-4 美国授予博士学位最多的10所高校博士学位授予数量变化图

社会上对于研究生教育规模的观点也存在分歧甚至对立。有的人会依据一所学校的研究生规模来看待大学的声誉。"卡内基高等教育机构分类"中，每年授予博士学位的数量达不到20个，就不能列为博士/研究型大学。有的人则会担心规模对于质量的影响。"学生人数越多（质量）越差"的观点在美国也很有影响，对于规模的质疑始终伴随高等教育的发展过程。即使在"二战"后的快速发展时期，关于美国高等教育即将进入"冰河时代"、高校注册学生人数将大幅减少的观点依然流行，有文献甚至预测学生人数将下降40%～50%。[①]

1970年，美国授予学士学位、硕士学位、博士学位数量分别是1960年的2.02倍、2.87倍和6.05倍。面对如此高的扩张速度，加之美国政府对高等

---

① ［美］克拉克·克尔著，王承绪译：《高等教育不能回避历史——21世纪的问题》，浙江教育出版社2001年版，第71、261页。

教育和研发经费投入相对减少，美国学术界对高等教育的未来"充斥着遗憾与失落情绪"①。1998年，菲利普·阿特巴赫指出，尽管大学远没有崩溃，依然是强有力的机构，但美国和欧洲20世纪中期大学繁荣的"黄金时代"已经不复存在，大学前所未有的增长和扩张时期可能已达终点。②

总体上看，上述因素使得对于高等教育的规模预测趋于保守，但实际与一些谨慎的预测结论相反，美国授予硕士（主坐标）、博士学位（次坐标）的数量自1919—1920学年以来持续增加。（见图2-5）需要关注的是，美国在1970年前后步入高等教育普及化阶段③，而这也正是其授予硕士、博士学位数量的快速增长期。同时，NCES对美国2029—2030学年授予研究生学位数量的预测结果，仍然呈上升趋势。

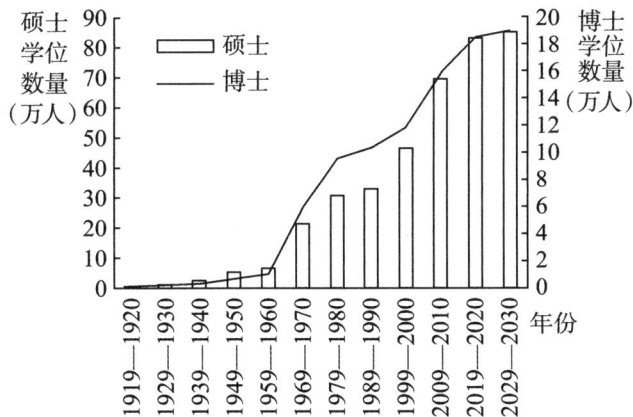

注：2019—2020学年后为预测值。

图2-5 美国授予研究生学位数量的百年变化图

在我国，1986年高等教育毛入学率只有1.9%时，就有文献对于扩大规模提出疑问。高校扩招之前，也有文献认为高等教育规模不能再扩大了。

---

① ［美］克拉克·克尔著，陈学飞、陈恢钦、周京等译：《大学的功用》，江西教育出版社1993年版，前言。

② ALTBACH P. G.: *Comparative Perspective on Higher Education for the Twenty-first Century*, Higher Education Policy, 1998（11）.

③ 张炜：《中美两国高等教育学生规模的比较与思考》，载《高等教育研究》2008年第8期。

高校扩招启动后，我国快步进入高等教育大众化阶段，在使更多的人接受高等教育的同时，关于"过度教育""质量下滑"的担忧增加，这有助于社会各界特别是高校保持清醒，持续关注和提高高等教育质量，但也使得一些预测者持保留态度，加之对美国授予博士学位规模的误判，质疑我国博士研究生教育的发展进程过快和规模过大的观点流行，对于研究生教育规模的预测绝大多数都低于实际值。

### （二）方法局限

1952—1980年，我国先后编制了5次高等教育规划，编制方法被称为"两上两下"，整个过程主要体现了供给约束。1983年编制2000年人才预测和十五年教育规划，开始尝试从需求的视角来论证发展速度[①]，但如何准确分析需求及其与供给的关系，促进高等教育人才供需的数量平衡、结构平衡与质量平衡[②]，还在不断探索和完善之中。

预测技术发展至今形成了众多的方法，据不完全统计已达150多种[③]，有一些方法和模型较好地模拟了高等教育的历史数据，也在稳定发展阶段较好地进行了短期预测。采用规模时序模型进行趋势外推，根据历史数值以时间为变量进行趋势分析[④]，是一种常见的预测方法，在外部环境不发生大的变化时较为有效，特别是在短周期内较为准确，但由于信息更新、模型差异和政策因素等问题，也可能产生一定的预测误差。

研究生教育规模与经济社会发展水平密切相关，可以根据人口的发展

---

① 谈松华、诸平：《我国高等教育改革与发展研究五十年回顾》，载《高等教育研究》1999年第5期。

② 赵庆年、曾浩泓：《我国高等教育何以迅速迈入普及化——基于供需关系的视角》，载《高等教育研究》2020年第40卷第10期。

③ 毛建青：《高等教育规模定量预测的常用方法综述》，载《黑龙江高教研究》2008年第2期。

④ 胡顺顺、刘志民：《2020年中国高等教育规模预测偏差成因分析及重估》，载《复旦教育论坛》2017年第15卷第4期。

变化来规划和发展研究生教育，更好地为社会服务和造福人民[1]，但这并不意味着研究生招生规模每一年的变化（主坐标）都会与人口的变化（次坐标）相一致。（见图2-6）

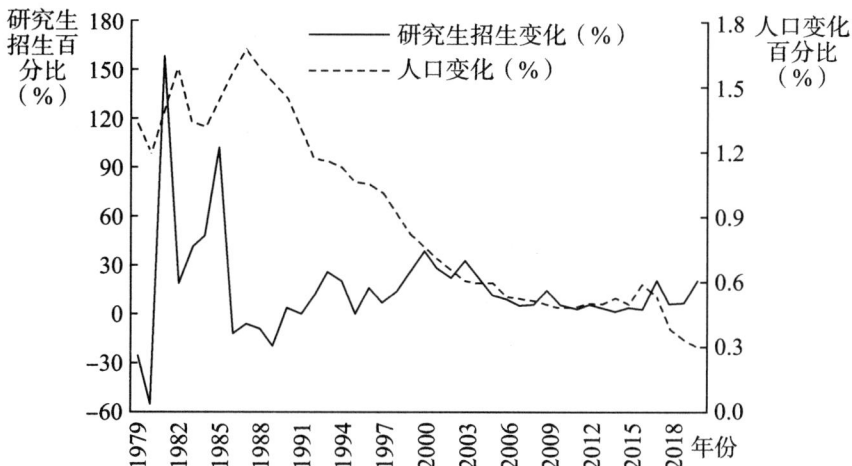

图2-6　中国研究生招生规模与人口的年度变化图

20世纪80年代中后期以来，我国人口年度增长速度放缓且波动不大，与研究生招生人数增长速度大幅变化形成强烈反差，研究生招生年度增长速度与人口年度增长速度相关性较弱，二者相关性系数为0.134。

1981—2020年，我国GDP年均增长14.25%，这既为研究生教育发展提供了财政支持，也对研究生教育服务经济社会发展提出了更高要求[2]，但这并不意味着研究生招生规模与GDP的变化在每一年都会保持同步。在此期间，我国研究生招生规模年度增长速度与GDP年度增长速度的相关系数为−0.006，表明二者没有相关性。我国研究生招生年均增长速度低于GDP年均增速1.58个百分点，有25年研究生招生的增速都低于GDP的增速，研究生招生规模波动幅度也较大。（见图2-7）

---

[1] ［美］克拉克·克尔、马希文：《从人口预测看今后二十年美国的高等教育》，载《科技导报》1985年第4期。

[2] 钟秉林：《"十四五"期间我国高等教育发展的基础与关键》，载《河北师范大学学报（教育科学版）》2021年第23卷第1期。

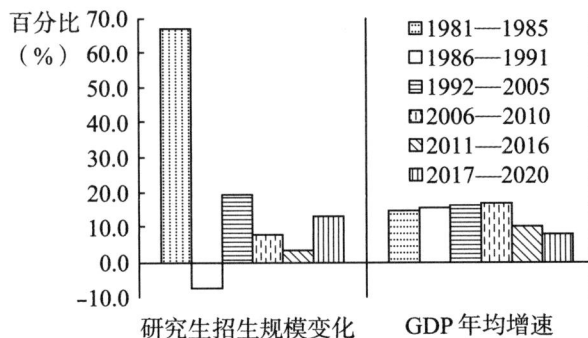

图2-7 我国研究生招生规模变化与GDP年均增速图

如图2-7所示，1981—1985年，我国研究生招生规模的增幅很大，年均增长高达66.93%，远高于GDP的年均增速（14.93%），原因在于改革开放对于人才的迫切需求和原来的基数偏低，也包括对研究生停招多年后的补偿；但1986年起研究生招生规模压缩，1986—1991年间年均增长-7.33%，而此间GDP继续保持年均15.65%的增速，二者增速出现背离；1992—2005年是我国研究生招生规模连续14年的高速增长期，年均增长19.63%，高于GDP年均16.53%的增速；2006—2010年我国研究生招生规模增幅回落，年均增长8.09%，而GDP的年均增速进一步提升到17.08%；2011—2016年我国研究生招生规模增速进一步降低，年均增长仅为3.64%，尽管GDP的年均增速也出现回落（10.41%），但二者仍有较大反差；2017—2020年我国研究生招生规模再次提速，年均增速为13.49%，而GDP的年均增速进一步回落（8.01%）。

**（三）政策影响**

美国高等教育乃至研究生规模的形成，是政府研发经费和学生资助政策、经济社会对人才的需求、高校发展模式选择及学生意愿等共同作用的结果。美国联邦政府并不直接规定各高校研究生的招生限额，但实际上通过研发经费和学生资助从宏观上影响高校研究生招生的数量，公立高校还要受地方政府经费预算的制约。

在我国，国家招生政策特别是指标限额直接影响研究生招生规模，每年招生政策的确定，是对政治、经济、社会、科技等因素综合考量的结果，也受到财政经费预算的制约，而多数高校都希望扩大研究生特别是博士生的招生规模。

1949年，我国研究生招生规模仅为242人，1953年猛增到2 887人，年均递增85.85%。1965年，研究生招生规模下降到1 456人，此后中断了12年。1978年恢复研究生招生，当年招收10 708人，是1965年的7.35倍，但随后两年招生数量又出现下滑，政策几经调整，研究生招生规模波动较大。[①]

《国家中长期教育改革和发展规划纲要（2010—2020年）》提出，到2020年在学研究生要达到200万人，但《"十三五"学位与研究生教育规划》作了政策调整，要求保持研究生培养规模适度增长，2020年在学研究生的目标提高到290万人。为了实现新的目标，2017年硕士招生数量的增幅高达22.54%；博士生招生数量的增幅比上年翻番，此后连续3年保持大幅增长，加之部分博士生培养周期延长[②]，2020年我国在学研究生数量达到314万人，比上述《规划纲要》确定的目标高出57.00%。

政策变化调整是政府调控高等教育发展目标、发展方式以及发展规模的有效工具。高等教育政策的调整往往是基于多种因素综合考量的结果，是高等教育对经济社会发展的适应性、满足度、服务力的调整。[③]在政策不变或新旧政策变化不大的情况下，通过历史数据外推进行预测比较有效；而当政策变化且新旧政策变化较大时，预测的难度相应增加，预测结果的精准度也会受到影响。政策已成为高等教育规模预测影响最大又难以准确把握的关键因素。

### 三、中美研究生教育规模预测与比较

阿特巴赫指出，美国的研究生教育体系被认为是成功和有效的，也被

---

① 张炜：《中美博士研究生教育发展趋势比较分析》，载《国家教育行政学院学报》2018年第5期。

② 张炜：《博士研究生退出和延期的数据测算与讨论》，载《研究生教育研究》2021年第1期。

③ 彭红玉、张应强：《20世纪90年代以来我国高等教育规模发展的政策文本与实施效果分析》，载《清华大学教育研究》2007年第28卷第6期。

一些国家视为学习借鉴的对象。[1]21世纪初，就有一些文献认为我国研究生特别是博士生教育"已经或将要"超越美国成为"世界第一"[2]，社会影响至今难以消除，有必要通过预测来进行澄清。

**（一）预测指标与方法**

本节对研究生教育的规模预测，采用两种方法：一是授予学位的历史数据外推，二是研究生最新招生人数及其授予学位历史数据相结合的方法。方法二对于短期预测可以减少或避免后续年份招生政策变化的影响；对于长期预测，由于最新招生数量距离预测时间点更为接近，方法二也会比方法一的准确度更高一些。

同时，衡量一个国家研究生教育的发展程度及其适应经济社会发展需求的程度，不仅要看授予研究生学位的绝对规模，还要分析每十万人口中授予研究生学位的相对规模。对于中国这样一个人口大国和研究生教育的后发国家来说，这一点显得尤为重要。

**（二）绝对规模预测与结果**

2019年，我国授予硕士学位65.45万个，是2014年的1.37倍，年均递增6.44%。照此推断，2024年我国授予硕士学位89.67万个，超过美国授予硕士学位的预测数量（83.80万个）。

从另一个视角看，近年来我国硕士研究生招生数量增幅较大，2019年为81.13万人，2020年达到99.05万人。2000—2019年，我国授予硕士学位的数量之和为1997—2017年招生数量之和的102.10%。据此推算，2022年我国授予硕士学位将达到82.84万个，仅比NCES预测的该年美国授予硕士学位的数量少0.66万个；（见图2-8）2023年我国授予的硕士学位数量将超过百万个（101.13万个），远超美国的预测值83.60万个。

---

① ALTBACH P. G.: *Comparative Perspective on Higher Education for the Twenty-first Century*, Higher Education Policy, 1998（11）.
② 张炜：《中美研究生教育规模和结构的比较与思考》，载《学位与研究生教育》2003年第7期。

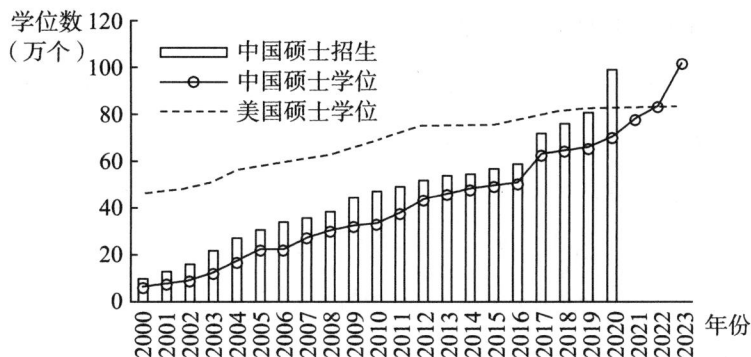

注：美国2019年及其后、中国2021年及其后为预测值。

图2-8　中美硕士学位规模比较图

2020年，我国授予博士学位65 585个，是2010年的1.38倍。照此推算，2030年我国授予博士学位数将达到9.07万个，还不到NCES预测的美国2029—2030学年授予博士学位数量（19万个）的一半。

换个视角看，2020年，我国博士生招生11.60万人，是2017年的1.38倍，年均增速为11.43%，如果博士生招生政策不作大的调整，2026年博士生招生数量可达22.21万人。2002—2020年，我国授予博士学位总量占1998—2016年累计招收博士生总量的84.17%，照此推算，2030年我国授予博士学位的数量将达到18.70万个，接近NCES对于2029—2030学年美国授予博士学位19万个的预测值。（见图2-9）对于此后6年保持博士生招生高增长的必要性和挑战性，还需要进一步论证。

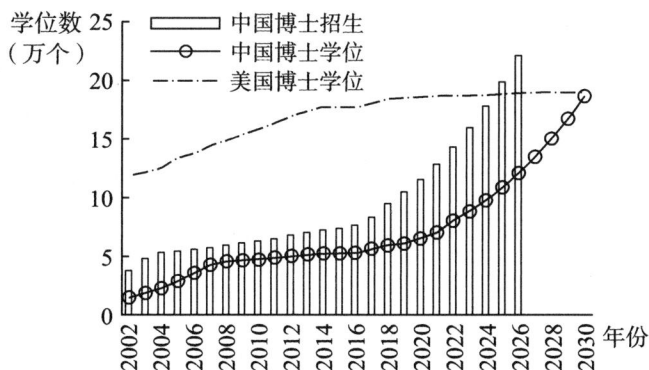

注：美国2019年及其后、中国2021年及其后为预测值。

图2-9　中美博士学位规模比较图

### （三）相对规模的预测与比较

2019年，我国人口为14.00亿人，2009年以来年均增长0.48%。美国2009—2019年的人口年均增长0.71%，增幅略高于我国，2019年达到3.29亿人。照此推算，2023年我国人口将达到14.27亿人，是美国同年人口数量的4.22倍。因此，即使届时我国授予硕士学位的数量达到预测值，每十万人口授予硕士学位预计为64.08个，与美国相对规模的差距有所缩小，（见图2-10）也只有美国的25.92%。

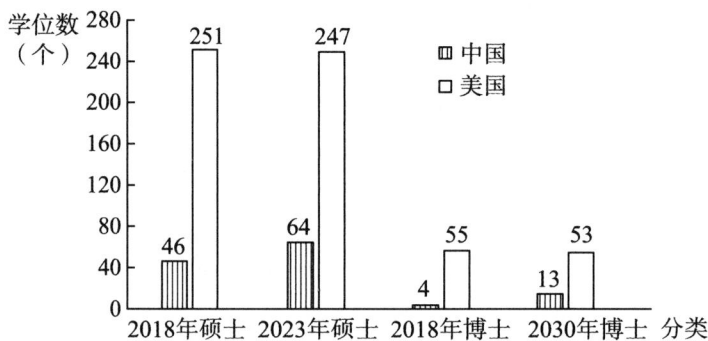

图2-10　中美两国每十万人口授予学位比较图

同样，2030年我国人口预测将达到14.75亿人，为美国人口的4.15倍，即使届时我国授予博士学位的数量达到预测值，每十万人口授予博士学位的数量也只有12.67个，虽比2018年大幅提高，但仅有美国的23.72%。

### （四）小结与讨论

从全球高等教育发展的规律和逻辑看，高等教育规模的适度扩大是满足人民群众接受高等教育迫切需求的必要举措，是经济社会现代化进程的必然结果，是提高一个国家劳动者受教育水平、人力资源水平，进而提高国际竞争力的重要路径。20世纪以来，全球高等教育出现"规模庞大的扩张"[1]，这不仅已成为全世界高等教育发展的一个主流趋势，也已成为一个

---

[1] 鲍威：《中国高等教育规模扩张的理论解释与扩张机制》，载《教育学术月刊》2012年第8期。

重要的社会因素并发挥着日益深刻的影响。[1]我国高等教育的快速发展，是全球高等教育扩张的重要组成部分，为此作出了重大贡献。

中国是一个人口大国，在步入高等教育普及化阶段的同时，也已进入后人均GDP1万美元时代，创新驱动发展在经济转型和高质量发展中发挥更大作用，更多的工作岗位对于高学历人才需求迫切，这对高等教育体系的规模和质量都提出了新要求。[2]与此相适应，对于研究生教育的迫切需求将会持续。当前我国研究生教育绝对规模超过美国的趋势已经显现，但每十万人口授予研究生学位数量的相对规模还有较大差距。建设研究生教育强国，进一步提高质量和满足需求，我们还应不断努力。

高等教育规模预测是调整政策和制定规划的依据和参考，但由于受到认识、方法科学性和规律把握能力的制约，精准预测的难度较大，需要加强动态监控和适时预测。我国步入高等教育普及化阶段，研究生教育规模的预测更应同时考虑绝对规模与相对规模，科学认识需求与质量之间的关系。同时，开展研究生教育预测及其比较，可以提供借鉴和参考，有助于澄清事实、理清思路，避免似是而非和盲目攀比。不同国家的高等教育运行逻辑有所不同，我国高等教育从精英化到大众化再到普及化阶段的环境和条件，不同于西方发达国家当时的环境和条件，追赶超越必须以高于被追赶对象的速度发展，且往往不是匀速增长，应正确认识研究生教育发展的阶段性特征，理性且客观地对待预测和比较，科学规划研究生教育规模，提高人才培养质量。

自从改革开放后恢复招生以来，我国研究生教育培养了大批服务于经济建设、社会发展、科技创新的高层次人才，为我国应对全球人才竞争、从研究生教育大国迈向研究生教育强国奠定了坚实基础。全国研究生教育会议指出，要坚持供给与需求相匹配、数量与质量相统一，保持与经济社

---

① 廖苑伶、周海涛：《普及化趋势下国外高等教育系统变革研究综述：理论与实践》，载《江苏高教》2021年第1期。

② 张炜：《高等教育现代化的高质量特征与要求》，载《中国高教研究》2018年第11期。

会发展相适应、与培养能力相匹配的研究生教育发展节奏，博士研究生招生规模适度超前布局，硕士研究生招生规模稳步扩大。应继续坚持中国特色社会主义道路，进一步提高辩证思维能力，正确看待规模和质量的关系，深化对于预测方法和发展趋势的研究探索，科学比较和客观判断，准确把握研究生教育规模、结构、质量、效益、公平的辩证关系[①]，着力推进研究生教育内涵式高质量发展。

习近平总书记指出，"研究生教育在培养创新人才、提高创新能力、服务经济社会发展、推进国家治理体系和治理能力现代化方面具有重要作用"[②]。应充分认识高等教育普及化阶段研究生教育的发展趋势，准确把握人民群众接受更高层次教育的新追求、经济社会高质量发展对高层次创新人才的新需求，坚持正确的办学方向，增强辩证思维能力，开阔研究视野，坚定信念，健全与经济社会发展相适应的研究生招生计划调节机制，建设高质量研究生教育体系，服务社会主义现代化强国建设。

（原载于《学位与研究生教育》2022年第2期，有删改。）

---

① 张炜：《高等教育现代化的高质量特征与要求》，载《中国高教研究》2018年第11期。
② 董鲁皖龙：《高层次人才培养之路更加扎实——党的十八大以来我国研究生教育改革发展纪实》，http://www.moe.gov.cn/jyb_xwfb/xw_zt/moe_357/jjyzt_2022/2022_zt09/04yjsjy/202206/t20220617_638268.html。

# 第三节　美国研究生统计标准调整与中美比较分析

2018年8月，《关于高等学校加快"双一流"建设的指导意见》提出，适度扩大博士研究生规模，加快发展博士专业学位研究生教育。2019年2月，《加快推进教育现代化实施方案（2018—2022年）》要求，"进一步推进学术学位与专业学位硕士研究生分类考试，完善博士研究生'申请-审核'和直接攻博等选拔机制"。正确认识和实施上述要求，不被一些似是而非的观点迷惑和影响，有必要进一步澄清美国研究生教育的相关情况，科学、客观、合理地进行比较和分析。

## 一、标准调整与数据变化

2008—2009学年，美国国家教育统计中心（NCES）重新界定研究生教育授予学位的类别和标准，并从《2011年教育统计摘要》开始实施。[①]主要变化有，将绝大部分第一级专业学位（first-professional degrees，FPD）归入博士学位（doctor's degree），也有少量FPD归入硕士学位，导致部分博士和硕士数据发生变化。

### （一）标准调整

NCES《2010年教育统计摘要》定义，博士学位（doctor's degree）中，

---

① 如无专门说明，本节关于美国博士教育的数据均来自美国国家教育统计中心（National Center for Education Statistics）历年的《教育统计摘要》（*Digest of Education Statistics*），https：//nces.ed.gov/programs/digest/。

哲学博士学位（Ph.D.）是最高学术学位，要求其精通某一知识领域。除此之外，博士学位还授予在一些专业领域达到专门要求的人士，例如教育领域（教育学博士学位，Ed.D.）、音乐领域（乐学博士学位，D.M.A.）、工商管理领域（工商管理博士学位，D.B.A.）、工程领域（工学博士学位，D.Eng.或D.E.S.）等。同时明确，FPD不包括在此范围之列，例如临床医学博士学位（M.D.）和牙科博士学位（D.D.S.）等。本节将其称为老标准。

从《2011年教育统计摘要》开始，NCES采用新的统计标准，博士学位（doctor's degree）除了以前的定义范围，又涵盖了大部分过去归类为FPD的专业学位，例如牙科博士（D.D.S. or D.M.D.）、临床医学博士（M.D.）、眼科博士（O.D.）、骨科博士（D.O.）、药剂博士（Pharm.D.）、足科博士（D.P.M.，Pod.D.，or P.P.）、兽医博士（D.V.M.）、脊椎推拿博士（D.C. or D.C.M.）、法律博士（L.L.B. or J.D.）等学位。同时，NCES的新标准对于硕士学位的定义也作了相应修改。《2010年教育统计摘要》中的老标准规定，神学专业学位归属于FPD，而不是硕士学位。对此，《2011年教育统计摘要》中的新标准进行了调整，神学（M.Div.）和希伯来语文学（M.H.L./Rav）等曾经归属于FPD的专业学位归入硕士学位。

**（二）授予学位**

按照老标准，2008—2009学年授予FPD 92 004个。其中，有86 709个在新标准下归入博士学位，占94.24%。这样一个变化，使得当年美国授予博士学位的数量增加了1.28倍。（见表2-6）同为2008—2009学年授予的博士学位（doctor's degree），《2010年教育统计摘要》中是67 716人，但在《2011年教育统计摘要》中变成154 425人。同期，授予的硕士学位仅增加了不到1%。

表2-6　美国授予博士学位新老统计标准下的数据变化

| 年份 | 老标准 | | | 新标准 | | 增幅（%） | |
|---|---|---|---|---|---|---|---|
| | 硕士（个） | FPD（个） | 博士（个） | 硕士（个） | 博士（个） | 硕士（个） | 博士（个） |
| 1969—1970 | 208 291 | 34 918 | 29 866 | 213 589 | 59 486 | 2.54 | 99.18 |

（续表）

| 年份 | 老标准 | | | 新标准 | | 增幅（%） | |
|---|---|---|---|---|---|---|---|
| | 硕士（个） | FPD（个） | 博士（个） | 硕士（个） | 博士（个） | 硕士（个） | 博士（个） |
| 1979—1980 | 298 081 | 70 131 | 32 615 | 305 196 | 95 631 | 2.39 | 193.21 |
| 1989—1990 | 324 301 | 70 988 | 38 371 | 330 152 | 103 508 | 1.80 | 169.76 |
| 1999—2000 | 457 056 | 80 057 | 44 808 | 463 185 | 118 736 | 1.34 | 164.99 |
| 2006—2007 | 604 607 | 90 064 | 60 616 | 610 597 | 144 690 | 0.99 | 138.70 |
| 2007—2008 | 625 023 | 91 309 | 63 712 | 630 666 | 149 378 | 0.90 | 134.46 |
| 2008—2009 | 656 784 | 92 004 | 67 716 | 662 079 | 154 425 | 0.81 | 128.05 |

如表2-6所示，NCES不仅将新标准运用到此后历年统计中，也对此前的数据作了相应调整，授予博士学位的数量都增加了1倍以上。变化较大的1979—1980学年，授予博士学位的数量新老标准相差近3倍。而授予硕士学位数量的变化都不大。

按照新标准，2015—2016学年美国授予博士学位177 867个，比2008—2009学年增加15.18%；授予硕士学位785 595个，同比增加18.66%。

NCES对于博士学位定义的调整，也回答了一些国内文献关于FPD是否应计入博士学位的争论。笔者自2003年起，就多次建议将FPD计入美国博士学位[1][2]，这将会提高对美国授予博士学位的规模的预估。以2008—2009学年为例，有5 295个FPD没有并入博士学位，导致高估3.43%。但是，如果将新标准计入博士学位的86 709个FPD排除在外，相当于该学年授予博士学位的56.15%没有统计在内，会大大低估美国博士学位授予的规模，导致较大误差。

**（三）授权高校**

尚未查到NCES对于研究生学位授予高校数量基于新统计标准进行回溯和调整的数据，本节对标准调整前后两个接续学年的数据作介评。2009—2010学

---

[1] 张炜：《中美研究生教育规模和结构的比较与思考》，载《学位与研究生教育》2003年第7期。

[2] 张炜、张蓉、刘延松：《建设高等教育强国视角下博士研究生教育的思考——中美博士研究生规模与结构的比较》，载《学位与研究生教育》2008年第8期。

年，新标准下美国博士学位授予高校数达到817所，比上一学年增加了80所，增幅为10.85%，增量与增幅都是1987—1988学年以来最大的，既有博士学位高校的新增，也有因统计标准调整，单一授予健康专业学位和/或法律专业学位高校的进入。①与上一学年相比，2009—2010学年硕士学位授予高校数量增加了46所（达到1823所），增幅2.59%，略高于多数学年的变化。除了自然变化，统计标准的调整使得一些单一授予神学与神职学位的高校入围。2015—2016学年，美国博士、硕士学位授予高校的数量分别为981所和1 920所，相比2009—2010学年，各自增加了164所和97所，增幅为20.07%、5.32%。

### （四）校均规模

2009—2010学年，新标准下美国高校校均授予博士学位189个、硕士学位363个，分别为上一学年老标准下的2.06倍和98.26%。这说明，标准调整后授予博士学位数量的增加幅度大大高于授权高校数量的增加，而硕士学位则相反。同时，新标准下不少高校授予博士学位的数量及位次也发生了变化。（见表2-7）2008—2009学年，原来排名第二的加利福尼亚大学伯克利分校在新标准下跌出前十，而俄亥俄州立大学主校区进到前三，说明两所高校在专业博士培养方面存在显著差异。新标准下哈佛大学授予的博士学位是老标准的2.2倍，位次也进入前十，可能与其颇具规模的健康、法律专业博士教育相关。因此，如果认为专业博士学位的水平和含金量不高，哈佛大学可能不会赞成。纽约大学、佛罗里达大学的变化幅度比哈佛大学还要大，说明其授予专业博士学位的占比更高。

表2-7　美国授予博士学位人数前10位的高校变化

| 高校 | 2008—2009学年（个） | | 变化（倍） | 2015—2016学年（个） | 增幅（%） |
|---|---|---|---|---|---|
| | 老标准 | 新标准 | | | |
| 明尼苏达大学双城分校 | 879 | 1 594 | 1.81 | 1 822 | 25.94 |
| 加利福尼亚大学伯克利分校 | 869 | 1 216 | 1.40 | 967 | -28.65 |

---

① 张炜：《中美两国博士学位授予高校的比较与启示》，载《中国高教研究》2019年第5期。

（续表）

| 高校 | 2008—2009学年（个） | | 变化（倍） | 2015—2016学年（个） | 增幅（%） |
|---|---|---|---|---|---|
| | 老标准 | 新标准 | | | |
| 密歇根大学安娜堡分校 | 842 | 1 576 | 1.87 | 1 526 | -5.94 |
| 佛罗里达大学 | 841 | 2 028 | 2.41 | 1 941 | -10.34 |
| 得克萨斯大学奥斯汀分校 | 824 | 1 379 | 1.67 | 1 386 | 0.85 |
| 南加利福尼亚大学 | 803 | 1 571 | 1.96 | 1 593 | 2.74 |
| 威斯康星大学麦迪逊分校 | 794 | 1 439 | 1.81 | 1 458 | 2.39 |
| 伊利诺伊大学厄巴纳–香槟分校 | 784 | 1 081 | 1.38 | 1 015 | -8.42 |
| 诺瓦东南大学 | 772 | 1 732 | 2.24 | 1 804 | 9.33 |
| 加利福尼亚大学洛杉矶分校 | 760 | 1 382 | 1.82 | 1 373 | -1.18 |
| 俄亥俄州立大学（主校区） | 738 | 1 617 | 2.19 | 1 609 | -1.08 |
| 纽约大学 | 423 | 1 419 | 3.35 | 1 548 | 30.50 |
| 哈佛大学 | 646 | 1 418 | 2.20 | 1 512 | 14.55 |
| 得州农工大学车站学院 | 597 | 717 | 1.20 | 1 423 | 118.26 |
| 合 计 | 8 168 | 15 776 | 1.93 | 16 236 | 5.63 |

2015—2016学年，得州农工大学车站学院由于并校等原因[①]，授予博士学位数量翻番，将加利福尼亚大学伯克利分校挤出了前10位。其他9所大学在前10位中的位次有的也有所变化。

另外，2008—2009学年授予博士学位数量排前10的高校，校均授予博士学位数量在新标准下上升到1 578个，比老标准的数量增加了93.14%。2015—2016学年，校均规模又增加了46个，而同期所有博士学位授予高校的校均授予博士学位数量下降了8个。这说明，近年来美国高校授予博士学位的分布更加不均衡，而博士学位授予高校数量的增幅高于博士学位授予数量。与之相反，2015—2016学年，所有硕士学位授予高校校均授予硕士又增加了12.67%，硕士学位授予高校的数量增长相对较慢。

---

① 包括得州卫斯理大学授予的法律学位，还包括得州农工健康科学中心授予的所有学科领域的学位。

### （五）学科专业

新标准下，部分学科专业授予博士学位的绝对数量发生变化（在表2-8中用斜体数字标出），加之授予博士学位总量的变化，使得29个学科专业授予博士学位的比重均有所变化。

2008—2009学年，在NCES老的统计标准中，归属于FPD与健康相关的8个专业学位授予了42 597个、法律专业学位44 045个。在新的统计标准中，这些FPD全部归入博士学位，使得上述两个学科专业博士学位的数量与占比均大幅上升。

同时，由于采用"学科专业分类目录2010版"，有一些学术型博士学科专业的归类作了调整。例如，在新标准下，授予生物与生命医学博士增加了542个，而多学科/交叉科学博士相应减少了542个；工学博士减少了189个，而物理与科学技术博士相应增加189个。同时，神学学科领域的专业学位大部分归入了硕士。例如，2008—2009学年老标准下神学（M.Div.）和希伯来语文学（M.H.L./Rav）专业学位5 362个，其中的98.75%在新标准中都划归到了硕士学位，仅有67个划归博士学位。

新标准下美国授予的硕士学位中，生物与生命医学科学硕士增加了119个，而多学科/交叉科学硕士相应减少了119个；工学硕士减少了204个，而物理与科学技术硕士相应增加204个，也只是归类的调整，不影响授予硕士学位的总量。另外，《2010年教育统计摘要》中的"安全与保护服务"学科，在《2011年教育统计摘要》中更名为"国土安全、执法与消防专业"，但2008—2009学年授予学位的数量新老标准没有变化。

表2-8 美国2008—2009学年学科专业授予博士学位不同标准的比较①

| 学科专业名称 | 新标准 | | 老标准 | |
|---|---|---|---|---|
| | 人数（人） | 占比（%） | 人数（人） | 占比（%） |
| 健康与相关专业 | *54 709* | 35.43 | 12 112 | 17.89 |

① 本表中传播技术的2个博士学位并入新闻传播与相关专业。

（续表）

| 学科专业名称 | 新标准 | | 老标准 | |
|---|---|---|---|---|
| | 人数（人） | 占比（%） | 人数（人） | 占比（%） |
| 法律专业与研究 | *44 304* | 28.69 | 259 | 0.38 |
| 教育学 | 9 028 | 5.85 | 9 028 | 13.33 |
| 工学 | *7 742* | 5.01 | 7 931 | 11.71 |
| 生物与生命医学 | *7 499* | 4.86 | 6 957 | 10.27 |
| 心理学 | 5 477 | 3.55 | 5 477 | 8.09 |
| 物理与科学技术 | *5 237* | 3.39 | 5 048 | 7.45 |
| 社会科学和历史 | 4 234 | 2.74 | 4 234 | 6.25 |
| 工商管理 | 2 123 | 1.37 | 2 123 | 3.14 |
| 神学与神职 | *1 587* | 1.03 | 1 520 | 2.24 |
| 计算机与信息科学 | 1 580 | 1.02 | 1 580 | 2.33 |
| 视觉与表演艺术 | 1 569 | 1.02 | 1 569 | 2.32 |
| 数学与统计 | 1 535 | 0.99 | 1 535 | 2.27 |
| 农业与自然资源 | 1 328 | 0.86 | 1 328 | 1.96 |
| 英语语言与文学 | 1 271 | 0.82 | 1 271 | 1.88 |
| 外国语、文学与语音学 | 1 111 | 0.72 | 1 111 | 1.64 |
| 公共管理和社会服务专业 | 812 | 0.53 | 812 | 1.20 |
| 多学科/交叉学科 | *731* | 0.47 | 1 273 | 1.88 |
| 哲学与宗教研究 | 686 | 0.44 | 686 | 1.01 |
| 新闻传播与相关专业 | 535 | 0.35 | 535 | 0.79 |
| 家庭和消费科学 | 333 | 0.22 | 333 | 0.49 |
| 公园、娱乐、休闲和健康研究 | 285 | 0.18 | 285 | 0.42 |
| 区域、伦理、文化与女性研究 | 239 | 0.15 | 239 | 0.35 |
| 建筑学 | 212 | 0.14 | 212 | 0.31 |
| 安全与防护服务 | 97 | 0.06 | 97 | 0.14 |
| 人文通识科学 | 67 | 0.04 | 67 | 0.10 |
| 工程技术 | 59 | 0.04 | 59 | 0.09 |
| 图书馆学 | 35 | 0.02 | 35 | 0.05 |
| 合计 | **154 425** | **99.99** | **67 716** | **99.98** |

与2008—2009学年相比，2015—2016学年授予博士学位数量增加较

多的学科专业有健康与相关专业、工学、教育学，分别增加了35.01%、31.87%和31.03%。

### （六）性别比例

老标准下，2008—2009学年授予博士、硕士学位中女性占比分别为52.33%和60.41%。由于FPD中男性占多数，新标准下多数FPD的并入，使得女性博士占比下降1.31个百分点，女性硕士占比下降0.21个百分点。（见表2-9）2015—2016学年，授予博士学位中女性93 778人，比2008—2009学年增加了19.03%，女性博士占比提高了1.7个百分点。同期，授予硕士学位中女性465 151人，同比增加16.71%，但占比下降了0.99个百分点。

表2-9　新标准下研究生学位获得者的性别比例变化（2008—2009学年）

| | 新标准（个） | | | 绝对增量（个） | | 占比（%） | |
|---|---|---|---|---|---|---|---|
| | 合计 | 男 | 女 | 男 | 女 | 男 | 女 |
| 博士 | 154 425 | 75 639 | 78 786 | 43 360 | 43 349 | 48.98 | 51.02 |
| 硕士 | 662 079 | 263 538 | 398 541 | 3 540 | 1 755 | 39.80 | 60.20 |

## 二、中美比较与变化

在NCES《2010年教育统计摘要》及其之前的统计中，关于博士学位的统计标准与我国有所不同，没有将专业博士学位包括在内，而我国对于博士学位的统计包含专业博士。截至2009年，我国累计授予专业博士学位7 076个，仅占累计授予博士学位总量的2.11%。而美国多年来一直是FPD的数量高于学术型博士，如果在中美比较中不予考虑，就会低估美国博士研究生教育规模，从而产生认识误区。NCES《2011年教育统计摘要》及其之后历年研究生的统计标准，与我国比较接近。

### （一）授予学位

2009年，我国授予博士学位46 616个，相当于美国2008—2009学年授予博士学位老标准的68.64%、新标准的30.19%。可见，即使在老标准下，我国授予博士学位与美国学术型博士的差距也不小，而在新标准下的差距就更大。2016年我国授予博士学位53 360个，相当于美国2015—2016学年授予博士学位数量的30.00%，两国间的差距依旧。2009年，我国授予硕士学位321 255个，相当于美国2008—2009学年授予硕士学位老标准的48.91%、新标准的48.52%，新老标准变化不大。2016年我国授予硕士学位505 421个，相当于美国2015—2016学年授予硕士学位数量的64.34%，两国间的差距进一步缩小。这也说明，中美两国间硕士规模的差距要小于博士。

如图2-11所示，2017年我国授予博士学位56 606个[1]，低于美国老标准下2006—2007学年学术型博士学位授予的数量（60 616个），滞后10年以上；也低于美国新标准下1969—1970学年授予博士学位的数量（59 486个），滞后近50年。

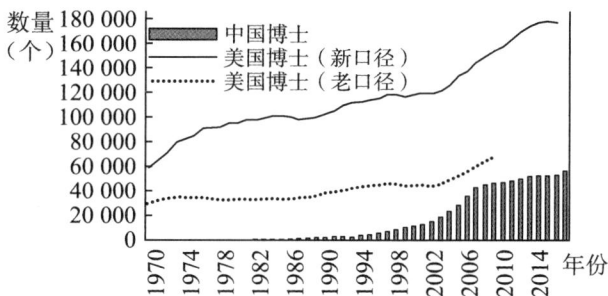

图2-11　中美授予博士学位规模比较图

一些文献高度关注中美博士研究生教育的同期比较，往往会得出我国发展"超速""过快"的结论。但是，如果我国与美国同速发展，两国之间博士教育规模的差距会越拉越大，难以满足高等教育大国现状与强国目标的要求。实际上，我国1982年开始授予博士学位，按照美国的新标准，当年两国新增博士数量相差9.78万人；2016年差距进一步扩大为12.45万人。

同时，还应关注高等教育在相同发展阶段的比较。20世纪中期以后，不少发达国家"博士教育规模也同样呈现扩张的趋势"[2]，美国的博

---

[1] 如无专门说明，本节关于中国博士教育的数据均来自教育部历年的《教育统计数据》电子版，http://www.moe.gov.cn/s78/A03/moe_560/。

[2] 杨春艳、王晨：《21世纪以来欧美研究生教育改革新趋势》，载《学位与研究生教育》2010年第9期。

士教育急剧扩张启动得更早，并在长达50年的时间里以较高速度发展。1919—1920学年至1969—1970学年，美国授予博士学位每学年从615个增加到59 486个，增长了95.73倍，年均递增8.08%。

我国授予博士学位从622个（1987年）增加到10 160个（1999年），用了12年的时间，年均递增25.45%，而美国授予博士学位从615个增加到9 829个（1959—1960年）却用了40年，年均递增7.17%。但是，我国授予博士学位从10 160个增加到56 606个，用了18年的时间（增长4.57倍），年均增长10.01%；而美国授予博士学位从9 829个增加到59 486个，仅用了10年（增长5.05倍），年均增长19.73%。

另外，美国在学研究生不区分博士生和硕士生。2016年，我国在学研究生198.11万人，已达到美国的66.66%。

### （二）学科专业

中美两国学科划分方法不同，NCES在29个学科专业框架下统计授予博士学位的数据，与我国相比，要多于学科门类，但少于一级学科的数量，二者难以直接进行比较。本节以我国的学科门类为基础，对美国授予博士学位的学科专业进行归类调整。（见表2-10）

表2-10　中美两国学科专业归类

| 中国学科门类 | 美国学科专业 |
| --- | --- |
| 哲学 | 哲学与宗教研究 |
| | 神学与神职 |
| 经济学 | 社会科学和历史（经济学部分） |
| 法学 | 社会科学和历史（经济学、历史学以外部分） |
| | 法律专业与研究 |
| | 家庭和消费科学 |
| | 公园、娱乐、休闲和健康研究 |
| | 区域、伦理、文化与女性研究 |
| 教育学 | 教育学 |
| | 心理学 |

（续表）

| 中国学科门类 | 美国学科专业 |
|---|---|
| 文学 | 英语语言与文学 |
| | 外国语、文学与语音学 |
| | 人文通识科学 |
| | 新闻传播与相关专业 |
| | 传播技术 |
| | 视觉与表演艺术 |
| 历史学 | 社会科学和历史（历史学部分） |
| 理学 | 物理与科学技术 |
| | 数学与统计 |
| | 生物和生物医学 |
| 工学 | 工学 |
| | 计算机与信息科学 |
| | 建筑学 |
| | 工程技术 |
| 农学 | 农业与自然资源 |
| 医学 | 健康与相关专业 |
| 军事学 | 国土安全、执法与消防专业 |
| 管理学 | 工商管理 |
| | 公共管理和社会服务专业 |
| | 图书馆学 |
| 专业博士 | |
| | 多学科/交叉学科 |

　　将美国学科专业中的哲学与宗教研究、神学与神职合并为哲学；将社会科学和历史中的历史学、经济学各自单列，其余部分并入法学，并将法律专业与研究，家庭和消费科学，公园、娱乐、休闲和健康研究，区域、伦理、文化与女性研究等并入法学（我国的社会学一级学科归属于法学学科门类）；将心理学并入教育学；将英语语言与文学，外国语、文学与语音学，人文通识科学，新闻传播与相关专业，传播技术、视觉与表演艺术

等合并为文学；将物理与科学技术，数学与统计，生物和生物医学合并为理学；将计算机与信息科学，建筑学，工程技术并入工学；将工商管理，公共管理和社会服务专业，图书馆学合并为管理学。

可见，在进行中美学科比较时，不能简单地根据学科专业名称。例如，如果只将美国工学（Engineering）授予的博士数量与我国的工学学科门类进行比较，就会低估美国工学领域的博士规模。如表2-11所示，2008—2009学年，美国工学领域授予博士学位近万人。但即使这样，2009年我国工学博士毕业生[①]的绝对数是美国的1.8倍，占比高于美国老标准21.28个百分点，高于新标准29.52个百分点。

表2-11　美国学科专业博士学位变化与中美比较

| 门类 | 中国2009年 | | 美国2008—2009学年 | | | |
| | | | 老标准 | | 新标准 | |
| | 人数（人） | 占比（%） | 人数（人） | 占比（%） | 人数（人） | 占比（%） |
| --- | --- | --- | --- | --- | --- | --- |
| 工学 | 17 386 | 35.73 | 9 782 | 14.45 | 9 593 | 6.21 |
| 理学 | 9 570 | 19.67 | 13 540 | 20.00 | 14 271 | 9.24 |
| 医学 | 5 586 | 11.48 | 12 112 | 17.89 | 54 709 | 35.43 |
| 管理学 | 3 770 | 7.75 | 2 970 | 4.39 | 2 970 | 1.92 |
| 经济学 | 2 461 | 5.06 | 1 015 | 1.50 | 1 015 | 0.66 |
| 法学 | 2 208 | 4.54 | 3 484 | 5.15 | 47 529 | 30.78 |
| 文学 | 2 102 | 4.32 | 4 486 | 6.62 | 4 486 | 2.90 |
| 农学 | 2 006 | 4.12 | 1 328 | 1.96 | 1 328 | 0.86 |
| 教育学 | 919 | 1.89 | 14 505 | 21.42 | 14 505 | 9.39 |
| 历史学 | 824 | 1.69 | 918 | 1.36 | 918 | 0.59 |
| 哲学 | 698 | 1.43 | 2 206 | 3.26 | 2 273 | 1.47 |
| 军事学 | 21 | 0.04 | 97 | 0.14 | 97 | 0.06 |
| 专业博士 | 1 107 | 2.28 | | | | |

---

① 对于没有查到的我国博士授予学位的数据，文中用博士毕业生的数量替代。2017年，我国博士毕业生58 032人，其中56 606人获得博士学位，二者相差不到3%。

（续表）

| 门类 | 中国2009年 | | 美国2008—2009学年 | | | |
|---|---|---|---|---|---|---|
| | | | 老标准 | | 新标准 | |
| | 人数（人） | 占比（%） | 人数（人） | 占比（%） | 人数（人） | 占比（%） |
| 多学科/交叉学科 | | | 1 273 | 1.88 | 731 | 0.47 |
| 合计 | 48 658 | 100.00 | 67 716 | 100.02 | 154 425 | 99.98 |

　　我国理学门类博士毕业生的绝对数量少于美国，在老标准下，占比较美国略低一点儿，但在新标准下高出10.43个百分点。另外，2009年我国授予工学和理学博士合计26 956个，分别比同年美国老标准高15.58%、新标准高12.96%，占比分别高20.95个百分点和39.95个百分点，从一个侧面体现了两国博士研究生的学科结构侧重和差异。

　　中美相比，新老标准之间变化最大的是法学，2009年两国间的绝对规模差距从1.58倍扩大到21.53倍，占比在老标准下我国只比美国低0.61个百分点，新标准下猛增到26.24个百分点；其次，是健康与相关专业，两国间的数量差距由2.17倍扩大到9.79倍，占比差距从6.41个百分点扩大到23.93个百分点。同年，我国博士毕业生明显低于美国授予博士学位的还有教育学，绝对数量仅为美国的6.34%，占比与新老标准相比分别低7.50个百分点和19.53个百分点；我国的文学博士毕业生不到美国的一半，哲学不到美国的三分之一。

　　相反，我国有几个学科门类博士毕业生的绝对数量和相对比例都高于美国授予的博士学位，管理学博士比美国多800人，占比是美国新标准下的4倍；农学博士比美国多678人，占比是美国新标准下的近5倍；经济学博士绝对数量是美国的2.42倍，占比与美国新老标准相比，差距从3倍多扩大到近8倍。

　　我国的专业博士教育启动时间晚于学术型博士，但2013年已设置39种专业学位，共有专业学位授予单位563个。与美国不同，我国专业学位以硕士学位为主，共有硕士专业学位授权点2 851个，而博士专业学位授权点仅

108个。[①]2017年，我国专业博士毕业生2 209人，仅占当年博士毕业生总量的3.96%；专业硕士毕业生235 357人，占到当年硕士毕业生总量的45.26%，专业博士研究生教育的发展空间很大。

### （三）其他方面

#### 1. 性别比例

新标准下，美国授予博士学位中女性占比有所下降，导致中美两国间女性博士占比的差距有所缩小，但硕士的差别不大。2017年我国博士毕业生中女性占比约为39.29%，硕士毕业生中女性占比约为53.27%。

#### 2. 授权机构

2009—2010学年，新标准下美国硕士、博士学位授予高校数分别是我国的2.29倍和2.35倍，近年来差距还在进一步拉大，不可认为我国博士学位授予高校的数量已经位居世界第一。

#### 3. 校均规模

2010年，我国校均授予硕士学位417个，分别是同年美国老标准和新标准的1.13倍和1.15倍，变化不大；授予博士学位校均137个，是美国老标准的1.49倍、但只是新标准的72.28%，不可再基于老标准认为我国博士校均规模已经高出美国。

## 三、讨论与建议

### （一）NSF数据的解读

牛梦虎在2015年就已指出，NSF仅统计"研究型博士学位"，其中最主要的是哲学博士，也包括一定规模的教育博士和规模较小的理学博士，"但不包括诸如法律博士、临床医学博士、牙科博士、心理学博士等专业博士学位"。即使如此，NSF统计的美国博士学位仍然一直高于我国，"已有研究

---

① 李军、王耀荣、林梦泉等：《专业学位研究生教育外部质量保障体系探究》，载《中国高教研究》2014年第5期。

中提到的'我国研究型博士规模已超越美国'的说法并不准确"①。

可见，NSF关于博士的统计范围并非美国博士研究教育的全部，也与我国的统计范围不一致。同时，根据NSF《2018科学与工程指数》，2015年美国授予研究型博士学位69 115个，依然高于我国同年授予博士学位的整体规模（52 654个）。该报告还指出，2014年，全世界授予了23万个科学与工程博士学位②，在所有国家中美国最多（约4万人），其后依次是中国（3.4万人）、俄罗斯（1.9万人）、德国（1.5万人）、英国（1.4万人）和印度（1.3万人）。③

一些不同来源数据的差异，反映了统计标准的不同。开展中美博士研究生教育的比较研究，要注意两国统计标准的差异。定量比较应在相同或相近的定义下进行，而不能是不同概念和范围的比较，不可简单地根据翻译过来的术语进行比较，不能拿美国的学术型博士（研究型博士）与我国的博士整体比较。同时，要适时采用更新的数据，高度关注美国研究生统计标准调整及其带来的变化。

**（二）功能定位**

关于中美博士教育的比较研究，只要是认为我国规模已经超过美国的观点，往往容易引发共鸣与批评。国内一些文献和舆论对于博士教育的发展呈现出很大的担忧，而这种担忧同样也曾出现在美国20世纪中期对于高等教育的快速扩张和我国二十年前高校扩招后对于本科教育的诸多质疑之中。④我国高等教育已从精英教育步入大众化阶段，但一些人还依然停留

---

① 牛梦虎：《重识美国博士学位授予规模——基于三种发展轨迹的分析》，载《中国高教研究》2015年第8期。

② 科学与工程博士（S&E doctoral degrees）包括自然科学与社会科学领域的博士，具体细分有：农学，物理学，地球、大气和海洋科学，生物学，工学，计算机科学，心理学，医学和其他健康科学，数学和统计学，社会科学等学科的博士。

③ National Science Board: *Science & Engineering Indicators 2018*, https://www.nsf.gov/statistics/indicators.

④ 张炜：《大众发展阶段我国高等教育的科学发展策略》，载《中国高教研究》2006年第3期。

在对于大学这个传统中的"象牙塔"的认知之中。现在，对于新一代人来说，只要想接受高等教育，就有不少机会和选择，越来越多的年轻人是通过亲身经历来体验、感悟和认知高等学校。而高等教育的快速发展，又使得高校深入变革，大学理念和办学模式都在演进之中。进入高等教育普及阶段，会进一步颠覆不少人对于大学固有的认识。同样，对于博士研究生教育变革的认识差异，也引发了诸多争议。但是，一些"对我国博士教育的质疑，主要还是凭印象"，不仅没有具体分析过去10年来我国博士教育在提升质量方面所作出的努力①，也缺乏比较研究和科学发展的视角。

伴随经济发展和社会进步，研究生教育的定位处于变化之中。在欧洲中世纪，学位"只是一种任教资格证书，获得学位就获得了从事教学的营业执照，学位本身不具备学术性含义"。现代学位制度产生于19世纪初的德国大学，强调学术研究和科研能力。②19世纪中期之后，美国研究生教育制度的演进主要是引进改造德国学术型博士制度与传统医学、法律、神学等专业学位变革的结合。

实际上，适应时代需要的变化体现在高等教育的各个层次。19世纪中期，当工程技术、农学等应用专业在美国高等教育中出现时，不少学者从传统大学理念入手，引经据典反对和批评赠地学院，将其讥讽为"牛仔学院"③。直到20世纪中期，还有人号召大学教师"关上我们的大门"，成为"自己围墙的主人"④，依然主张重返"象牙塔"。

但是，20世纪80年代之后，对于美国博士研究生教育的批评不断，特别是获得学术型博士学位后，从事学术工作的就业机会越来越少，也引发了对

---

① 熊丙奇：《不能只凭印象就质疑博士教育质量》，载《中国教育报》2019年3月12日。

② 黄宝印、陈艳艳：《学位内涵与功能辨析》，载《高等教育研究》2007年第28卷第10期。

③ 袁锐锷、张季娟：《外国教育史纲》，广东高等教育出版社1998年版，第150页。

④ ［美］克拉克·克尔著，陈学飞、陈恢钦、周京等译：《大学的功用》，江西教育出版社1993年版，第69页。

于培养目标和质量的广泛讨论。①有文献认为美国的研究生制度已经"病入膏肓"②，主张必须使大学的培养模式（caretaking ideal）适应这个时代的需要③，不仅必须辨识学术型博士对于提升社会水平的新角色，而且必须强有力地公开证明其价值，即培养致力于国家目标的专家。鉴于科学技术的快速发展和扩散，大学也在为非学术职业培养学术型博士（Ph.D.），例如企业的应用研发、非营利领域、中小学教育、科普写作等岗位。一些基金会为此专门设立了奖学金，美国研究生院委员会（Council of Graduate Schools）也启动了题为"培养未来的专业人才（Preparing Future Professionals）"的计划，而许多高校教师对这种发展变化持开放的态度。④

近年来，美国有一半以上的学术型博士学位获得者从事非学术职业工作。博士已不再一起涌向高校任教，也不是都去从事不以应用为目的的纯基础研究，因而不再全都是"象牙塔"中的少数学术精英。有文献认为，社会的发展需要越来越多的博士学位获得者担任更为广泛的社会角色。调查显示，仅有19%的生物化学博士在毕业10～14年后获得终身教职，而电子工程、计算机科学的比例分别为22%和34%。⑤2015—2016学年，美国中小学教师拥有的最高学位，有181.2万硕士、32.3万教育专家⑥、3.7万博士，分别占到47.3%、8.1%和1.3%。可见，美国一半以上的中小学教师拥有研究生学历，对研究生教育的需求巨大，尽管也有过度教育、学非所用等抱怨，

---

① ALTBACH P. G., BERDAHL R. O., GUMPORT P. J.: *American Higher Education in the Twenty-first Century*, The Johns Hopkins University Press, 2005: 451.

② ［美］莱纳德·卡苏托著，荣利颖译：《研究生院之道》，北京理工大学出版社2017年版，第1页。

③ CASSUTO L.: *The Graduate School Mess: What Caused It and How Can Fix It*, Harvard University Press, 2015: 16.

④ ALTBACH P. G., GUMPORT P. J., JOHNSTONE B. D., et al.: *In Defense of American Higher Education*, The Johns Hopkins University Press, 2001: 140-142.

⑤ EHRENBERG R. G., KUH C. V.: *Doctoral Education and the Faculty of the Future*, Cornell University Press, 2009: 83, 88.

⑥ 教育专家的全称为教育专家学位或证书（Education Specialist Degrees or Certificates），通常授予那些在硕士水平以上一年学习者，包括高级研究生证书学习。

但并未改变实际需求和培养规模。

这次NCES统计口径的调整，其本质是对博士研究生教育的重新认识和重新界定。有文献指出，尽管一直有观点认为美国培养了过多的博士，但博士的失业率一直很低。博士教育一定程度上已成为给受教育者提供的以职业生涯为目标的学习知识和掌握技能的教育经历。越来越多的人攻读博士学位，是很多国家高等教育发展正在经历的过程。[①]我国研究生教育自1978年恢复招生以来，累计授予博士学位79万人、硕士学位740万人。[②]也有观点质疑我国培养的研究生数量已经太多了。但是，自1977年起的40年间，美国累计授予博士学位492.54万人、硕士学位1 869.81万人，分别为我国的6.23倍和2.53倍，而我国的人口是美国的4倍，经济总量已经超过美国的60%。2016年，美国25～64岁人口中，最高学历是博士的占到1.8%、硕士11.0%、学士22.2%、副学士10.7%。同时，获取博士学位不是学习的终结，美国17岁以上的人口中有44.4%的人出于兴趣爱好参加成人教育，有58.0%的学术型博士和68.2%的专业博士参加成人教育。

**（三）坚持中国特色发展研究生教育**

习近平总书记指出，"我们要认真吸收世界上先进的办学治学经验，更要遵循教育规律，扎根中国大地办大学"。博士研究生教育作为国民教育体系的顶端，是学历教育的最高层次，已"成为衡量一个国家高等教育发展程度、科学文化水平以及发展潜力与前景的基本标志"[③]。立足国内，培养高水平的博士和硕士，是赢得未来竞争的关键。同时，对于我国研究生教育的规模与结构不能简单地依据与美国相比的结果就轻易下结论，更何况有些文献给出的比较结果并不符合实际。

---

[①] ALTBACH P. G., GUMPORT P. J., JOHNSTONE B. D., et al.: *In Defense of American Higher Education*, The Johns Hopkins University Press, 2001: 265.
[②] 黄宝印、王顶明：《继往开来，坚定自信，促进研究生教育高质量发展——纪念研究生教育恢复招生40周年》，载《研究生教育研究》2019年第1期。
[③] 张颖伟、鹿雪文：《我国研究生培养模式的改革与创新》，载《中国高等教育》2016年第20期。

中国研究生教育的发展，必须增强自信，更好地服务于推进教育现代化、建设教育强国、办好人民满意的教育。[1]为此，一是比较研究应坚持实事求是的态度，科学客观合理地深入分析，避免先入为主和想当然。二是对于博士学位定位的认识也要与时俱进，特别是对于专业博士的认识应提高，既不能用静止的眼光看待研究生教育，也不能照搬照抄国外的做法。三是质量是永恒的主题，但不能将数量与质量对立起来，没有一定的规模，质量就缺乏基础，提升质量的成效也会有局限性。[2]建设高等教育强国，研究生教育必须强；实现教育现代化，研究生教育必须率先发展以培养德智体美劳全面发展的社会主义建设者和接班人。

（原载于《学位与研究生教育》2019年第8期，有删改。）

## 第四节　《世界研究生教育经典译丛》补记

### ——兼论研究生教育学的构建与借鉴

2019年10月，参加北京理工大学、北京大学、剑桥大学主办的"第二届研究生教育学国际会议"，在会上报告了《世界研究生教育经典译丛》（以下简称《译丛》）的背景与体会，聆听国内外专家的报告，再次阅读

---

① 张炜：《教育现代化背景下博士生教育的内涵式发展》，载《学位与研究生教育》2018年第12期。
② 张炜：《高等教育内涵式发展的概念演进与实践探索》，载《中国高教研究》2018年第1期。

《译丛》，有一些新的感悟。

## 一、《译丛》的背景与致谢

### （一）过程与致谢

2014年9月，我到北京理工大学工作后，拜访了教育部高等教育教学评估中心时任副主任王战军老师，他讲述了构建研究生教育学学科的思路和出版《译丛》的构想，于我受益良多。

此项工作得到中国学位与研究生教育学会时任会长、教育部原副部长赵沁平院士的首肯与指导，并专门为《译丛》作序。战军老师组织相关专家认真论证和精心挑选，确定相关书目，工作有序开展。其后我的工作变动，学校领导继续支持，北京理工大学出版社鼎力相助，特别是战军老师组织编委会委员、办公室成员、各位译者和编辑共同努力，已有6部译著陆续出版，再次感谢大家的辛勤奉献。

作为《译丛》的译审，我只是在阅读译稿感到需要时，再去核对英文原著，有可能挂一漏万，加之自己既非英语专业又非教育学的科班出身，对于语言的把握和内容的认知都难以胜任，提出的修改建议也不一定正确和精准，对此一直忐忑不安。感谢各位译者勤奋努力，编辑认真把关。

### （二）研究项目与方法

卡内基教学促进基金会资助的"卡内基促进博士计划"（Carnegie Initiative on the Doctorate，CID），重点关注博士生培养过程的作用及影响因素，引起了学界的广泛关注。除了沃克等在《学者养成：重思21世纪博士生教育》[1]中专门围绕该计划展开讨论，埃伦伯格[2]、鲍德等[3]在他们的

---

① ［美］乔治·E. 沃克、克里斯·M. 戈尔德、劳拉·琼斯等著，黄欢译：《学者养成：重思21世纪博士生教育》，北京理工大学出版社2018年版。

② ［美］罗纳德·G. 埃伦伯格、夏洛特·V. 库沃著，任杰、廖洪跃译：《博士生教育与未来的教师》，北京理工大学出版社2018年版。

③ ［澳］大卫·鲍德、艾莉森·李著，蒲亚琼、黄敏译：《博士生教育的变迁》，北京理工大学出版社2019年版。

书中也都有专门的篇章进行评介。内特尔斯等的《获得博士学位的成功之匙》分别得到了礼来公司、美国高等教育发展中心（NCPI）、斯宾塞基金会、美国科学基金会（NSF）等的支持。[①]此外，美国安德鲁·W·梅隆基金会支持的"研究生教育计划"（Graduate Education Initiative，GEI），从高校院系的视角切入，研究如何改进人文社科领域博士生培养项目的结构和组织形式。美国研究生院委员会的"哲学博士完成计划"（Ph. D. Completion Project），旨在进一步明晰研究生院及其院长在提升博士质量过程中的作用和角色。[②]

德拉蒙特等[③]的研究得到了英国经济与社会研究委员会的资助，以自然地理学、人文地理学、生物化学、人工智能等学科为对象，通过对部分英国高校的院系负责人、导师和博士生的访谈，分析实验室研究与田野研究的不同范式与特点，探究学科及学术文化差异。澳大利亚学者鲍德等收录的17篇文章，"都是过去10年间对博士生教育的变化进行过系统研究的学者撰写而成"[④]。

在研究方法上，卡苏托"不仅描述了美国研究生与研究生院存在的问题，也检验了围绕这些问题的一些假说"[⑤]。内特尔斯等详细介绍了研究概念、分析模型与测量要素，重点研究了博士生培养的9个关键问题，即资金筹措，社会交往，研究成果，满意度和成绩，进度、学业完成和时间，学生经验和绩效测度，研究领域差异，种族、族裔和性别差异，研究结果对

---

① ［美］迈克尔·T.内特尔斯、凯瑟琳·M.米利特著，张卫国译：《获得博士学位的成功之匙》，北京理工大学出版社2019年版，第1页。

② ［美］罗纳德·G.埃伦伯格、夏洛特·V.库沃著，任杰、廖洪跃译：《博士生教育与未来的教师》，北京理工大学出版社2018年版，第2-4页。

③ ［英］萨拉·德拉蒙特、保罗·阿特金森、奥黛特·帕里著，赵琳译：《博士生培养——研究生院的成功与失败》，北京理工大学出版社2019年版。

④ ［澳］大卫·鲍德、艾莉森·李著，蔺亚琼、黄敏译：《博士生教育的变迁》，北京理工大学出版社2019年版，第5-6页。

⑤ 张炜：《美国研究生教育的困境与出路——〈研究生院之道〉读后感》，载《学位与研究生教育》2018年第1期。

政策和实践的影响等，在附录中还专门介绍了所使用的40个变量的处理方法。①沃克等在书的附录中列出了研究计划简介、参与院系、调查概述、博士生及其导师调查问卷等。②

## 二、博士生培养环节及问题

国内文献对于我国研究生教育存在的问题有诸多讨论，《译丛》的出版为我们观察发达国家特别是美国的研究生教育提供了一个窗口，也为研究生教育研究提供了一些视角。

### （一）课程教学重视不够

有文献批评我国研究生课程明显滞后，所开课程数量偏多但课程设置缺乏层级性。③其实美国也存在类似问题，在美国高校，尽管几乎每个教授都想给研究生授课，但没有多少人认真思考如何才能教好，不少教授既没有学过也不想学习怎么教书，更不关注其他课程，导致无视学生需求的"内容主导式教学"持续泛滥，有的教师授课时甚至没有教学大纲、指定书籍或其他资料。④与本科教学相比，研究生教学没有受到应有的重视，需要加大教学改革的力度，从依赖教学经验转向掌握教学专门技能（pedagogical expertise）。⑤

### （二）综合考试标准不清

对于我国博士生在开题前是否需要、如何举行综合考试及资格考试，目前还有不同看法。而在美国要获得博士学位，"最不可避免也是最重要

---

①［美］迈克尔·T.内特尔斯、凯瑟琳·M.米利特著，张卫国译：《获得博士学位的成功之匙》，北京理工大学出版社2019年版，第51-59、273-281页。

②［美］乔治·E.沃克、克里斯·M.戈尔德、劳拉·琼斯等著，黄欢译：《学者养成：重思21世纪博士生教育》，北京理工大学出版社2018年版，第141-188页。

③汪霞：《论研究生课程的连贯性设计》，载《学位与研究生教育》2019年第7期。

④［美］莱纳德·卡苏托著，荣利颖译：《研究生院之道》，北京理工大学出版社2017年版，第29-37页。

⑤WALKER G. E., GOLDE C. M., JONES L., et al.: *The Formation of Scholars: Rethinking Doctoral Education for the Twenty-first Century*, Jossey-Bass Wiley Imprint, 2008: 4.

的一个转折点就是资格考试（qualifying exams）"①，也被称为综合考试
（comprehensive exams）或统一考试。一般认为，综合考试需要博士生展现
出其对研究领域的掌握并做好从事论文研究的准备。但是，由于缺乏具体
标准，导师们对综合考试目的的共识度不高，加之考试内容多样，使得综
合考试"信息混杂和目标交错"，造成了一些学生的焦虑和"过度准备"，
有的博士生完成课程学习后要花费两年半的时间才能通过综合考试。尽管
20世纪70年代就有一批美国高校着手改革"综合考试的形式和时间安排"，
但对于改革方法与成效仍然有不同意见。②

### （三）科学研究范式不同

沈文钦梳理了博士生科研活动中完成相关任务的科研逻辑与将博
士生培养为合格研究者的教育逻辑以及二者之间的矛盾与冲突。③科研
（research）是博士学位最主要、最关键的组成要素。④德拉蒙特等辨析了
实验室研究与田野研究对博士生的培养在方法和场所等方面的异同，分析
了不同学科博士生科学研究的方法和范式。⑤需要注意的是，美国只有30%
的博士生毕业前"在专业期刊上发表过论文"，其中有一半发表了一篇，另
一半发表了两篇以上。⑥

---

① WALKER G. E., GOLDE C. M., JONES L., et al.: *The Formation of Scholars: Rethinking Doctoral Education for the Twenty-first Century*, Jossey-Bass Wiley Imprint, 2008: 41.

② ［美］乔治·E.沃克、克里斯·M.戈尔德、劳拉·琼斯等著，黄欢译：《学者养成：重思21世纪博士生教育》，北京理工大学出版社2018年版，第21-36、47-50页。

③ 李锋亮、李莞荷：《在理论与实践之间：面向未来的研究生教育学——第三届全国研究生教育学学科建设理论与实践高端论坛综述》，载《学位与研究生教育》2019年第8期。

④ BOUD D., LEE A.: *Changing Practices of Doctoral Education*, Routledge Taylors & Francis Group, 2009：200-210.

⑤ ［英］萨拉·德拉蒙特、保罗·阿特金森、奥黛特·帕里著，赵琳译：《博士生培养——研究生院的成功与失败》，北京理工大学出版社2019年版，第29-32页。

⑥ ［美］迈克尔·T.内特尔斯、凯瑟琳·M.米利特著，张卫国译：《获得博士学位的成功之匙》，北京理工大学出版社2019年版。

### （四）学位论文缺乏规范

尽管当今世界上的学术型"博士生几乎都有学位论文的要求"，但论文的标准规范似乎并不一致。一方面，有的导师过于强调毕业论文要出书，迫使一些博士生因"过分修饰"论文的语言文字而延长学业[①]，但并非所有的博士论文都适合出版。[②]另一方面，论文写作是学术工作的一部分，属于认识论（epistemological）、文化和教学的内容，不能将传授写作能力的任务都视为导师的职责。[③]

### （五）完成学业时间过长

我国博士培养单位对博士生学习年限的规定大多为3～4年，但延期毕业已成为一种普遍现象。[④]2017年，预计毕业博士生为16.90万人，但2018年实际毕业博士生仅占预计数量的35.92%。[⑤]

同样，内特尔斯等批评美国博士生完成学业的时间过长，"平均时间为5.97年"，其中工程学5.23年、科学与数学5.71年，而教育学要6.28年、社会科学6.35年、人文学7.41年。[⑥]而在欧洲大多数国家获得博士学位的时间（time to degree，TTD）要长于对博士候选人及研究项目的平均资助时间。[⑦]英国一个学术组织主张，全日制学术型博士候选人应在4年内完

---

① ［美］莱纳德·卡苏托著，荣利颖译：《研究生院之道》，北京理工大学出版社2017年版，第101–103页。

② CASSUTO L.: *It's a Dissertation, Not a Book*, http: //www.chronicle.com/ article/Its-a-Dissertation-Not-a/128365.

③ BOUD D., LEE A.: *Changing Practices of Doctoral Education*, Routledge Taylors & Francis Group, 2009: 96.

④ 绳丽惠：《博士生延期毕业现象：影响因素与治理策略》，载《学位与研究生教育》2019年第6期。

⑤ 如无专门说明，本节关于中国博士生教育的数据均来自教育部《教育统计数据》电子版，http://www.moe.gov.cn/s78/A03。

⑥ ［美］迈克尔·T.内特尔斯、凯瑟琳·M.米利特著，张卫国译：《获得博士学位的成功之匙》，北京理工大学出版社2019年版，第6页。

⑦ BOUD D., LEE A.: *Changing Practices of Doctoral Education*, Routledge Taylors & Francis Group, 2009：203.

成学业，但同时指出，从国际比较看，这是一个极度压缩的时间表。主要原因在于，学生缺乏基础知识和技术技能，有的研究选题过于宽泛和宏大（over-ambitious）。[1]

调查发现，在关于学习时间的影响因素中，担任助教"不会导致进度变慢"，经济困难也不会"减缓受访者的进度"。在教育学、科学与数学学科，"已婚或有伴侣"有助于完成学业，但"在工程学、人文学和社会科学领域，有子女的学生完成学位用时更长"[2]。

**（六）辍学率居高不下**

2017年，我国在校博士生36.20万人，2018年毕业6.07万人、招生9.55万人、在校38.95万人，可以推算出2018年的博士生辍学率为1.87%。

20世纪60年代的调研显示，美国有三分之一的博士生辍学[3]；20世纪90年代，博士生仅在第一学年的辍学率就有10%～15%[4]。进入21世纪，一半以上的博士生会中途放弃。[5]同样，在欧洲也只有一半左右的博士生候选人（doctoral candidates）能完成学业并拿到学位。[6]

**（七）就业趋向倒逼反思培养定位**

长期以来，我国的博士生教育侧重于培养学术型人才，但博士毕业生的就业选择已经发生变化。统计显示，1996年，77.7%的博士毕业生从事教

---

① DELAMONT S., ATKINSON P., PARRY O.: *The Doctoral Experience——Success and Failure in Graduate School*, Routledge Taylors & Francis Group, 2000: 190–191.

② ［美］迈克尔·T.内特尔斯、凯瑟琳·M.米利特著，张卫国译：《获得博士学位的成功之匙》，北京理工大学出版社2019年版，第7–9页。

③ ［美］乔治·E.沃克、克里斯·M.戈尔德、劳拉·琼斯等著，黄欢译：《学者养成：重思21世纪博士生教育》，北京理工大学出版社2018年版，第21页。

④ ［美］迈克尔·T.内特尔斯、凯瑟琳·M.米利特著，张卫国译：《获得博士学位的成功之匙》，北京理工大学出版社2019年版，第3页。

⑤ ［美］莱纳德·卡苏托著，荣利颖译：《研究生院之道》，北京理工大学出版社2017年版，第83页。

⑥ BOUD D., LEE A.: *Changing Practices of Doctoral Education*, Routledge Taylors & Francis Group, 2009: 203.

学和科研工作，但到2003年已下降到44.4%。①

美国的一项调查也显示，只有一半的学术型博士学位的获得者想努力成为教授②，仅有28%的工程学博士生和38%的教育学博士生希望从事大学教师或博士后研究工作。③同时，由于大学的经费压力，终身制教师的比例降低，加之强制性退休年龄规定的取消，退休教师的人数低于预期，导致学术型博士职业路径的多样化。对此的反应不一，"有些学科领域'接受'，而某些学科领域'排斥'"，使得博士生教育在不同学科的差异"愈加明显"④。因此，学术型博士的培养目标和方式需要反思。实际上，获得博士学位只是迈向多种发展方向的一条通道（route），拥有博士学位可以有多种职业路径（paths）。⑤

### 三、公平与导师制面临新挑战

#### （一）教育公平的问题与改进

闫广芬指出，中国研究生教育从大国迈向强国，女性教育是不容忽视的议题。⑥2018年，我国女性博士毕业生2.39万人，是2000年的10.09倍，占比也提高了17.83个百分点，达到39.34%。

在美国，女性和少数族裔学生已成为"博士生招生、学位获得者整

① 李立国、詹宏毅：《中国博士生教育的增长速度与质量保障——中美比较的角度》，载《清华大学教育研究》2008年第29卷第5期。

② [美]罗纳德·G.埃伦伯格、夏洛特·V.库沃：《博士生教育与未来的教师》，北京理工大学出版社2018年版，第82-83页。

③ [美]迈克尔·T.内特尔斯、凯瑟琳·M.米利特著，张卫国译：《获得博士学位的成功之匙》，北京理工大学出版社2019年版，第5页。

④ [美]乔治·E.沃克、克里斯·M.戈尔德、劳拉·琼斯等著，黄欢译：《学者养成：重思21世纪博士生教育》，北京理工大学出版社2018年版，第22-23页。

⑤ WALKER G. E., GOLDE C. M., JONES L., et al.: *The Formation of Scholars: Rethinking Doctoral Education for the Twenty-first Century*, Jossey-Bass Wiley Imprint, 2008: 8.

⑥ 李锋亮、李莞荷：《在理论与实践之间：面向未来的研究生教育学——第三届全国研究生教育学学科建设理论与实践高端论坛综述》，载《学位与研究生教育》2019年第8期。

体增长的关键因素"①。20世纪80年代之后，博士生教育"全面对女性开放"②。1970年，美国新获博士学位者中，女性仅占9.6%，2000年提高到45.3%，2017年达到53.3%③，在不到50年间发生了巨大变化。

同时，在新获得博士学位的美国公民中，白人学生的占比已从1977年的91.9%下降到2000年的77.9%及2017年的67.5%，同期亚太裔学生从1.9%上升到10.0%再到12.8%，黑人和西班牙裔学生占比也都显著上升。④

另外，尽管超过三分之二的博士生在被录取时得到了经济资助，其中有44%的学生获得助研奖学金、60%获助教奖学金⑤，但博士生的债务依然沉重。2015—2016学年，48.2%的学术型博士学位获得者有贷款债务，贷款者人均10.64万美元；而74.5%的专业博士学位获得者人均债务更是高达18.32万美元。⑥一方面，通过贷款缓解了攻读研究生机会公平的矛盾；但另一方面，教育贷款也使得部分研究生的学习、生活和走上社会后的债务负担出现了不公平。

**（二）导师制需要改革**

美国对研究生指导教师的称谓多样，卡苏托主张用"adviser"，将其界定为"辅导毕业生论文并在上面署名的教授"⑦；而沃克等建议用"mentor"，认为"adviser"通常只是在早期零星地进行指导，

①［美］乔治·E.沃克、克里斯·M.戈尔德、劳拉·琼斯等著，黄欢译：《学者养成：重思21世纪博士生教育》，北京理工大学出版社2018年版，第31页。

②［美］乔治·E.沃克、克里斯·M.戈尔德、劳拉·琼斯等著，黄欢译：《学者养成：重思21世纪博士生教育》，北京理工大学出版社2018年版，第21页。

③ National Center for Education Statistics: *Digest of Education Statistics 2018*, https: // nces.ed.gov/programs/digest.

④ National Center for Education Statistics: *Digest of Education Statistics 2018*, https: // nces.ed.gov/programs/digest.

⑤［美］迈克尔·T.内特尔斯、凯瑟琳·M.米利特著，张卫国译：《获得博士学位的成功之匙》，北京理工大学出版社2019年版，第4页。

⑥ National Center for Education Statistics: *Digest of Education Statistics 2018*, https: // nces.ed.gov/programs/digest.

⑦ CASSUTO L.: *The Graduate School Mess: What Caused It and How Can Fix It*, Harvard University Press, 2015: 63.

但"mentor"的"概念更为宽泛",传达出"对学生的支持与帮助（sponsorship and support）"①。尽管英国的导师们也强调要给予研究生爱,激励他们,培养他们具有学术判断力,但将博士生导师称为"supervisor"②,似乎检查、监管的含义更浓。

《译丛》中各文献都强调导师的重要性,但对于导师的评价反差较大。在德拉蒙特等的访谈中,导师们对当年读博时自己的导师都非常不满,也均认为本人是尽职尽责的,但他们所指导的博士生却大多并不这样认为。③沃克等的调研也显示,博士生对于导师的种种不端行为意见很大。④

尽管一对一的学徒式教学法（apprenticeship pedagogy）被视为博士生教育的标志性教学法,也值得保留和坚持,但由此产生的博士生对导师的盲从（conformity）也不可小视。博士生难以形成独立的声音和思路,甚至在被苛待或与导师关系恶化时会感到无路可走,而单一导师制的惯例又伴随教师自治（faculty autonomy）的传统,使得其他教师和管理人员一般不愿出手干预。

为此,戈尔德等建议,要重新定义"学徒制"这个词,使得博士生从受教"于（to）"一位导师转化为"与（with）"几位导师共同学习。多位导师合作指导博士生,可以为博士生成长设定明确要求并互相督促⑤,指导博士生应成为一项集体的（collective）责任⑥。要尊重、信任和互惠,这不仅

---

① WALKER G. E., GOLDE C. M., JONES L., et al.: *The Formation of Scholars: Rethinking Doctoral Education for the Twenty-first Century*, Jossey-Bass Wiley Imprint, 2008: 117−118.

② DELAMONT S., ATKINSON P., PARRY O.: *The Doctoral Experience——Success and Failure in Graduate School*, Routledge Taylors & Francis Group, 2000: 41−42.

③ ［英］萨拉·德拉蒙特、保罗·阿特金森、奥黛特·帕里著,赵琳译:《博士生培养——研究生院的成功与失败》,北京理工大学出版社2019年版,第141−146页。

④ ［美］乔治·E. 沃克、克里斯·M. 戈尔德、劳拉·琼斯等著,黄欢译:《学者养成:重思21世纪博士生教育》,北京理工大学出版社2018年版,第80页。

⑤ EHRENBERG R. G., KUH C. V.: *Doctoral Education and the Faculty of the Future*, Cornell University Press, 2009: 53−57.

⑥ DELAMONT S., ATKINSON P., PARRY O.: *The Doctoral Experience——Success and Failure in Graduate School*, Routledge Taylors & Francis Group, 2000: 158.

有益于师生友好关系的建立，也是博士生应当具备的必要品质。导师和博士生应投入更多的时间增进相互了解，开展"定期的、坦诚的沟通"，提高各自的实践能力及"自我指导、自我评价的能力"①。

### 四、加快研究生教育学学科建设

1984年《学位与研究生教育》杂志的创办，有力推动了研究生教育研究的广泛开展和不断深化②，一批学者深入探讨研究生教育学的理论问题与学科构建。③教育部及其学位与研究生教育发展中心、学位与研究生教育学会也组织开展了相关研究，王战军老师团队每年发布《中国研究生教育质量报告》《中国研究生教育研究进展报告》，在国内外产生了一定影响。作为一门分析研究生教育现象和问题、揭示研究生教育规律及其运用特征的学科④，我国研究生教育学在完善研究组织体系、形成专业化研究队伍、产生高水平研究成果和培养高层次人才等方面取得了一定成效。⑤《世界研究生教育经典译丛》是重要的基础工程，对于"构建研究生教育学课程体系、推进研究生教育学科建设，都具有重要意义"⑥。同时，仔细研读《译丛》，有助于拓展在读研究生乃至研究生教育研究的选题视角、研究思路和方法论。

---

① ［美］乔治·E.沃克、克里斯·M.戈尔德、劳拉·琼斯等著，黄欢译：《学者养成：重思21世纪博士生教育》，北京理工大学出版社2018年版，第90-102页。

② 李金龙、李璐、裴旭等：《论"研究生教育学"学科建构 的合用性、合法性与合理性》，载《学位与研究生教育》2015年第2期。

③ 秦惠民：《试论学位与研究生教育学的研究现状——我国学位与研究生教育研究十年回顾之一》，载《学位与研究生教育》1995年第1期。

④ 王战军、杨旭婷、乔刚：《研究生教育学：教育研究新领域》，载《中国高教研究》2019年第8期。

⑤ 王战军、乔刚：《研究生教育学：创建与发展》，载《研究生教育研究》2019年第1期。

⑥ 袁本涛：《研究生教育学的合法性、合理性及其挑战》，载《学位与研究生教育》2018年第7期。

**（一）科学解读数据**

《译丛》中的一些数据可以验证笔者10多年来关于中美博士生教育规模的一些观点。[1]尽管国内一些文献认为美国授予博士学位的高校只有200多所，但内特尔斯等引用的数据显示，美国学术型博士授予高校数量在20世纪中期就已大于300所，1981年超过400所，2000年又突破了500所。[2]美国教育部公布的最新数据显示，2016—2017学年，美国各类博士学位授予高校达1 016所。[3]

同时，《译丛》中的几位作者基于不同来源，美国授予博士学位的数据有所差异，如1999年大约已有"4.5万名学生获得博士学位"[4]，2002年博士毕业生为39 953人[5]，到21世纪初"每年授予博士学位的数量超过了40 000个"[6]。另外，这些作者都只关注学术型博士特别是哲学博士（Ph.D.），较少涉及专业博士，并非美国授予博士学位的全部。2016—2017学年，美国授予博士学位181 352个，其中专业博士的数量居多。[7]针对上述数据差异，建议引用他国统计数据时，应高度关注其定义与口径的差异。[8]

---

[1] 张炜：《中美研究生教育规模和结构的比较与思考》，载《学位与研究生教育》2003年第7期。

[2]［美］迈克尔·T.内特尔斯、凯瑟琳·M.米利特著，张卫国译：《获得博士学位的成功之匙》，北京理工大学出版社2019年版，第8页。

[3] National Center for Education Statistics: *Digest of Education Statistics 2018*, https://nces.ed.gov/programs/digest.

[4]［美］迈克尔·T.内特尔斯、凯瑟琳·M.米利特著，张卫国译：《获得博士学位的成功之匙》，北京理工大学出版社2019年版，第3页。

[5]［澳］大卫·鲍德、艾莉森·李著，蔺亚琼、黄敏译：《博士生教育的变迁》，北京理工大学出版社2019年版，第3页。

[6]［美］乔治·E.沃克、克里斯·M.戈尔德、劳拉·琼斯等著，黄欢译：《学者养成：重思21世纪博士生教育》，北京理工大学出版社2018年版，第15页。

[7] National Center for Education Statistics: *Digest of Education Statistics 2018*, https://nces.ed.gov/programs/digest.

[8] 张炜：《关于引用美国高等教育数据的讨论——兼论中美高等教育比较与借鉴》，载《中国高教研究》2019年第10期。

### （二）提高博士生教育质量

尽管战后美国经济、社会和科技的发展需要大批高学历人力资源，但关于博士数量过多会导致其质量下降（dilution）的质疑始终存在。[①]

19世纪后期至20世纪前期，有潜力的学士学位获得者会申请攻读研究生。入学后，要参加研讨会以及许多非正式的、个性化的教学安排，通过两门外语考试和一门综合考试，并提交一篇书面论文，"以获得教师委员会的通过，从而完成学业"，获得博士学位一般花费大约两年时间。[②]上述培养过程和要求，用今天的标准来看，不仅很难说是高质量的，也不能说博士生的质量就"今不如昔"。

培养目标不清，要求就会模糊。由于不同的利益相关者对博士生教育的期望和影响不同，加之难以平衡博士生学位完成时间与充分准备以保证质量之间的张力[③]，使得培养缺乏统一标准，有的博士生也不理解为什么标准会这样定。社会对博士和高端人才的标准要求还在不断提升，但博士生需要有人能够对自己所受教育的要求做出更清晰的解释，说明"为什么"这样要求。[④]这也导致了在高度关注博士生质量的同时，对于高质量的目标和内涵有时会陷入脱离实际的人云亦云、泛泛而谈。

在欧洲，新博士学位（new doctorates）的发展，包括专业博士学位、基于大学与行业合作的博士学位（university-industry collaboration-based doctorates）[⑤]的培养目标和质量标准，有助于深化对博士生教育多样性发展

---

[①] WALKER G. E., GOLDE C. M., JONES L., et al.: *The Formation of Scholars: Rethinking Doctoral Education for the Twenty-first Century*, Jossey-Bass Wiley Imprint, 2008: 22-24.

[②] ［美］乔治·E. 沃克、克里斯·M. 戈尔德、劳拉·琼斯等著，黄欢译：《学者养成：重思21世纪博士生教育》，北京理工大学出版社2018年版，第17页。

[③] EHRENBERG R. G., KUH C. V.: *Doctoral Education and the Faculty of the Future*, Cornell University Press, 2009: 65-79.

[④] ［美］乔治·E. 沃克、克里斯·M. 戈尔德、劳拉·琼斯等著，黄欢译：《学者养成：重思21世纪博士生教育》，北京理工大学出版社2018年版，第4、43-54页。

[⑤] BOUD D., LEE A.: *Changing Practices of Doctoral Education*, Routledge Taylors & Francis Group, 2009: 206.

的认识，促进我国专业博士教育的发展。

提高研究生教育质量是永恒主题和动态过程，不应简单地将质量与规模对立起来，要针对存在的问题采取有效措施，常抓不懈，常抓常新，实现研究生教育高质量内涵式发展。

### （三）强化辩证思维

《译丛》更加关注博士生教育，体现了编委会选材的倚重。在美国，"面向大众的博士学位似乎已经实现"，博士生教育应当从神秘中走出来。[①]博士生教育需要舆论监督，但从近年来美国媒体对于教授们的政治化冷嘲热讽中可以看出，一些舆论依然热衷于传播学术界的怪癖（foibles）和愚昧，一些博士毕业生的经济困难也引发了激烈批评。[②]

《译丛》中指出的问题，有些是研究生教育中的共性问题，有些是一个国家、一所高校甚至一个院系或单个学科的特殊问题。特别是现有文献对于研究生教育的认识还存在巨大差距，且大多缺乏科学理论框架（theoretical framework）[③]，也还找不到一个单一的方法或模式"适用于多变的研究生教育"[④]。因此，当前博士生教育的知识是碎片化的，一些概念术语（conceptual terms）缺乏一致性，在美国"有关毕业生去向的大规模调查"也未必适用于其他地方；同样，英国和澳大利亚有些重要概念的争论和探究在其他国家也可能有不同情况[⑤]，要认真辨析和鉴别，不能囫囵吞枣、生搬硬套。

---

① ［美］迈克尔·T.内特尔斯、凯瑟琳·M.米利特著，张卫国译：《获得博士学位的成功之匙》，北京理工大学出版社2019年版，第225页。

② CASSUTO L.: *The Graduate School Mess: What Caused It and How Can Fix It*, Harvard University Press, 2015: 16.

③ BOUD D., LEE A.: *Changing Practices of Doctoral Education*, Routledge Taylors & Francis Group, 2009: 113.

④ ［美］乔治·E.沃克、克里斯·M.戈尔德、劳拉·琼斯等著，黄欢译：《学者养成：重思21世纪博士生教育》，北京理工大学出版社2018年版，第5页。

⑤ BOUD D., LEE A.: *Changing Practices of Doctoral Education*, Routledge Taylors & Francis Group, 2009: 11-15.

要立足中国国情，多视角多维度地把握研究生教育的历史、发展和现状，"提升学科认同，加强理论研究，拓展研究范式"[1]，更新观念，完善思路，改进方法，深化理论研究，深入开展实证研究和案例分析，编写研究生教育学教材，不断扩大影响力和话语权，促进中国特色研究生教育学学科的发展。

（原载于《学位与研究生教育》2020年第5期，有删改。）

# 第五节　美国研究生教育的困境与出路

## ——《研究生院之道》读后感

中国学位与研究生教育学会会长赵沁平院士多次强调，应加强研究生教育学的学科建设。[2]在他的直接关心和指导下，北京理工大学研究生教育研究中心主任王战军教授策划组织，启动了《世界研究生教育经典译丛》的翻译出版工作。2017年3月，《学位与研究生教育》杂志社周文辉社长转来荣利颖博士翻译的《研究生院之道》一书的文稿，遂有机会先睹为快。

---

[1] 王战军、周文辉、李明磊等：《中国研究生教育70年》，中国科学技术出版社2019年版，第172-173页。
[2] 赵沁平：《开拓、创新、求真，科学构建研究生教育学学科体系》，载《研究生教育研究》2014年第6期。

## 一、简介

*The Graduate School Mess: What Caused It and How Can Fix It*（《研究生院之道》）一书于2015年由哈佛大学出版社出版，作者莱纳德·卡苏托是美国福特汉姆大学教授、《高等教育纪事报》"研究生"专栏的撰稿人。他本科毕业于哥伦比亚大学，在哈佛大学获文学硕士和哲学博士学位，长期从事美国文学和文化的教学科研工作，对美国研究生教育有亲身体会和理论思考。

此书出版后引用和评论不少。有书商在推介该书时强调，美国研究生教育处于混乱（disarray）状态已不是秘密。[①]舒曼（Rebecca Schuman）非常赞赏作者自己指导博士生的做法和观点，即导师要与学生讨论如何在攻读学位与家庭生活之间寻求平衡。[②]罗德里格斯（Sara Rodrigues）认为，作者不仅描述了美国研究生与研究生院存在的问题，也检验了围绕这些问题的一些假说，还为研究生教育改革提出了建议。[③]马克斯（Jonathan Marks）赞许作者没有就事论事，而是在大学与社会关系这个更大范围内讨论研究生教育。[④]还有书评指出，有很多指引研究生走向学术的书籍，但至今还没有一本写给研究生教师和导师及管理者的专著，人文研究生、项目管理者和高校教师可能会发现阅读此书是一项值得的投资。[⑤]本书既是写给大学教授的，也是说给公众听的。[⑥]

---

① Harvard University Press: *About This Book*, http: //www.hup.harvard.edu/catalog.php? isbn=9780674728981.

② SCHUMAN R.: *A Conversation with Leonard Cassuto on 'The Graduate School Mess'*, http: //www.chronicle.com/article/A-Conversation-With-Leonard/234101.

③ RODRIGUES S.: *Is There a Solution for the Ph.D. Problem*?, http: //www.popmatters.com/feature/is-there-a-cure-for-the-phd-problem/.

④ MARKS J.: *The Dream Is Gone: Leonard Cassuto's the Graduate School Mess*, https: //www.jamesgmartin.center/2015/09/the-dream-is-goneleonard-cassutos-the-graduate-school-mess/.

⑤ Harvard University Press: *Reviews*, http: //www.hup.harvard.edu/catalog.php? isbn=9780674728981&content=reviews.

⑥ HAYFORD E.: *Reviews*, https: //zh.scribd.com/document/51902271/Psychology-Education-Harvard-University-Press.

多年来，国内文献较少直面美国高等教育的问题①，存在不少认识误区和似是而非的观点。②虽然美国不少文献涉及其博士生教育体系存在的问题③，阿特巴赫也在10多年前就在我国期刊上介绍美国研究生教育的现状与问题④，但依然有国内文献认为美国博士生培养模式是世界博士生教育改革的"金本位"⑤。《研究生院之道》的翻译出版，为我们了解和借鉴美国研究生教育，提供了一个有益的窗口。

### 二、主要问题

作者在书中毫不掩饰地表达了对美国研究生教育的不满，在前言中的首句就发问"我们的研究生制度已经'病入膏肓'了吗"，强调"这种病态无疑横行内外，贯穿始终"。⑥作者回顾总结了美国研究生教育的历史、发展和现状，并着重以人文学科为例，深入剖析了美国研究生教育存在的问题，具有很强的问题意识和危机意识。

#### （一）双轨模式

在美国博士生教育的早期阶段，博士既是纯知识探索的象征，也有实际应用的职责，而博士学位的教学功能远不及研究使命来得重要。⑦

在19世纪末，美国高校注册学生仅23.8万人，1947年增加到233.8万

---

① 张炜：《哈佛的光荣梦想与迷失变革》，载《西北大学学报（哲学社会科学版）》2011年第3期。

② 张炜：《对美国高等教育的十个认识误区》，载《高等教育研究》2005年第6期。

③ ALTBACH P. G., BERDAHL R. O., GUMPORT P. J.: *American Higher Education in the Twenty-first Century*, The Johns Hopkins University Press, 2005: 450-453.

④［美］菲利普·G.阿特巴赫、别敦荣、陈丽：《美国博士教育的现状与问题》，载《教育研究》2004年第6期。

⑤ 王东芳：《美国博士生培养的理念与制度》，载《高等教育研究》2013年第34卷第9期。

⑥［美］莱纳德·卡苏托著，荣利颖译：《研究生院之道》，北京理工大学出版社2017年版，前言第1-2页。

⑦［美］莱纳德·卡苏托著，荣利颖译：《研究生院之道》，北京理工大学出版社2017年版，第110页。

人。①学生数量的快速增加使得高校教师供不应求，博士生培养重心转向准备和提供高校师资，为此有批评意见认为研究生院成了"伪装的师范学院"。面对上述问题，不少大学尝试分设学术型博士与专业型博士，形成了博士生教育的"双轨模式"，一定程度上缓解了对于应用型高级人才需求的矛盾，但学术型博士与专业型博士的界限纠缠不清，专业博士的声誉不高。例如，教育博士被贬称为"低端的""删减版的"教育学博士（Ph.D. in education）。②

尽管如此，专业型博士培养模式持续实施，已涵盖教育博士（Ed. D.）、文科博士（D.A.）、音乐艺术博士（D.M.A.）、工商管理博士（D.B.A.）和工程博士（D.Eng.或E.E.S.）等。同时，第一级专业学位（First Professional Degree）的数量快速扩张，自1969年起一直超过学术型博士与专业型博士之和。③

但是，文科等专业博士解决美国高校师资紧缺的角色正在受到冲击，伴随美国高等教育规模增速趋缓，对高校教师的需求也随之减弱，导致一些大学取消了文科博士培养项目，文科博士学位的授予规模也有所缩小。④

**（二）课程教学**

有文献认为，我国研究生对于课程体系合理性及前沿性的满意度较低⑤，与美国相比，我国博士生的课程教学更加松散、随意、不严格。⑥而

① 张炜：《中美两国高等教育学生规模的比较与思考》，载《高等教育研究》2008年第8期。

②［美］莱纳德·卡苏托著，荣利颖译：《研究生院之道》，北京理工大学出版社2017年版，第112页。

③ 张炜、张蓉、刘延松：《建设高等教育强国视角下博士研究生教育的思考——中美博士研究生规模与结构的比较》，载《学位与研究生教育》2008年第8期。

④［美］莱纳德·卡苏托著，荣利颖译：《研究生院之道》，北京理工大学出版社2017年版，第115页。

⑤ 周文辉、干战军、刘俊起等：《2015年我国研究生满意度调查》，载《学位与研究生教育》2015年第10期。

⑥ 包水梅：《美国学术型博士生课程建设的特征与路径研究》，载《高等教育管理》2016年第10卷第1期。

作者却认为，美国博士生的课程教学得不到应有的重视，"已经多年教学不得其法"①。由于忽视对人的关怀，"教学法的地位岌岌可危"。教师（包括管理者）没有投入足够的时间去了解研究生的学习，并提供指导，甚至根本就不愿去了解研究生想学什么、应该学什么。②

研究生院的教师之间很少交流如何授课，他们"从来不聚在一起讨论该如何教"，给同一批学生授课的教师即使不经意地讨论教学也会感到不自在。③

另外，尽管国内文献对研讨课（seminar）赞赏有加④，但作者认为，一些不负责任的教师使得这种教学方式问题频出。有的研讨课从一个话题蹦到另一个话题，"就像一场多人沙滩排球游戏，球从一人传到另一人"，而有的教师非但不加以组织引导，甚至根本就没有遵循教学大纲。⑤

**（三）综合考试**

有文献认为美国博士生的资格考试涉及的课程面广，考试程序严格，淘汰率高⑥，这既保证了博士生在校人数的平衡，又控制了博士生的质量，提高了博士生的竞争力。⑦近年来，也有文献指出，博士生资格考试的角色应该重新定位，以过程为导向，侧重其对博士生科研的导航和推动作用，

---

① ［美］莱纳德·卡苏托著，荣利颖译：《研究生院之道》，北京理工大学出版社2017年版，第23页。

② ［美］莱纳德·卡苏托著，荣利颖译：《研究生院之道》，北京理工大学出版社2017年版，前言第12页。

③ ［美］莱纳德·卡苏托著，荣利颖译：《研究生院之道》，北京理工大学出版社2017年版，第33页。

④ 马启民：《"seminar"教学范式的结构、功能、特征及其对中国大学文科教学的启示》，载《比较教育研究》2003年第2期。

⑤ ［美］莱纳德·卡苏托著，荣利颖译：《研究生院之道》，北京理工大学出版社2017年版，第30页。

⑥ 程永元、邱成悌、王华：《关于博士生资格考试问题的探讨》，载《学位与研究生教育》1995年第5期。

⑦ 杨庚、杨健：《对美国博士生资格考试制度的分析与借鉴》，载《南京邮电学院学报（社会科学版）》2004年第6卷第2期。

而不是将其作为终止博士生学习进程的淘汰机制。①

在美国，研究生的"综合考试"（comprehensive exams）是基于教学内容而设计的考试，它所注重的考查范围是一个学科领域内的全部知识。同时，与综合考试相似的"通识考试"（general exams）、"资格考试"（qualifying exams）也在使用。作者认为，上述考试都太过专注于"折磨"研究生而缺乏目的性。②

美国从20世纪30年代开始实行上述考试，原因在于研究生数量的大量增加，使得仅仅依靠学术论文这一种手段来对学生进行考核已经不够，需要增加一道关口来剔除那些读研能力不足的学生。这种考试的合理性在于，让不够格的研究生尽早退出，因为即使他们勉强完成了学业，最后也会由于准备不充分或水平欠佳而就业困难。③

尽管举行这些考试的初衷无可厚非，但如何考和考什么值得商榷。作者认为，这种"覆盖其专业领域中所学全部知识的口头审查"，将"考查重点放在费时的死知识上"，对于博士生撰写学位论文并没有太大的帮助，就像通过跳高来"测试他们是否具备参加马拉松比赛的资质"。④

**（四）论文写作**

作者指出，"全世界的博士生几乎都有学位论文的要求"，也有大量书籍指导如何书写论文，但导师不仅很少讲授如何撰写学位论文，反而误导博士生"坚信他们的学位论文是应该被出版的"。不少博士生花费大量时间"过分修饰"论文的语言文字，这已成为他们延长学业的又一重要原因。⑤

---

① 于书林、乔雪峰：《博士生资格考试：过滤器还是导航仪？》，载《学位与研究生教育》2012年第9期。

② ［美］莱纳德·卡苏托著，荣利颖译：《研究生院之道》，北京理工大学出版社2017年版，第53页。

③ ［美］莱纳德·卡苏托著，荣利颖译：《研究生院之道》，北京理工大学出版社2017年版，第54页。

④ ［美］莱纳德·卡苏托著，荣利颖译：《研究生院之道》，北京理工大学出版社2017年版，第55页。

⑤ ［美］莱纳德·卡苏托著，荣利颖译：《研究生院之道》，北京理工大学出版社2017年版，第101页。

### （五）完成学业时间

调查显示，我国42所研究生院2007年以前入学并于2010年7月毕业的博士生获得学位的平均时间为4.5年[①]，而美国博士生完成学业往往需要8到10年[②]。对此，作者批评美国博士生"获取学位的时间过长，在人文领域严重到了滑稽而令人蒙羞的程度"[③]。20世纪60年代之前，在美国完成博士学位很少超过5年[④]，但现在获得人文博士学位大约需要9年。[⑤]

同时，由于学术就业市场竞争的加剧，大学教师聘用委员会一般会优先选择那些学习时间较长、学术成就更多及工作经验更丰富的申请者，迫使产出能力较强的研究生"延长学习时间"以顺应这种标准，也使得"有保障的经济资助"反而会增加学位获取时间。[⑥]

### （六）辍学率

在美国，有高达50%的博士生最终放弃学业。[⑦]原因有二：一是录取的标准不高。20世纪中期，最挑剔的美国研究生院都录取了一半的申请者，稍差一些的研究生院基本上是来者不拒。在威斯康星州，所录取研究生的40%曾排在系里的后一半。二是导师和管理者的责任缺位。一些教授对博士

---

① 李海生：《我国博士生延期完成学业的影响因素分析——基于对42所研究生院的问卷调查》，载《学位与研究生教育》2012年第5期。

② 李海生：《美国博士生学业完成的困境及原因分析》，载《全球教育展望》2014年第11期。

③ ［美］莱纳德·卡苏托著，荣利颖译：《研究生院之道》，北京理工大学出版社2017年版，第142页。

④ ［美］莱纳德·卡苏托著，荣利颖译：《研究生院之道》，北京理工大学出版社2017年版，前言第9页。

⑤ ［美］莱纳德·卡苏托著，荣利颖译：《研究生院之道》，北京理工大学出版社2017年版，前言第3页。

⑥ ［美］莱纳德·卡苏托著，荣利颖译：《研究生院之道》，北京理工大学出版社2017年版，第138-139页。

⑦ ［美］莱纳德·卡苏托著，荣利颖译：《研究生院之道》，北京理工大学出版社2017年版，第83页。

生放任不管，对他们不能按时完成进度不闻不问[1]，有的甚至"不让学生愉悦地受教、愉快地育人，而让他们饱受折磨、苦不堪言"[2]。

一些博士生处于获得学位希望不大但又不甘终止学业的两难境地，不仅浪费紧缺的教育资源，也浪费这些学生的青春年华。而要作出辍学的决定是一个非常痛苦的过程，因为要面对巨大的环境及舆论压力。美国的学术文化不支持研究生辍学，研究生院要考核博士完成率，博士生自身也会认为辍学是人生经历的失败，尽管有的博士生入学后很快就意识到自己并不适合读研特别是写论文，他们也会不得不努力拼搏至最后一刻。[3]

### （七）学术就业市场

作者批评美国大学在博士生培养过程中，很少顾及培养对象的职业需求，未能使他们准备好面对多种多样的职业生涯。在美国高等教育规模快速增长的"黄金时期"，教职岗位需求量很大。此后，"大多数人文学科博士并不能进入研究型大学的终身教职岗位"[4]，不得不重新开始职业生涯，或在高校从事低收入的辅助工作。结果是，"年轻的学生经过长年累月的学术训练，只能换来一份收入低廉、不受尊敬、充满不确定性的工作"[5]。

但是，盛行的观点依然认为"研究生院是培养未来教授的专业训练场所"[6]。导师们依然教导学生"不去找圈外的工作，告诉他们这充其量只是

---

①［美］莱纳德·卡苏托著，荣利颖译：《研究生院之道》，北京理工大学出版社2017年版，第83页。

②［美］莱纳德·卡苏托著，荣利颖译：《研究生院之道》，北京理工大学出版社2017年版，第23页。

③［美］莱纳德·卡苏托著，荣利颖译：《研究生院之道》，北京理工大学出版社2017年版，第82-84页。

④［美］莱纳德·卡苏托著，荣利颖译：《研究生院之道》，北京理工大学出版社2017年版，前言第10页。

⑤［美］莱纳德·卡苏托著，荣利颖译：《研究生院之道》，北京理工大学出版社2017年版，前言第4页。

⑥［美］莱纳德·卡苏托著，荣利颖译：《研究生院之道》，北京理工大学出版社2017年版，前言第1页。

一个没有办法的办法，……会让导师们失望"①。不少博士学位获得者并未做好在高校学术岗位以外就职的心理和技能准备。加之学术就业市场的门槛不断提高，"竞聘者为了一个助教职位都要发表很多文章，甚至……比他们的面试者的发文量还要多"②。

### 三、原因分析

#### （一）历史演变

1861年，耶鲁大学颁发了美国第一个哲学博士学位，而美国的研究生院及博士学位的标准化起始于1876年成立的约翰·霍普金斯大学。③100多年来，美国研究生教育快速发展，但也存在诸多似是而非的假定和由来已久的偏见。

通过对美国高等教育发展变化的回顾，作者指出，"美国是一个高等教育的使命与中产阶级身份和目标难以分离的国家"，而中产阶级的身份变化及社会结构变化，也使得大学（不包括英格兰式的文理学院）的使命向培养公民与生产知识二者并重转变后，大学功用出现了过分强调专业教育而忽视通识教育、将研究置于比教学更重要的位置、重研究生教育轻本科教育等突出问题。例如，芝加哥大学在成立时就明确"研究是最重要的，教学排第二""新约翰·霍普金斯大学的设计并没有包含本科生，克拉克大学也没有"。④

---

① ［美］莱纳德·卡苏托著，荣利颖译：《研究生院之道》，北京理工大学出版社2017年版，前言第7页。

② ［美］莱纳德·卡苏托著，荣利颖译：《研究生院之道》，北京理工大学出版社2017年版，第131页。

③ ［美］莱纳德·卡苏托著，荣利颖译：《研究生院之道》，北京理工大学出版社2017年版，第99-100页。

④ ［美］莱纳德·卡苏托著，荣利颖译：《研究生院之道》，北京理工大学出版社2017年版，第6-7页。

同时，"研究生教育整体的保守性"①，甚至"在某种意义上抗拒改变"②，使得研究生院"在'人'这个层面出现了极大的问题"③。

在美国高等教育由"老三中心"（以教师为中心、以教材为中心、以教室为中心）向"新三中心"（以学生发展为中心、以学生学习为中心、以学习效果为中心）转变的过程中④，研究生教育依然是"以教师为中心"，研究生院的结构设计仍然根据教师的需要以及制度的需要，而不是学生的需要⑤。导师们受制于迂腐成规，总是选择用自己读书时的"受害"方式再去"为害"学生⑥，加之"又懒又自恋的教授数不胜数"⑦，使得学生们"感到失望甚至愤怒"⑧。

**（二）系统背景**

作为高等教育的一个重要组成部分，美国研究生教育中出现的问题不少都源于"整个高等教育系统内更大的制度问题"⑨。因此，"研究生院的

---

① ［美］莱纳德·卡苏托著，荣利颖译：《研究生院之道》，北京理工大学出版社2017年版，前言第2页。

② ［美］莱纳德·卡苏托著，荣利颖译：《研究生院之道》，北京理工大学出版社2017年版，前言第10页。

③ ［美］莱纳德·卡苏托著，荣利颖译：《研究生院之道》，北京理工大学出版社2017年版，前言第7页。

④ 赵炬明：《论新三中心：概念与历史——美国SC本科教学改革研究之一》，载《高等工程教育研究》2016年第3期。

⑤ ［美］莱纳德·卡苏托著，荣利颖译：《研究生院之道》，北京理工大学出版社2017年版，前言第11页。

⑥ ［美］莱纳德·卡苏托著，荣利颖译：《研究生院之道》，北京理工大学出版社2017年版，第58页。

⑦ ［美］莱纳德·卡苏托著，荣利颖译：《研究生院之道》，北京理工大学出版社2017年版，第30页。

⑧ ［美］莱纳德·卡苏托著，荣利颖译：《研究生院之道》，北京理工大学出版社2017年版，前言第13页。

⑨ ［美］莱纳德·卡苏托著，荣利颖译：《研究生院之道》，北京理工大学出版社2017年版，前言第2页。

问题离不开美国高等教育的大背景"①。

作者反对把高等教育看作"商业行为"的观点，认为"高等教育的日渐商品化掩盖了高等教育的使命"②，批评美国联邦政府对高校资助的缩减，批评高等教育学费太贵且上涨过快③，而这些因素都在一定程度上导致博士生在读期间花费过多的时间投入教学，"更何况有时他们只是要赚点课时费"④，影响了自身的课程学习和论文写作。同时，由于经费紧张等原因，大学教师的结构发生重大变化，兼职教师的比例不断提升。1975年，多数大学还是由终身教授或教师授课，到2009年已跌破25%⑤，不仅对高等教育的质量构成威胁，也使得博士的学术就业更加困难。

**（三）市场作用**

基于市场视角，美国研究生教育一方面是市场失灵，尽管高校终身制岗位需求有限，但博士的供给依然严重过剩，供给和需求严重扭曲（distorted）。另一方面是市场驱动，由于高校扩大博士生规模可以吸引更多高水平的教授，以此提高研究生院的知名度和名次，管理者和教师都不愿砍掉一些招生项目以缩减博士生规模⑥。

作者认为，"这个世界上没有完美的纯市场调节，……市场也需要宏观

---

① ［美］莱纳德·卡苏托著，荣利颖译：《研究生院之道》，北京理工大学出版社2017年版，第1页。

② ［美］莱纳德·卡苏托著，荣利颖译：《研究生院之道》，北京理工大学出版社2017年版，第3页。

③ ［美］莱纳德·卡苏托著，荣利颖译：《研究生院之道》，北京理工大学出版社2017年版，第143页。

④ ［美］莱纳德·卡苏托著，荣利颖译：《研究生院之道》，北京理工大学出版社2017年版，第81页。

⑤ ［美］莱纳德·卡苏托著，荣利颖译：《研究生院之道》，北京理工大学出版社2017年版，第153页。

⑥ MCKENNA L.: *The Educational Bridge to Nowhere*, https: //www.theatlantic.com/education/archive/2015/09/whats-the-point-of-a-phd/405964.

上的人为调控"①，更何况"学术就业市场从根本上说并不能称之为市场"，因为大学既生产博士，也聘用博士，并非独立的生产者和消费者②。这些都使得市场在调节大学对博士生的供求关系上显得力不从心。而学术市场供过于求的状态，造成了博士生教育的投入产出问题，"大量的输入意味着研究生院必须大量豢养教授，极少的输出意味着只有很少的研究生能以优异的成绩毕业，并且到负有盛名的学府担任教师"③。

攻读博士学位不仅剥夺了研究生赚钱的机会，还使他们背负沉重的债务负担。2004年，美国博士生的中等债务水平为4.5万美元，有些研究生的贷款额达到7.5万美元。作者认为，当教师和管理层明知学生贷款负担加重还要维持（甚至延长）获取学位的时间，"就是知法犯法，罪加一等"④。另外，这样一种投入产出，依然有大量的申请者跃跃欲试，市场的调节作用似乎有限。

### 四、措施建议

#### （一）加强道德规范

荣利颖博士将原著的"结论"部分放在译著的第一章，是经过深思熟虑的，也是作者反复强调的。美国研究生院已经失去了大部分研究生以及大众的信任，要"重新赢回信任"，就必须证明研究生院"值得被信任"⑤。因此，"高等教育需要一个新的共同的道德规范"，以"提供一种

---

① ［美］莱纳德·卡苏托著，荣利颖译：《研究生院之道》，北京理工大学出版社2017年版，第34页。

② ［美］莱纳德·卡苏托著，荣利颖译：《研究生院之道》，北京理工大学出版社2017年版，第151页。

③ ［美］莱纳德·卡苏托著，荣利颖译：《研究生院之道》，北京理工大学出版社2017年版，第83页。

④ ［美］莱纳德·卡苏托著，荣利颖译：《研究生院之道》，北京理工大学出版社2017年版，第144页。

⑤ ［美］莱纳德·卡苏托著，荣利颖译：《研究生院之道》，北京理工大学出版社2017年版，第13页。

重新思考"当代教育行为的方式[①]，"形成21世纪高等教育新的'关怀'伦理"，特别是应更加专注对学生的关怀，把人文社科的博士生教育与其个人发展目标相结合[②]。研究生和教授必须共同努力，"以保持学术界的正常运转，重建共生共荣、相互支持的关系"[③]。实际上，这也是构建"学习共同体"的关键所在。[④]

为了使公众了解和理解学术工作及其价值，作者主张应教给研究生"沟通"的技巧，并加强与各级教育的联系，构建"有学术意识的社会共同体"，促使博士生"学会如何接触不同知识层次的受众"，引导他们开眼看世界，帮助其与专业圈子之外的社会建立联系。[⑤]

**（二）调整培养目标**

如前所述，按照市场规律，博士毕业生就业难，说明供给超出需求，解决之道是压缩招生规模，但作者却主张调整"培养模式和目标以适应时代的需要"[⑥]。

国内已有文献介绍美国博士生教育目标从"学科看护者"到"可雇佣的人"的转变，培养学者不再是博士生教育的唯一目标。[⑦]作者也认为，大学、研究生院与导师都必须对研究生的职业生涯负责，必须明确告知能为

---

[①] ［美］莱纳德·卡苏托著，荣利颖译：《研究生院之道》，北京理工大学出版社2017年版，第2页。

[②] ［美］莱纳德·卡苏托著，荣利颖译：《研究生院之道》，北京理工大学出版社2017年版，前言第8-10页。

[③] ［美］莱纳德·卡苏托著，荣利颖译：《研究生院之道》，北京理工大学出版社2017年版，第16页。

[④] 张炜、万小朋、张军等：《高等教育强国视角下的学习共同体构建》，载《中国高教研究》2017年第2期。

[⑤] ［美］莱纳德·卡苏托著，荣利颖译：《研究生院之道》，北京理工大学出版社2017年版，第18-19页。

[⑥] ［美］莱纳德·卡苏托著，荣利颖译：《研究生院之道》，北京理工大学出版社2017年版，前言第14页。

[⑦] 王东芳：《培养学科看护者？——博士教育目标的学科差异》，载《复旦教育论坛》2015年第13卷第2期。

他们提供何种教育以及他们毕业后会有哪些出路，特别是这些出路绝不仅仅局限于学术圈。①

学会如何从工作中找寻快乐才是研究生教育最重要却常被忽视的部分。为此，作者强调要拓展对于研究生成功的定义，不能将成功仅仅局限于很多博士毕业后实际上难以进入的学术工作。②21世纪的研究生教育应当包括实用的技能训练，为毕业生在高等教育系统外部的就业做准备。③为此，应定期审查进度，并提供更好的财政支持和更加友好的就读环境。④同时，要奖励那些能力出众、努力缩短就读时间的研究生，建立长效的奖励机制。⑤

**（三）改革课程教学**

研究生教育回归公共服务的使命，必须改革研究生院的教学，更新研究生课程⑥，因为"课堂教学变或不变事关全国硕博教育事业的兴衰……也事关整个高教体系的兴衰"⑦。改革的核心在于，要从现行的"教师中心型课程"向"学生中心型课程"转变⑧，着力改进课程设置和标准，为学生进入更广阔的就业市场做好准备⑨。

---

① ［美］莱纳德·卡苏托著，荣利颖译：《研究生院之道》，北京理工大学出版社2017年版，前言第6页。

② ［美］莱纳德·卡苏托著，荣利颖译：《研究生院之道》，北京理工大学出版社2017年版，第147页。

③ ［美］莱纳德·卡苏托著，荣利颖译：《研究生院之道》，北京理工大学出版社2017年版，前言第11页。

④ ［美］莱纳德·卡苏托著，荣利颖译：《研究生院之道》，北京理工大学出版社2017年版，第84页。

⑤ ［美］莱纳德·卡苏托著，荣利颖译：《研究生院之道》，北京理工大学出版社2017年版，第142页。

⑥ ［美］莱纳德·卡苏托著，荣利颖译：《研究生院之道》，北京理工大学出版社2017年版，第147页。

⑦ ［美］莱纳德·卡苏托著，荣利颖译：《研究生院之道》，北京理工大学出版社2017年版，第32页。

⑧ ［美］莱纳德·卡苏托著，荣利颖译：《研究生院之道》，北京理工大学出版社2017年版，第35页。

⑨ ［美］莱纳德·卡苏托著，荣利颖译：《研究生院之道》，北京理工大学出版社2017年版，前言第4页。

关于课程内容，在本科通识教育与专业教育仍然争论不休之际①，作者主张要为研究生设置"一个核心课程群"②，并"兼容不同就业需求的学生"，从"无视学生需求的内容主导式教学"转向更加"重视知识技能的培养"，"帮助学生提高诸多在圈外岗位就业的能力"③。

关于综合考试的范围和重点，作者建议应该与研究方法及实践相互关联起来，将长期以来把综合考试作为对学生基本知识掌握程度的测试（顶石法），变为将其看作论文阶段开始的标志（基石法），这象征着学生可以从通用基本知识的学习阶段进入具体专业领域的研究工作，以指引学生向论文选题的方向思考。④

**（四）明确论文要求**

既然研究生的职业生涯具有多样性，就应"对博士论文格式的要求更加灵活"，明确撰写学位论文的目的是使其获得指导委员会的批准认同以获得博士学位，而不是为了出书。⑤

对于这一点，作者于2011年就指出，学位论文对于博士生在学术界工作非常重要，但非学术界的雇主通常更关心文凭（credential）。尽管"要么出版、要么离开"（write a book or else）是年轻学者接到的命令而不是建议，但并非所有的博士论文都适合出版。为此，作者建议在博士学位论文真正达到专著的水平后再去出版。⑥

---

① 张炜：《基于素质教育框架的通识教育与专业教育集成》，载《中国高教研究》2015年第12期。

② ［美］莱纳德·卡苏托著，荣利颖译：《研究生院之道》，北京理工大学出版社2017年版，第1页。

③ ［美］莱纳德·卡苏托著，荣利颖译：《研究生院之道》，北京理工大学出版社2017年版，第44页。

④ ［美］莱纳德·卡苏托著，荣利颖译：《研究生院之道》，北京理工大学出版社2017年版，第59页。

⑤ ［美］莱纳德·卡苏托著，荣利颖译：《研究生院之道》，北京理工大学出版社2017年版，第105页。

⑥ CASSUTO L.: *It's a Dissertation, Not a Book*, http: //www.chronicle.com/article/Its-a-Dissertation-Not-a/128365.

### （五）拓宽就业选择

关于"学术就业市场"的范围，作者认为应包含学术工作、学术圈内的非教职工作与非学术工作[①]，建议统计并公布历届博士的就业情况，以使研究生、导师乃至社会都明了学术就业形势[②]。同时，应从研究生一入学就加强就业教育，如召开职业发展研讨会、强化就业服务合作关系等，[③]使研究生在入学时就清楚他们的前景，导师尽职尽责地辅导并帮助他们做出选择，为他们提供咨询和实习机会。[④]

### （六）强化导师责任

美国高校对于研究生导师的称谓并不一致，多见"adviser"，也有叫"director""sponsor""mentor"，早期还称为"master"。作者主张用"adviser"，并将其界定为"大学里那些辅导毕业生论文并在上面署名的教授"[⑤]。他认为"导师就像园丁，培养着一株株嫩苗。修枝剪叶、浇水施肥只为他们能茁壮成长"。师生关系如果处理得当，双方还能成为朋友，如家庭成员般亲密无间；处理不当，会导致愤怒、怨恨、痛苦。[⑥]

导师可以改变研究生的一生，为此作者提出，导师应该有两个目标：第一，帮助学生完成学位论文，或者劝退；第二，为学生在其自主选定的学术

---

[①]［美］莱纳德·卡苏托著，荣利颖译：《研究生院之道》，北京理工大学出版社2017年版，第151页。

[②]［美］莱纳德·卡苏托著，荣利颖译：《研究生院之道》，北京理工大学出版社2017年版，第168页。

[③]［美］莱纳德·卡苏托著，荣利颖译：《研究生院之道》，北京理工大学出版社2017年版，第90页。

[④]［美］莱纳德·卡苏托著，荣利颖译：《研究生院之道》，北京理工大学出版社2017年版，第23页。

[⑤]［美］莱纳德·卡苏托著，荣利颖译：《研究生院之道》，北京理工大学出版社2017年版，第63页。

[⑥]［美］莱纳德·卡苏托著，荣利颖译：《研究生院之道》，北京理工大学出版社2017年版，第81页。

或非学术就业领域做准备。[①] "鉴于当今的就业前景，许多有前途的学生不会去追求教书这条路。这个决定可能会让导师失望，但是战胜这样的失望恰恰是导师的职责所在"，特别是导师应该"理解和支持学生辍学"[②]。

作者强调，导师应根据研究生的日趋多样性来为他们提供"量身定做"的个性化建议，并训练其朝着确定的目标努力，并主张导师"每月见一次学生，检查他们的笔记和草稿，或者规定最后期限，或者让学生集体开会汇报进度，导师还可以指定参考书目或建议一个研究主题，等等"，特别是在学生遇到困难时应竭尽全力帮助他们[③]，"与学习上有困难的研究生坐下来好好谈谈"[④]。

相形之下，国内文献对于导师的期望和要求更高，主张导师要对研究生的学习、科研、品德及生活等各方面个别指导并全面负责，并强调这是研究生培养体系的核心因素。[⑤]调查显示，对师生关系满意或很满意的研究生和导师分别达到了79.6%和91.9%，对师生关系不满意的研究生和导师分别只占3.2%和0.4%。[⑥]

此书原著通俗易懂，翻译得也准确流畅，适合高校研究生、教师、研究人员，乃至关心高等教育的人士阅读。当然，本书也有一些可以完善之处。例如，叙事较多，但说理不透。一是作者认识到历史的原因使得美国

---

① ［美］莱纳德·卡苏托著，荣利颖译：《研究生院之道》，北京理工大学出版社2017年版，第71页。

② ［美］莱纳德·卡苏托著，荣利颖译：《研究生院之道》，北京理工大学出版社2017年版，第88页。

③ ［美］莱纳德·卡苏托著，荣利颖译：《研究生院之道》，北京理工大学出版社2017年版，第79页。

④ ［美］莱纳德·卡苏托著，荣利颖译：《研究生院之道》，北京理工大学出版社2017年版，第86页。

⑤ 张淑林、裴旭、方俊等：《我国研究生导师聘任制的历史沿革和未来走向》，载《学位与研究生教育》2010年第11期。

⑥ 周文辉、张爱秀、刘俊起等：《我国高校研究生与导师关系现状调查》，载《学位与研究生教育》2010年第9期。

博士生教育的功能定位含混不清与变化不定①，但没有深入剖析大学使命演变的深层次原因及对博士生教育的影响，包括大学理念的演变创新及经济社会发展变化对高等教育需求的不断提升与多样性②。二是作者指出要从高等教育大背景来思考研究生院存在的问题，呼吁"自下而上重塑我们的高教体系"③，但对美国高等教育体系存在的问题及原因着墨不多且显得零散，提出的建议力度和效度不足。三是作者对学术就业市场的经济学分析和解读深度不够，使读者有些不得要领。

建设高等教育强国，需要更多的高层次拔尖人才。我国博士生教育的规模还需扩大，结构更要优化④，统筹协调规模、质量、结构、效益的关系，实现内涵式发展，学习借鉴发达国家的经验教训，构建具有中国特色的研究生教育学理论和学科体系⑤。

（原载于《学位与研究生教育》2018年第1期，有删改。）

---

① ［美］莱纳德·卡苏托著，荣利颖译：《研究生院之道》，北京理工大学出版社2017年版，第6页。

② 张炜：《大学理念的演变与回归》，载《中国高教研究》2015年第5期。

③ ［美］莱纳德·卡苏托著，荣利颖译：《研究生院之道》，北京理工大学出版社2017年版，第147页。

④ 牛梦虎：《重识美国博士学位授予规模——基于三种发展轨迹的分析》，载《中国高教研究》2015年第8期。

⑤ 张应强、刘鸿：《关于建构研究生教育学学科体系的思考》，载《黑龙江高教研究》2001年第3期。

# 第六节　博士生教育共同治理的发展趋势

## ——《学者养成：重思21世纪博士生教育》的启示

在卡内基教学促进会的持续支持下，沃克团队历时5年实施"卡内基博士生教育促进计划"（CID），这"首先和最重要的是一个行动计划，其次才是一个研究项目"，成果编撰成书。①在北京理工大学研究生教育研究中心王战军主任的精心策划组织下，经学位与研究生教育杂志社黄欢老师倾心翻译，《学者养成：重思21世纪博士生教育》②已正式出版，从中可以了解美国博士生教育治理的相关情况。

### 一、博士生教育的改革发展与挑战

我国改革开放后恢复研究生招生，1983年有18人获得博士学位。2019年，我国授予博士学位61 060个。③但从绝对规模看，中美两国间授予博士学位的数量差距进一步扩大。另外，我国授予博士学位比美国晚了100多年，基数较小、存量偏低。

---

① WALKER G. E., GOLDE C. M., JONES L., et al.: *The Formation of Scholars: Rethinking Doctoral Education for the Twenty-first Century*, Jossey-Bass Wiley Imprint, 2008.

② ［美］乔治・E.沃克、克里斯・M.戈尔德、劳拉・琼斯等著，黄欢译：《学者养成：重思21世纪博士生教育》，北京理工大学出版社2018年版。

③ 如无专门说明，本节关于中国博士生教育的数据均来自教育部《教育统计数据》电子版，http://www.moe.gov.cn/s78/A03。

从相同发展阶段的增量看，美国1961年授予博士学位10 613个，到1970年净增48 873个[①]；而我国从1999年授予博士学位10 160个增加至2017年的56 606个，18年间授予博士学位净增46 446个，年均增幅还不到美国的一半。

从博士生教育的结构看，沃克等明确指出，尽管美国教育界注意区分并同时发展学术型博士学位（research doctorate）和专业博士学位（doctorate of practice），但CID主要关注学术型博士[②]，书中所给出的博士生教育有关数据并不包括专业博士，与我国的统计口径也不同。为此，本节采用美国教育部公布的数据予以补充。

美国学术型博士生教育模式是源自英国本科生院和源自德国研究生院的"嫁接合成物"[③]。在研究生院设立初期，博士生的培养目标就备受关注并引发争议，一些教师因担心此举会分散对本科教育的关注和挤占资源，而予以抵制，以至于时任哈佛大学校长的埃利奥特不得不亲自出面做工作。[④]

20世纪40—60年代，是美国高等教育的"黄金时代"，也是博士生教育的快速发展期。1959—1960学年，授予博士学位9 829个，是20年前的4.28倍。20世纪70年代，因政府投入紧缩，高等教育进入"新萧条期"，也加剧了关于博士生教育的激烈争论[⑤]，但授予博士学位的规模继续快速扩张，1961—1971年间年均增速高达20.39%。对此，一方面，有观点对于博士生教育的培养质量感到担忧，呼吁压缩规模；另一方面，也有一些高校肆意

① 如无专门说明，本节关于美国博士生教育的数据均来自美国教育部国家教育统计中心（National Center for Education Statistics）《教育统计摘要》（*Digest of Education Statistics*）电子版，https://nces.ed.gov/programs/digest.

② WALKER G. E., GOLDE C. M., JONES L., et al.: *The Formation of Scholars: Rethinking Doctoral Education for the Twenty-first Century*, Jossey-Bass Wiley Imprint, 2008: 17.

③ ［美］乔治·E.沃克、克里斯·M.戈尔德、劳拉·琼斯等著，黄欢译：《学者养成：重思21世纪博士生教育》，北京理工大学出版社2018年版，第17页。

④ WALKER G. E., GOLDE C. M., JONES L., ct al.: *The Formation of Scholars: Rethinking Doctoral Education for the Twenty-first Century*, Jossey-Bass Wiley Imprint, 2008: 22.

⑤ WALKER G. E., GOLDE C. M., JONES L., et al.: *The Formation of Scholars: Rethinking Doctoral Education for the Twenty-first Century*, Jossey-Bass Wiley Imprint, 2008: 23-26.

渲染困难和问题，以此对政府施压，试图获得更多的办学资源。

同时，虽然学术型博士生教育为下一代学术领导人提供了独特的、富有成效的温床①，但社会各界对于博士生的需求旺盛，博士的职业路径多样化，尽管对于专业博士的质量存在诸多疑虑，但对学术型博士生教育的培养目标及其"满足未来需求能力的质疑也越来越多"②。

### 二、博士生教育治理主体的多元化趋势

博士生教育是学历教育的最高层次，在培养高层次创新人才方面具有直接、基础、重要的作用和意义。伴随博士生教育内部治理的责权利变化，社会关注度和参与度越来越高，共同治理的趋势凸显，各治理主体均发挥着应有的作用。

#### （一）内部治理主体的责权利

完善大学内部治理结构的关键是建立基于大学使命的权力配置和利益平衡机制③，应体现不同利益相关者的诉求，在制度设计上既反映多元主体的责任和权力，又呈现不同利益诉求的调适与平衡④。

#### 1. 教师

眭依凡及其指导的博士生通过访谈揭示，优化大学内部治理结构，就是要创造条件以成就教师的发展，而教师拥有更多、更为稳固的大学管理参与权，也能够为共同治理结构奠定坚实的基础。⑤教师在治理结构中是作

---

① WALKER G. E., GOLDE C. M., JONES L., et al.: *The Formation of Scholars: Rethinking Doctoral Education for the Twenty-first Century*, Jossey-Bass Wiley Imprint, 2008: 142.

② ［美］乔治·E. 沃克、克里斯·M. 戈尔德、劳拉·琼斯等著，黄欢译：《学者养成：重思21世纪博士生教育》，北京理工大学出版社2018年版，第22-23页。

③ 管培俊：《关于大学治理的辩证思维》，载《探索与争鸣》2017年第8期。

④ 梁传杰：《高校研究生教育综合改革模式：审视与重构》，载《学位与研究生教育》2019年第11期。

⑤ 俞婷婕、眭依凡、朱剑等：《加州大学内部治理结构与运行机制探微——对加州大学总校前教务长贾德森·金教授的访谈》，载《复旦教育论坛》2019年第17卷第5页。

为一个学术共同体对学术治理的参与[1]，大学学术评议会确保了学术共同体对学术事务的有效控制[2]，但"组织是人的组织"，博士生教育治理应高度重视导师负责制。[3]

教师是博士生的楷模，是博士生培养的设计者、实施者和指导者，具有培养博士生所需的知识、技能、价值观和经验，有能力塑造博士生学习经历的特性和质量。因此，教师比起其他治理主体对博士生教育及其未来更加"负有责任"[4]。但也有个别教师采取自私的态度，不愿在重构博士生教育中发挥应有作用。改革是有风险的，但导师目光短浅、屈服于阻力、无所作为的危险更大。[5]

沃克等主张，博士生导师应主动挑战自满懈怠，换位思考，站在博士生的角度围绕培养目标科学分析培养过程，客观看待优势和劣势，抛弃不再符合博士生教育目标要求的要素，添加新的要素。[6]导师应该与博士生构建学术共同体，为博士生创造"一个平等的成才平台"，促进导师和博士生共同学习和进步，并使学徒制与学术共同体相得益彰、相互促进。[7]为此，

---

① 别敦荣：《美国大学治理理念、结构和功能》，载《高等教育研究》2019年第40卷第6期。

② 甘永涛、单中惠：《美国大学评议会制度探析》，载《大学教育科学》2010年第1期。

③ 钟勇为、梁琼：《研究生培养质量内部保障体系构建的误区与出路》，载《研究生教育研究》2018年第2期。

④［美］乔治·E.沃克、克里斯·M.戈尔德、劳拉·琼斯等著，黄欢译：《学者养成：重思21世纪博士生教育》，北京理工大学出版社2018年版，第129页。

⑤ WALKER G. E., GOLDE C. M., JONES L., et al.: *The Formation of Scholars: Rethinking Doctoral Education for the Twenty-first Century*, Jossey-Bass Wiley Imprint, 2008: 149−150.

⑥［美］乔治·E.沃克、克里斯·M.戈尔德、劳拉·琼斯等著，黄欢译：《学者养成：重思21世纪博士生教育》，北京理工大学出版社2018年版，第129−130页。

⑦ WALKER G. E., GOLDE C. M., JONES L., et al.: *The Formation of Scholars: Rethinking Doctoral Education for the Twenty-first Century*, Jossey-Bass Wiley Imprint, 2008: 127−131.

导师应充分认识并支持博士生成为改革的积极推动者。①

### 2. 博士生

博士生个体以及由博士生形成的组织是大学治理结构中必不可缺的构成要素②，但他们很少通过治理的正式框架来发挥影响③。

与本科生相比，博士生更为成熟和自立，更应在治理中发挥作用，但CID的结果显示，未能充分参与博士生教育治理，已成为一些博士生焦虑和挫败感的来源。④尽管博士生也批评自身所受教育的限制（constraining）太多，三分之一的博士生被迫辍学，但因受到传统思想和习惯的束缚，不少博士生认为本人当下所受的教育是其之前16～18年教育的延续，还是相当被动地接收教师传授知识，依然简单地以是否按时、准确完成布置的作业来评判自己的成功。⑤

沃克等建议，如果让博士生知晓博士学习生涯是在学者养成的远航中必须自己掌舵的一个航段，就能够给他们带来惊人的想象力和能量，使其成为"变革和改进的推动者"。这既能"让博士生获得领导经验以及担当大任的满足感"，又为博士生教育改革及其自身的教育经历带来不同的视角、有效的信息、青春的激情和特殊的力量⑥，促进他们在学习中负责任、积极

---

① ［美］乔治·E.沃克、克里斯·M.戈尔德、劳拉·琼斯等著，黄欢译：《学者养成：重思21世纪博士生教育》，北京理工大学出版社2018年版，第29页。

② 马培培：《论美国大学治理中的学生参与》，载《高等教育研究》2016年第37卷第2期。

③ ［美］德里克·博克、曲铭峰：《大学的治理》，载《高等教育研究》2012年第33卷第4卷。

④ ［美］乔治·E.沃克、克里斯·M.戈尔德、劳拉·琼斯等著，黄欢译：《学者养成：重思21世纪博士生教育》，北京理工大学出版社2018年版，第128页。

⑤ WALKER G. E., GOLDE C. M., JONES L., et al.: *The Formation of Scholars: Rethinking Doctoral Education for the Twenty-first Century*, Jossey-Bass Wiley Imprint, 2008: 25, 116.

⑥ ［美］乔治·E.沃克、克里斯·M.戈尔德、劳拉·琼斯等著，黄欢译：《学者养成：重思21世纪博士生教育》，北京理工大学出版社2018年版，第29-30、128-129页。

主动和具有目的性。[①]

为此，博士生不应只是被动的接受者，而是要为自己负责，对自己的学习有信心和决心，主动为自己制订近期目标与职业规划，善于掌控自己的学习进程、寻求学习良机、把握能够满足需求的方式方法，从而使自身的学习更具有进阶性、综合性和协作性，寻求多重指导关系及利益互惠的方式，与其他人一起评议教学过程与运行模式，请求加入院系委员会，接待来访嘉宾或组织研讨会等。[②]

实际上，参与了CID的博士生发现，自己对待学业的态度发生变化，能够更加有计划、有目的和有能力地塑造自己，这为其应对未来瞬息万变的学术和职业生涯打下了坚实基础。[③]

### 3. 行政管理者

美国大学校长的权力在于可以决定大学发展的重点[④]，而教师只参与学术相关的决策[⑤]。沃克等也认为，学校校长与常务副校长（provost）拥有更多思考博士生教育改革并大胆付诸行动的机会和权力，在校内改革创新努力受到强大的、不受其控制的外力阻挠时更是如此。[⑥]

学校行政管理者应抓住一切机会发出提升博士生教育质量的重要信号，敢于说出、展示和讨论问题，分析存在问题的原因，竭尽所能提出改进方案，为校内外合作牵线搭桥。同时，行政管理者还应设法将本科生教

---

① WALKER G. E., GOLDE C. M., JONES L., et al.: *The Formation of Scholars: Rethinking Doctoral Education for the Twenty-first century*, Jossey-Bass Wiley Imprint, 2008: 85.

② ［美］乔治·E. 沃克、克里斯·M. 戈尔德、劳拉·琼斯等著，黄欢译：《学者养成：重思21世纪博士生教育》，北京理工大学出版社2018年版，第128页。

③ ［美］乔治·E. 沃克、克里斯·M. 戈尔德、劳拉·琼斯等著，黄欢译：《学者养成：重思21世纪博士生教育》，北京理工大学出版社2018年版，第30页。

④ 朱剑、睢依凡、俞婷婕等：《斯坦福大学的内部治理：经验与挑战——斯坦福大学前校长约翰·亨尼西访谈录》，载《高等教育研究》2018年第39卷第11期。

⑤ 钱颖一：《大学治理：美国、欧洲、中国》，载《清华大学教育研究》2015年第36卷第5期。

⑥ WALKER G. E., GOLDE C. M., JONES L., et al.: *The Formation of Scholars: Rethinking Doctoral Education for the Twenty-first Century*, Jossey-Bass Wiley Imprint, 2008: 146.

育中的成功创新与博士生教育联系起来，使之共同成为研究性学习方法的场所。①

另外，行政管理者所提供的不仅仅是资金，还有关注程度（visibility），应与校董一起强调某些领域的重要性来支持其发展②，特别是要落实问责机制，知晓如何评价博士生教育的改进和创新，考察院系如何有效使用资源提高博士生教育质量。③

4. 院系

大学是以学科专业为基础的学术组织，院系治理是大学治理的重要组成部分④，主要负责处理与学术有关的事务⑤。

院系是影响博士生教育的最佳杠杆点。伴随博士生教育规模扩大与大学规模扩张，博士生教育许多方面的权力已由研究生院整体委托给院系，特别是博士生的入学资格、课程体系、质量标准等都受到院系教师的严格管控。因此，围绕博士生教育的改革也往往发生在院系层面，同时衍生出一些非常僵化（ossified）的官僚程序，并在一定程度上抵制改革。⑥在惯性束缚和利益驱动下，院系往往难以主动开展博士生教育的持续性评估和改革。⑦

为此，CID的目标之一就是要支持所选定的院系努力提升其博士生培养

① ［美］乔治·E.沃克、克里斯·M.戈尔德、劳拉·琼斯等著，黄欢译：《学者养成：重思21世纪博士生教育》，北京理工大学出版社2018年版，第130页。

② WALKER G. E., GOLDE C. M., JONES L., et al.: *The Formation of Scholars: Rethinking Doctoral Education for the Twenty-first Century*, Jossey-Bass Wiley Imprint, 2008: 147.

③ ［美］乔治·E.沃克、克里斯·M.戈尔德、劳拉·琼斯等著，黄欢译：《学者养成：重思21世纪博士生教育》，北京理工大学出版社2018年版，第131页。

④ 管培俊：《大学内部治理结构：理念与方法》，载《探索与争鸣》2016年第6期。

⑤ 别敦荣：《美国大学治理理念、结构和功能》，载《高等教育研究》2019年第40卷第6期。

⑥ WALKER G. E., GOLDE C. M., JONES L., et al.: *The Formation of Scholars: Rethinking Doctoral Education for the Twenty-first Century*, Jossey-Bass Wiley Imprint, 2008: 24, 162.

⑦ ［美］乔治·E.沃克、克里斯·M.戈尔德、劳拉·琼斯等著，黄欢译：《学者养成：重思21世纪博士生教育》，北京理工大学出版社2018年版，第132页。

的有效性。经过申请和筛选，共有44所大学的84个院系参加，其中大多发生了渐进式变革。①

**（二）外部合作伙伴的作用发挥**

20世纪80年代以来，政治、经济环境发生了很大变化，随着外部因素对大学"共同治理"的影响不断增强，越来越多的大学将原本内部决策的事务交给市场去处理②，美国大学治理的内部主体已变得越来越屈从于外部力量。③但王战军及其指导的博士生研究发现，我国社会组织在参与研究生教育治理过程中活力缺乏、活动空间有限、参与的有效性不足、公信力较低。④

沃克等指出，一是学科专业学会拥有特殊的力量，是博士生教育改革的积极推动者，能够反映并塑造该学科专业领域的优先方向，也积极参与本学科专业博士生教育的研究与治理，与其他组织合作，通过组织会议研讨、期刊和时事通讯及项目来突出博士生教育改革的新想法。例如，美国化学学会专门成立了研究生教育办公室，出版面向研究生的时事通讯；美国大学协会、美国历史协会发布了关于博士生教育的研究报告，多个学会参与了CID。⑤

二是资助机构和基金会是博士生教育改革的强劲动力，通过项目导向、资助决策和支持力度来影响博士生教育，提倡和推进博士生教育的新做法，激励导师促进博士生参与，推动资助项目与教育实践的链接，影响

---

① WALKER G. E., GOLDE C. M., JONES L., et al.: *The Formation of Scholars: Rethinking Doctoral Education for the Twenty-first Century*, Jossey-Bass Wiley Imprint, 2008: 161-163.
② 刘鸿：《美国研究型大学"共治"模式的"恒"与"变"》，载《高等教育研究》2013年第34卷第9期。
③［美］德里克·博克、曲铭峰：《大学的治理》，载《高等教育研究》2012年第33卷第4期。
④ 王战军、乔刚：《社会组织参与研究生教育治理的行为模式研究》，载《学位与研究生教育》2017年第10期。
⑤［美］乔治·E.沃克、克里斯·M.戈尔德、劳拉·琼斯等著，黄欢译：《学者养成：重思21世纪博士生教育》，北京理工大学出版社2018年版，第12、25、131页。

博士生进入该领域的方式。①CID的实施就是一个典型。②资助者与研究者之间有时会出现矛盾，前者会质疑关于博士生教育改革的研究完全建立在兴趣之上，难以取得显性的成果；而后者则认为资助者急于追求结果，过早放弃需要长期支持的重要项目。为此，需要加强沟通、增进理解，确保合适的创新方式。③

三是认证机构的第三方身份，使之拥有特殊的地位。通过采取同行评议的形式，关注博士生教育的新兴焦点，要求高校回答博士生培养的问题，包括学习目标、实践和评估等问题，确保学校以适当的质量水平实现它们承诺的培养目标。因此，认证机构可以挑战校内领导者难以做到的事情，促使学校优化自我反思模式和推进持续改进。④

四是社会舆论的评价和监督，使大学更加注重自己的社会形象，进而促进大学间的良性竞争，激发其创造力。⑤伴随博士数量的增加，其社会形象也在改善，不再那么神秘和高不可攀，也不再是一个世纪以前《章鱼博士》中描写的"头足类动物"⑥，但依然是社会舆论关注的热点和热议的对象。

五是尽管美国联邦政府不直接干预大学自主办学，但可以通过相关法律和资助手段产生影响⑦，如通过国家立法使得许多新学科、新专业、

---

① WALKER G. E., GOLDE C. M., JONES L., et al.: *The Formation of Scholars: Rethinking Doctoral Education for the Twenty-first Century*, Jossey-Bass Wiley Imprint, 2008: 148-149.

② ［美］乔治·E.沃克、克里斯·M.戈尔德、劳拉·琼斯等著，黄欢译：《学者养成：重思21世纪博士生教育》，北京理工大学出版社2018年版，第146-153页。

③ ［美］乔治·E.沃克、克里斯·M.戈尔德、劳拉·琼斯等著，黄欢译：《学者养成：重思21世纪博士生教育》，北京理工大学出版社2018年版，第131-132页。

④ ［美］乔治·E.沃克、克里斯·M.戈尔德、劳拉·琼斯等著，黄欢译：《学者养成：重思21世纪博士生教育》，北京理工大学出版社2018年版，第132页。

⑤ 王洪才：《大学治理的内在逻辑与模式选择》，载《高等教育研究》2012年第33卷第9期。

⑥ WALKER G. E., GOLDE C. M., JONES L., et al.: *The Formation of Scholars: Rethinking Doctoral Education for the Twenty-first Century*, Jossey-Bass Wiley Imprint, 2008: 141.

⑦ 别敦荣：《美国大学治理理念、结构和功能》，载《高等教育研究》2019年第40卷第6期。

新知识和新课程进入大学。<sup>①</sup>第二次世界大战后，联邦政府对大学基础设施大量投入，发展博士生培养能力以拓展科学教育，使得联邦政府科研资助、教师研究工作和博士生科研付出三者间密切联系，形成了美国博士生教育的重要特征并承袭至今。<sup>②</sup>

### 三、博士生教育共同治理的讨论与启示

公共管理领域的治理理论主张，管理社会公共事务存在多个中心，任何机构都难以独自解决所有问题。<sup>③</sup>共同治理需要严格厘清治理主体的权利和责任<sup>④</sup>，国内文献高度关注政府向市场和大学分权、中央政府向地方政府分权等问题<sup>⑤</sup>。

#### （一）分权的问题与举措

大学治理的主体越来越多元化，而分权有时也会影响决策效率，学术评议会无尽的咨询和协商等工作程序就使其效率低下。<sup>⑥</sup>

与欧洲研究生教育"自上而下、中央集权式控制方式"不同，美国主要是由基层制定政策并进行决策，这是其研究生教育的活力所在，能提供更多的机会和渠道，使"许多好的想法和创新的实践"得以从更多的方面展现出来。<sup>⑦</sup>但"高度分权结构"也可能导致"杂乱无章"、难以管控，伴

---

① 张炜：《大学治理的历史逻辑与时代要求》，载《中国高教研究》2020年第2期。

② WALKER G. E., GOLDE C. M., JONES L., et al.: *The Formation of Scholars: Rethinking Doctoral Education for the Twenty-first Century*, Jossey-Bass Wiley Imprint, 2008: 23-24.

③ 袁本涛、孙健：《治理视域下我国研究生教育结构调整问题研究》，载《高等教育研究》2011年第32卷第11期。

④ 刘爱生、顾建民：《美国大学共同治理的思想内涵》，载《比较教育研究》2012年第1期。

⑤ 刘淑华、王向华：《高等教育分权的原因、内涵及其张力》，载《江苏高教》2011年第1期。

⑥ 俞婷婕、睦依凡、朱剑等：《加州大学内部治理结构与运行机制探微——对加州大学总校前教务长贾德森·金教授的访谈》，载《复旦教育论坛》2019年第17卷第5期。

⑦ ［美］乔治·E.沃克、克里斯·M.戈尔德、劳拉·琼斯等著，黄欢译：《学者养成：重思21世纪博士生教育》，北京理工大学出版社2018年版，第28页。

随博士生教育管理重心的下移，一些权力受到院系教师的严格管控，博士生教育改革更为困难。①

博士生教育治理的目标并非"乌托邦"，各治理主体应齐心协力提升培养质量。②同时，在博士生教育治理中，同一个治理主体的角色和作用并非固定不变，当下的博士生将来会成为未来的教师和校友，许多管理者、资助者、评审人也曾是博士生和教师。因此，促进博士生教育改革的观点、思维习惯和机会往往是相互联系的。③

**（二）导师与博士生的沟通交流**

博士生导师应当与博士生建立高质量的人际关系，这需要时间上和精力上的巨大付出，但从长远看会获得应有的回报。高产的、具有远见的教师会吸引优秀的博士生，增强整个院系的声誉，反之亦然。④

如果导师与博士生关系不好，有的博士生会因此丧失对所学领域的激情和热爱，导致博士生流失，甚至"可能导致谋杀或者自杀"。CID的调研显示，一些博士生认为自己已经沦为导师科研项目及其个人发展的"廉价劳动力"，对导师"布置"过量工作表示不满，对于导师在节假日还要给实验室打电话"查岗"表示反感，抱怨导师要求"博士生做自己私人的事情"，甚至侵犯博士生的知识产权。⑤

为此，需要导师为博士生创造一个平等的成才平台，就培养目标与博士生深入交流，清晰明了地讨论希望博士生在培养过程中有怎样的表现，

---

① WALKER G. E., GOLDE C. M., JONES L., et al.: *The Formation of Scholars: Rethinking Doctoral Education for the Twenty-first Century*, Jossey-Bass Wiley Imprint, 2008: 24,34.

② WALKER G. E., GOLDE C. M., JONES L., et al.: *The Formation of Scholars: Rethinking Doctoral Education for the Twenty-first Century*, Jossey-Bass Wiley Imprint, 2008: 151.

③［美］乔治·E.沃克、克里斯·M.戈尔德、劳拉·琼斯等著，黄欢译：《学者养成：重思21世纪博士生教育》，北京理工大学出版社2018年版，第127页。

④ WALKER G. E., GOLDE C. M., JONES L., et al.: *The Formation of Scholars: Rethinking Doctoral Education for the Twenty-first Century*, Jossey-Bass Wiley Imprint, 2008: 150.

⑤［美］乔治·E.沃克、克里斯·M.戈尔德、劳拉·琼斯等著，黄欢译：《学者养成：重思21世纪博士生教育》，北京理工大学出版社2018年版，第4、80页。

如何做好毕业后迎接学术或专业生涯的准备。[①]

### （三）质量保障与评估体系

质量保证监督体系是学位与研究生教育治理体系和治理能力的重要内涵[②]，应突出质量保障的标准主体、治理主体、生成主体与评价主体的多元性[③]。

沃克等指出，美国博士生教育存在诸多问题的一个重要原因在于缺乏对教育过程"有效性的评估"，而有的评估"更像是外部、官僚体制的监督工具"。博士生教育需要深思熟虑和认真关注系统性评估，将博士生发展的质量和特性作为核心，努力开发评估博士生多维成果的新工具。[④]

为此，首先应弄清楚什么样的教育要素和设计组合能够为博士生不同阶段的学习提供最好的观测"窗口"。博士生获得的不仅仅是知识与技能的发展，还有专业身份与价值的增长，应了解其在学习什么、怎样学习、如何分享研究发现等。其次，应评估培养要素的教育价值，观测是否实施研究性教学法，资格考试是否指向教学内容，是否通过合作式的学位论文模式提升了博士生的研究技能。最后，要评估培养效率，系统地从时间轨迹角度评价博士生，鼓励院系开展调查并反思博士生培养的目标、过程和成效，结合其未来职业发展完善培养措施。[⑤]

沃克等认为，美国国家研究委员会（NRC）针对博士生教育开展了

---

① ［美］乔治·E.沃克、克里斯·M.戈尔德、劳拉·琼斯等著，黄欢译：《学者养成：重思21世纪博士生教育》，北京理工大学出版社2018年版，第129页。

② 黄宝印、徐维清、张艳：《加快建立健全我国学位与研究生教育质量保证和监督体系》，载《学位与研究生教育》2014年第3期。

③ 刘冰、闫智勇、潘海生：《基于协同治理的专业学位研究生教育质量治理体系构建》，载《学位与研究生教育》2019年第1期。

④ ［美］乔治·E.沃克、克里斯·M.戈尔德、劳拉·琼斯等著，黄欢译：《学者养成：重思21世纪博士生教育》，北京理工大学出版社2018年版，第2、138页。

⑤ WALKER G. E., GOLDE C. M., JONES L., et al.: *The Formation of Scholars: Rethinking Doctoral Education for the Twenty-first Century*, Jossey-Bass Wiley Imprint, 2008: 156-157.

较为全面的综合评估，力求收集更多"直接反映学术质量和教育时间的数据"，以测量博士生培养的政策和实践、教育环境、教育项目层面的政策和实践等。①

**（四）跨学科交叉融合的影响**

学科是按照学问的性质而划分的知识门类，既是一种知识体系，又是一种学术制度②，应重视从学科目标和发展入手，深化博士生教育的改革。

在20世纪早期的几十年间，学科作为兴趣领域、学术院系和学校内部的组织得到了确立并发挥了作用③，学科归属已成为博士生"职业身份的基石"，"对学科的忠诚、确保学科健康发展的使命"使得博士生成为其所在学科的责任人和守护人，也使得博士生教育的传承成为可能。基于此，学科"成为21世纪重塑博士生教育的重要力量"④。

但日益扩张的学科权力及其学科所在院系的权力也带来了一些问题，一定程度上阻碍了在制度安排层面推进学科的交叉融合发展⑤，也妨碍了博士生教育的改革。为此，CID"重视不同学科融合的价值"，积极创造条件推进不同学科的交流，特别是促进那些尚不存在典型交互影响的院系和学科，相互交流分享各自在做什么及担忧什么，关注"同样的问题在其他领域如何解决"，如何促进有效的学习、培养创造力、帮助学生提出重要问题、在学科设置方面推进改革等。⑥

————————

① ［美］乔治·E.沃克、克里斯·M.戈尔德、劳拉·琼斯等著，黄欢译：《学者养成：重思21世纪博士生教育》，北京理工大学出版社2018年版，第50—51页。

② 周光礼：《中国高等教育研究：过去、现在与未来》，载《中国高教研究》2016年第10期。

③ WALKER G. E., GOLDE C. M., JONES L., et al.: *The Formation of Scholars: Rethinking Doctoral Education for the Twenty-first Century*, Jossey-Bass Wiley Imprint, 2008: 22.

④ ［美］乔治·E.沃克、克里斯·M.戈尔德、劳拉·琼斯等著，黄欢译：《学者养成：重思21世纪博士生教育》，北京理工大学出版社2018年版，第10、27—28页。

⑤ WALKER G. E., GOLDE C. M., JONES L., et al.: *The Formation of Scholars: Rethinking Doctoral Education for the Twenty-first Century*, Jossey-Bass Wiley Imprint, 2008: 32-33.

⑥ WALKER G. E., GOLDE C. M., JONES L., et al.: *The Formation of Scholars: Rethinking Doctoral Education for the Twenty-first Century*, Jossey-Bass Wiley Imprint, 2008: 33.

### 四、启示与建议

全国研究生教育会议提出，博士研究生招生规模可适度超前布局。为此，博士生教育治理体系与能力建设必须加快推进。博士生教育治理作为大学治理的一部分，既具有大学治理的共性，又由于其培养层次与方式的个性，也有一些特殊的治理要求。国内文献关于大学治理相关理论的论述颇丰，但尚需进一步加强博士生教育治理的实证研究、案例分析和实践。

CID的调查范围较广，除了现场调研65个院系，还分别对博士生和教师发放了问卷，共有76个学院的2 176名博士生和63个学院的688名教师在网上接受了调查[①]，有关研究内容、方法和结果具有一定的借鉴意义。

对教师发放问卷的目的，是调查教师对博士生的指导理念和相关活动，通过30个问题，重点了解教师在博士生教育中所承担的责任，包括课程教学和指导方式、所做的工作与博士生教育产出之间的关系、对博士生学习的评价、在学习共同体中的作用、教师对如何指导博士生的共识、参与CID的情况等。[②]

对博士生的调查内容更多，希望了解他们在教育过程中的经历与产出之间的关系，45个问题主要针对博士生对于自己学习要求的理解，在博士生阶段所需各种能力的投入情况，接受博士生教育是否能够为其带来发展的机会，博士生学习期间参与教学、科研和社会服务活动对其知识、能力和思维方式的帮助，博士生所需技能的掌握，对于学习共同体的认识，师生、同学间交流互动和关系，博士生的各种诉求以及他们参加CID的情况等。[③]

"学者养成"只是博士生教育的一部分，伴随更多的学术型博士从事非

---

① WALKER G. E., GOLDE C. M., JONES L., et al.: *The Formation of Scholars: Rethinking Doctoral Education for the Twenty-first Century*, Jossey-Bass Wiley Imprint, 2008: 167-168.

②［美］乔治·E.沃克、克里斯·M.戈尔德、劳拉·琼斯等著，黄欢译：《学者养成：重思21世纪博士生教育》，北京理工大学出版社2018年版，第160-188页。

③［美］乔治·E.沃克、克里斯·M.戈尔德、劳拉·琼斯等著，黄欢译：《学者养成：重思21世纪博士生教育》，北京理工大学出版社2018年版，第159-178页。

学术工作，加之专业学位博士生的不断增加，给博士生教育的传统学术培养目标定位提出了挑战，使博士生教育治理更加多样和多元，需要基于整体性教育的视角，打破碎片化的治理现状，而对于这些，沃克等在书中很少涉及。

另外，美国私立大学或公立大学在内部治理上存在不同①，在实践中不同类型高校的治理主体在决策过程中的作用差异很大。对此，CID在研究中并未进行区分，也没有涉及大学董事会等主体在博士生教育治理中的作用。同时，CID实施于2001—2005年，10多年来美国博士生教育又有新的变化，特别是中美两国大学的治理理念与治理结构有所不同，应客观分析和科学借鉴，防止以偏概全、刻舟求剑，更不能照猫画虎、依样画葫芦。

改革开放以来，我国博士生教育快速发展，实现了历史性跨越，应坚持"四个自信"，认真贯彻落实全国研究生教育会议精神，坚持社会主义办学方向，完善党委领导下的校长负责制，加快推进博士生教育治理体系和治理能力现代化，加快培养国家急需的高层次人才，为实现中华民族伟大复兴的中国梦作出贡献。

（原载于《学位与研究生教育》2020年第12期，有删改。）

---

① 朱剑、眭依凡、俞婷婕等：《斯坦福大学的内部治理：经验与挑战——斯坦福大学前校长约翰·亨尼西访谈录》，载《高等教育研究》2018年第39卷第11期。

# 第三章

## 研究生教育（下）

　　博士研究生教育作为国民教育体系的顶端，是学历教育的最高层次，是高层次人才培养和科技创新的重要载体，是加快实现高水平科技自立自强、加快建设国家战略人才储备力量的重要战略资源。发展博士生教育，培养造就大批德才兼备的高层次人才，是我国经济社会转型发展的客观要求。本章围绕博士研究生教育，分为8节。

　　我国自实施学位制度以来，博士研究生教育规模快速增长，但仍然难以满足需求，更不能适应现代化要求。博士研究生教育的区域分布、授权高校、硕博比、学术型与专业型博士比例等结构都亟待优化，质量观也需更新。应进一步明确任务要求，提升导师队伍素质，强化培养过程，加强学科建设，推进博士生教育的内涵式发展，为实现现代化作贡献。

　　在博士生培养过程中，需要客观看待和辩证分析博士生的分流退出和学业延期现象。据测算，2019年我国博士生分流退出人数已上升至0.79万人，而博士生学业延期的人数达到13.67万人。分流退出和学业延期是保障培养质量的有效措施，但如果比例过大，也会过多占用办学资源和增加教育成本。建议严把入口关，坚持分类指导，规范细化培养过程，加强导师队伍建设，加快博士生教育改革发展。

专业学位研究生教育是培养高层次应用型专门人才的主渠道，发展博士专业学位研究生教育是经济社会进入高质量发展阶段的必然选择，是主动服务创新型国家建设的重要路径，是学位与研究生教育改革发展的关键环节，对于构建高水平高层次人才培养体系具有重要意义。近年来，我国专业学位博士研究生招生规模扩大，但由于起步较晚、基数偏小，从统计数据看，博士专业学位研究生教育的培养规模依然小于美国，结构、类型等方面也有一定差异。在比较与借鉴的基础上，应厘清专业学位博士研究生教育的概念与范围，继续坚持服务国家战略需求。建议进一步规范培养定位、加强产教融合、健全评价体系，不断推动专业学位博士研究生培养模式深度改革，建设中国特色的研究生教育强国。

关于美国博士研究生教育的一些似是而非的说法，造成了中美高等教育比较研究的认识误区，并不断成为热点议题。进入新世纪，美国博士研究生教育出现了一些新变化，博士学位授予数量持续增长，拥有博士学位授予权高校的数量不断增加，博士学位获得者中少数族裔占比进一步提升，女生人数开始超过男生。与美国相比，我国博士毕业生的年均增幅较大，但近年来增速下降，绝对与相对规模均低于美国，硕博比越来越高，理工科博士占比较大，专业型博士人数较少，高校与区域分布都不平衡，国际化程度有待提高。建议进一步统筹优化规模、结构、质量和效益，实现博士研究生教育内涵式发展。

同样，从统计数据看，我国博士学位授予单位的数量显著少于美国，结构也存在一定差异。开展比较教育研究，应将定性研究与定量分析并重，准确界定相关指标的定义，提高科学研究水平和辩证思维能力。建议不仅应适度扩大博士学位授予单位的校均规模，还应适度增加博士学位授予高校的数量，提高博士研究生教育的质量和效益。

现代意义上的专业型博士学位在美国已有200年的历史，美国教育部国家教育统计中心（NCES）关于博士的新定义，不仅使得其博士数据出现重大变化，也体现了对于专业型博士的认可和肯定。我国专业型博士教育启动较晚，尽管发展速度很快，但绝对和相对规模都远低于美国，学科专业领域也有很大不同。应充分认识高等教育发展的外部因素和自身动力，明确专业学位博士生教育的培养定位与质量标准，优化规模结构，加大产教融合，健全评价体系，科学比较借鉴，实现内涵式高质量发展。

哈佛大学教育博士专业学位改革对世界各国教育博士培养具有引领和带动作用。在回应专业博士教育社会质疑、弥补哲学博士教育长期缺失双重需要的推动下，哈佛大学对教育博士学位培养进行了大刀阔斧的改革：撤销原教育博士学位（Ed.D.）、新设教育领导博士学位（Ed.L.D.）、创设教育哲学博士学位（Ph.D.），形成了两种博士学位并存共生的新格局。从培养模式比较看，专业型博士回归"实践"属性，教育哲学博士凸显"学术性"特点，且两者均高度重视跨学科教育和培养质量提升。我国培养教育博士起步较晚，具有较大发展空间，可借鉴哈佛大学经验，积极推动教育博士培养模式改革，更好地满足国家经济社会和教育事业发展需要。

# 第一节　教育现代化背景下博士生教育的内涵式发展

博士研究生教育作为国民教育体系的顶端，是学历教育的最高层次，也是衡量一个国家科学文化和高等教育发展水平的关键指标，应坚持内涵式发展，统筹规模、质量、结构、效益和公平等要素协调发展。[①]

## 一、规模变化与需求矛盾

2017年，我国在校博士研究生36.20万人，是1998年的8倍。（见图3-1）[②]从发展速度看，1998年至2003年实施"积极发展"的政策，在学规模快速增长，年均递增24.75%，使得我国"在较短的时间内一跃成为世界研究生教育大国"[③]。从2004年开始，博士生的增长幅度逐年下降，从2003年的25.70%降至2008年的6.34%；2009年至2016年，增幅在4.10%至5.12%之间徘徊；2017年增速回升到5.84%，2018年有望进一步提高。

---

① 张炜：《实现高等教育内涵发展的方向与路径》，载《中国高教研究》2018年第7期。
② 教育部：《2017年教育统计数据》，http://www.moe.gov.cn/s78/A03/moe_560/jytjsj_2017/qg/。
③ 王战军：《转型期的中国研究生教育》，载《学位与研究生教育》，2010年第11期。

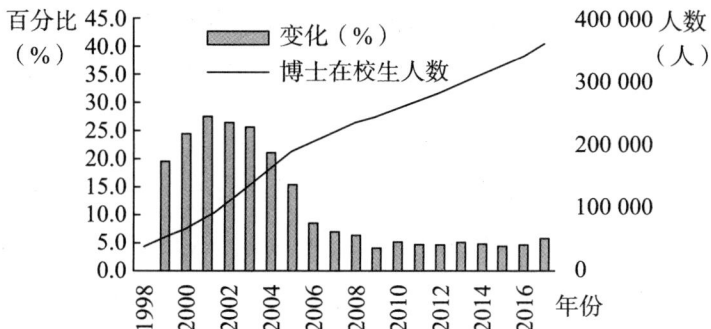

图3-1　在校博士研究生规模变化图（1998—2017）

由于我国博士研究生教育起步较晚，面对"存量"不足和需求旺盛之间的矛盾，不可避免地表现出补偿性发展的特点。1978年，我国恢复研究生教育，1981年实施学位制度[①]，此后10年共授予博士学位约8千个[②]；截至2008年，累计授予博士学位近28万个[③]；2009年至2017年，我国博士毕业生47.32万人。

2016年，我国博士毕业生达到5.5万人，位居世界第二，但仍不到同期美国授予博士学位的三分之一。[④]2014—2015学年，美国授予博士学位17.85万个、硕士学位75.88万个。[⑤]美国"研究生教育未来委员会"预测，"到2018年，美国将会有250万个新工作岗位要求工作人员具有研究生学位"[⑥]，供给与需求之间的差距依然很大。

我国博士毕业生也远远不能满足需求。2017年，我国普通高校专任教

---

[①] 黄宝印、徐维清、张艳等：《加快建立健全我国学位与研究生教育质量保证和监督体系》，载《学位与研究生教育》2014年第3期。

[②] 万毅平：《博士研究生的教育与培养》，载《学位与研究生教育》1994年第1期。

[③] 陈洪捷、赵世奎、沈文钦等：《中国博士培养质量：成就、问题与对策》，载《学位与研究生教育》2011年第6期。

[④] 张炜：《中美博士研究生教育发展趋势比较分析》，载《国家教育行政学院学报》2018年第5期。

[⑤] NCES: *Mobile Digest of Education Statistics 2017*, https://nces.ed.gov/pubsearch/pubsinfo.asp? pubid=2018138.

[⑥] 陈瑶、李彦武、高进军：《〈前方的路：美国研究生教育的未来〉报告述评》，载《学位与研究生教育》2010年第12期。

师163.32万人，其中拥有博士学位的专任教师仅占24.37%[①]；企业科研骨干中，博士的比例也较低。当前，我国已站在了中国特色社会主义现代化建设的新起点，需要更多的高层次拔尖人才。为此，应进一步增强紧迫感与责任感，充分认识新时代对高层次人才的迫切需求。同时，包括博士研究生教育在内的高等教育发展的矛盾，已经转变为人民对于高水平教育的渴望与教育发展不均衡、不充分、不全面的矛盾[②]，这既体现了发展的差距，也蕴含着发展的潜力。

因此，必须坚持以人民为中心，积极回应人民群众的诉求和需求，从国家战略、区域发展、高校竞争和个体潜力四个层面，统筹博士研究生教育，科学确定我国博士研究生教育的规模，不仅要加强比较研究的科学性，更要符合中国的实际和需要；不仅要继续大力引进"海归"博士，更要坚持立足本土培养博士。

我国博士研究生培养质量需要进一步提升，但将质量方面存在的问题简单归之于规模是片面的。应坚持问题导向，在调查研究的基础上，发现真问题，研究真问题，解决真问题。内涵和外延是辩证的统一，高等教育内涵式发展是一种以质量提升为核心的适度规模发展。[③]博士生教育有了量的基础，质的提高就更有保障；有了质的前提，量的发展就更有效益。

## 二、结构优化与观念更新

由于我国历史、经济、环境等方面的原因，目前还存在不同程度的地区差别，博士研究生教育的布局极不平衡。2017年，北京的博士毕业生为1.79万人，上海、江苏分别为0.56万人和0.45万人，全国博士毕业生的

---

① 教育部：《2017年教育统计数据》，http://www.moe.gov.cn/s78/A03/moe_560/jytjsj_2017/qg/。

② 管培俊：《新时代中国高等教育的使命》，载《中国高教研究》2017年第12期。

③ 张炜：《高等教育内涵式发展的概念演进与实践探索》，载《中国高教研究》2018年第1期。

47.95%集中在这三个省市，贵州、海南、宁夏、青海和西藏博士毕业生都不足百人。[①]这不仅显示了数量的差异，也说明结构和质量的失衡。

阿特巴赫2004年就在我国国内期刊上指出，美国有资格颁发博士学位的大学共有406所[②]，但关于"美国可以授博士学位的大学只有200多所"[③]的说法一直十分流行，一定程度上影响了我国对新增博士学位授权单位的判断。2014—2015学年，美国高校具有博士学位授予权的高校已达954所。[④]

应优化博士研究生教育的区域布局，继续关注不同地区和区域间博士研究生教育规模的增长变化，大力支持中西部高校发展，支持和鼓励一流大学与中西部高校联合培养博士研究生，通过联合培养、委托培养等方式，增加中西部博士研究生培养数量，适度增加中西部博士学位授权单位，形成体系完整、层次合理、结构科学的博士研究生教育格局。

1999年，我国硕士毕业生与博士毕业生之比（硕博比）为4.28，比美国同期高0.46，2015年提高到9.26，是美国同期的2.18倍。2017年，我国硕博比下降到8.96，但近几年硕士生招生增幅又高于博士生，（见图3-2）特别是2017年硕士生招生数比上年增长22.45%，比博士生招生数的增幅高出近14个百分点，硕博比还有进一步提高的可能，统筹博士研究生与硕士研究生教育协调发展显得尤为重要。

---

① 教育部：《2017年教育统计数据》，http://www.moe.gov.cn/s78/A03/moe_560/jytjsj_2017/qg/。

② ［美］菲利普·G.阿特巴赫：《美国博士教育的现状与问题》，载《教育研究》2004年第6期。

③ 张炜：《对美国高等教育的十个认识误区》，载《高等教育研究》2005年第6期。

④ NCES: *Mobile Digest of Education Statistics 2017*, https://nces.ed.gov/pubsearch/pubsinfo.asp? pubid=2018138.

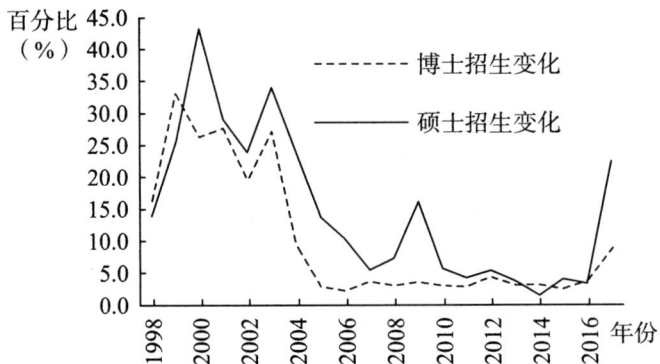

图3-2　研究生招生数量变化图（1998—2017）

　　长期以来，我国博士研究生教育侧重于学术型人才的培养。统计显示，1996年，77.7%的博士毕业生从事教学和科研工作，但到2003年下降到44.4%。[1]美国的一项调查也显示，只有一半的学术型博士学位获得者想成为大学教授，其中电子工程及生物化学学科分别只有19%和32%的博士生想要从事学术职业[2]，有超过一半的学术型博士学位获得者（50.6%）在非学术性领域工作[3]。因此，博士研究生教育在继续培养学术型人才的同时，应进一步加强培养应用型人才，并相应更新博士研究生教育的质量观。

　　博士研究生教育的质量观，是指人们对如何评价博士质量的观点和看法，集中体现了对博士研究生教育功能和目标的认识，也是整个博士研究生教育改革与发展的逻辑起点。[4]博士研究生教育质量在不同发展阶段有着不同的侧重点和不同的表现形态，使得质量观发生变化。

　　近十多年来，有关"中国博士研究生规模（即将）位居世界第一"的

　　① 李立国、詹宏毅：《中国博士生教育的增长速度与质量保障——中美比较的角度》，载《清华大学教育研究》2008年第29卷第5期。
　　② ［美］罗纳德·G.埃伦伯格、夏洛特·V.库沃：《博士生教育与未来的教师》，北京理工大学出版社2018年版，第92-93页。
　　③ 马鸿：《试论20世纪90年代以来美国博士就业的新趋向》，载《现代教育科学》2007年第2期。
　　④ 沈文钦、赵世奎：《博士质量观及其差异性的实证分析——基于全国所有博士培养单位的调查》，载《教育学术月刊》2010年第1期。

说法颇为流行，并引发了博士研究生生源不足、质量下滑、就业困难等说法，认为我国博士生教育质量存在危机[①]，批评"研究生特别是博士研究生的学位授予质量无法得到有效保证的趋势日趋显现"[②]。

在不同国家、在同一国家的不同发展阶段，人们对博士研究生教育质量的认识和反映都可能有所差异。或者说，如果将博士研究生教育的质量标准划分为"应然"质量和"实然"质量两个方面，后者是依据"博士"的层次标准来确定的并根据社会发展对博士研究生教育的需要为标准来进行判断，相应地具有发展性。[③]

19世纪之前的法英培养模式，对博士的要求仅限于为新知识提供理论和解释性的贡献，大学基本上是职能单一的教学机构。[④]19世纪早期开始，德国大学提出教学和科研结合，并创造了"讲习会"（seminar）方式培养学生从事科研的能力，但仍不要求博士生学习课程。[⑤]同时，洪堡理念下滋生的学术型博士研究生教育，不仅体现为拒绝在大学从事实用科学与应用技术的教学和研究，也体现在对于专业型博士的轻视与排斥。

美国耶鲁学院1860年首设哲学博士学位，其标准是学士学位后至少修习两年，通过结业考试，提交一篇表明在其所学领域有独创性研究的论文，即可获得博士学位。[⑥]其后，美国博士研究生教育在培养理念、目标和

① 包水梅：《学术型博士研究生培养模式改革研究述评》，载《现代教育管理》2015年第7期。

② 高娜、高全胜、张雷生：《提升博士学位授予质量的路径探索研究》，载《黑龙江高教研究》2017年第7期。

③ 骆四铭：《关于我国博士研究生教育若干问题的思考》，载《高等教育研究》2008年第29卷第8期。

④ 周川：《从洪堡到博耶：高校科研观的转变》，载《教育研究》2005年第6期。

⑤ 刘国权、邓国蕙、毛祖桓等：《博士生教育中几个问题的国内外对比研究》，载《学位与研究生教育》1994年第1期。

⑥ 陈庆华、沈跃进：《美国研究生教育的历史研究（上）》，载《学位与研究生教育》1993年第1期。

方式等方面经历了四个阶段的重要变化①，对于质量的标准和要求也相应地发生了变化。

需要注意的是，尽管美国早已将服务社会列入高校职能，博士研究生教育也在借鉴德国模式的基础上作了诸多改革，但传统高校对于专业教育一度持轻视态度，专业学位的社会声誉也相对较低，赠地学院在初办时曾被讥讽为"牛仔学院"②。但是，20世纪末至21世纪初的3次调查结果均显示，在非学术界"就职的博士学位获得者对自己工作的满意度要高于在学术界就职的博士"③。

美国国家教育统计中心（NCES）多年来一直将学术型博士学位与第一级专业学位（FPD）分开统计，导致一些文献对于美国博士研究生教育规模的误读误判，往往将美国学术型博士当作其博士人数的全部。④直到《2011年教育统计摘要》开始，NCES才将绝大多数第一级专业学位与学术型博士一起纳入博士学位（doctor's degree）的统计范围。⑤

对于博士研究生教育质量，美国学术界内外和舆论提出了不少批评⑥，认为美国研究生教育处于混乱之中，《研究生院之道》一书更是专门讨论了美国博士研究生特别是人文博士研究生教育中存在的问题，如双轨模式定位不清、课程教学脱离实际、综合考试方法欠佳、论文写作偏离培养目标、完成学业时间过长、辍学率偏高、学术就业供求矛盾等。⑦上述批评也

---

① 陈斌：《中美学术型博士研究生培养模式比较研究》，载《研究生教育研究》2014年第6期。

② 袁锐锷、张季娟：《外国教育史纲》，广东高等教育出版社1998年版，第150页。

③ 顾剑秀、罗英姿：《美国博士职业发展——基于三次毕业博士职业发展调查的分析》，载《外国教育研究》2015年第42卷第4期。

④ 张炜：《中美研究生教育规模和结构的比较与思考》，载《学位与研究生教育》2003年第7期。

⑤ NCES: *Digest of Education Statistics 2016*, https：//nces.ed.gov/pubs2017.

⑥ ALTBACH P. G., BERDAHL R. O., GUMPORT P. J.: *American Higher Education in the Twenty-first Century*, The Johns Hopkins University Press, 2005: 450-453.

⑦ 张炜：《美国研究生教育的困境与出路——〈研究生院之道〉读后感》，载《学位与研究生教育》2018年第1期。

引发了对博士生教育内容、结构和过程是否满足社会当前和未来需求的重新评估。①

当前，"社会的发展需要越来越多的博士学位获得者担任更为广泛的社会角色"②，博士研究生的培养要为毕业生在高教系统外部的就业做好准备③。因此，"为了满足社会经济发展对人才的多样化需求，研究生教育的价值追求正由单一的学术性转向多元价值"④，这必然导致质量观的多元，而"不同的质量观会导致对博士质量的不同评价，从而会对博士研究生教育培养目标的调整、培养方式的变革、质量保障体系的完善等带来深远的影响"⑤。应进一步更新观念，确立符合社会发展和教育规律的博士研究生教育发展理念，树立正确的、科学的、发展的质量标准。⑥

### 三、质量效益与任务措施

#### （一）明确任务要求

2018年9月召开的全国教育大会，为加快推进教育现代化指明了方向。2018年8月，教育部、财政部、国家发展改革委下发的《关于高等学校加快"双一流"建设的指导意见》，也要求适度扩大博士研究生规模，加快发展博士专业学位研究生教育，适度提高优秀应届本科毕业生直接攻读博士学位的比例。这些都对推进以提高质量为核心的博士研究生教育内涵式发

---

① 顾剑秀、罗英姿：《美国博士职业发展——基于三次毕业博士职业发展调查的分析》，载《外国教育研究》2015年第42卷第4期。

② ［美］罗纳德·G.埃伦伯格、夏洛特·V.库沃：《博士生教育与未来的教师》，北京理工大学出版社2018年版，第97页。

③ ［美］莱纳德·卡苏托著，荣利颖译：《研究生院之道》，北京理工大学出版社2017年版，第11页。

④ 李盛兵：《中国研究生教育模式之嬗变》，载《辽宁高等教育研究》1995年第5期。

⑤ 范巍、蔡学军、赵世奎等：《中国博士发展质量调查》，载《学位与研究生教育》2011年第1期。

⑥ 王战军：《转型期的中国研究生教育》，载《学位与研究生教育》2010年第11期。

展提出了任务和要求。

要坚持正确政治方向，坚持党的教育方针，坚定不移地走中国特色社会主义高等教育发展之路，弘扬中华优秀传统文化，探索新形势下博士研究生教育改革发展的新模式和新路子，改革招生评价、课程设置、科研育人、学籍管理、质量标准、国际合作、资源配置等机制和模式，把优质教育资源做大做强，努力开拓博士研究生教育现代化发展之路。

质量是教育永恒的主题，全面提升学位授予质量是"十三五"时期学位与研究生教育改革发展的重要目标。博士研究生培养质量聚焦博士研究生所具备的素质与能力，要增强辩证思维和全局观念，营造良好的舆论环境，加大对博士研究生教育多元质量观的宣传和解释力度，形成中国特色博士研究生教育质量文化。

应着眼于人的全面发展和国民素质的整体提高，切实增强质量意识，把好博士研究生培养质量的"入口关"和"出口关"，加强培养过程管理，重视和把握博士研究生的入学动机、学习目标和教育需求，并根据国家战略、区域发展和产业转型升级的要求，系统推进博士研究生教育育人方式、办学模式、管理体制、保障机制等改革，克服观念陈旧、思想保守、利益藩篱、平均主义、惯性约束等问题，培育创新文化，激发内生动力，强化过程管理，完善分流退出制度，形成良好的政策环境和机制。

**（二）提升导师队伍水平**

根据博士生、博士生导师、研究生教育负责人与毕业博士四个群体对博士生教育质量影响因素的调查，这四个群体有最多的人认同"导师指导"为影响博士生质量最重要的因素。[①]

国内一些文献对于博士研究生规模和质量的担忧之一，在于我国博士

---

① 王蔚虹：《我国博士质量影响因素的认识研究——基于五所研究型大学的调查》，载《学位与研究生教育》2008年第9期。

生师比过高①，但这种担忧缺乏充分的数据支撑。2008年，我国博士生教育的生师比为4.54，仅高于美国0.54个百分点。②据统计，我国77%的博士生导师指导的博士生在5名以下，19%的导师指导6～10名博士生，只有4%的导师指导的博士生超过11名。③

另一方面，我国一些高校把博导看成一种身份，仅在教授之中遴选。④这样做不仅限制了博导的数量，也影响了青年教师教学科研作用的发挥，还在客观上形成了青年教师在团队中协助博导指导博士研究生，在成果归属、论文署名、工作量等方面形成了一些问题。20世纪90年代就已存在的"博士生实际指导教师不是合法的博士生导师的现象"⑤，至今依然在一些高校存在。

应合理确定博导的资格要求，明确岗位责任，加强博士生导师能力建设和师德师风建设，强化和完善导师责任制。导师要有高度的责任感和教学科研水平，既要有坚实的理论基础和系统深入的专门知识，还要有敏锐的洞察力和长期积累的科研经验，潜心教学和研究，认真教书育人，对博士生的学习、科研、品德及生活等各方面悉心指导并全面负责⑥，切实解决他们学习和生活中遇到的困难和问题，激发他们追求卓越的创造性，培养良好的学风，养成遵守科学道德和学术规范的习惯。

**（三）强化培养过程**

博士研究生是实现现代化的重要生力军，应把培育和践行社会主义核

---

① 张国栋：《密歇根大学与上海交通大学博士研究生教育的比较》，载《学位与研究生教育》2017年第6期。

② 陈洪捷、赵世奎、沈文钦等：《中国博士培养质量：成就、问题与对策》，载《学位与研究生教育》2011年第6期。

③ 王中华：《研究生教育之乱象与治理》，载《研究生教育研究》2012年第1期。

④ 郭欣、刘元芳：《基于制度视角的我国博士研究生教育质量保障机制研究》，载《学位与研究生教育》2011年第9期。

⑤ 刘国权、邓国蕙、毛祖桓等：《博士生教育中几个问题的国内外对比研究》，载《学位与研究生教育》1994年第1期。

⑥ 张淑林、裴旭、方俊等：《我国研究生导师聘任制的历史沿革和未来走向》，载《学位与研究生教育》2010年第11期。

心价值观融入培养的全过程，完善博士生健康成长的长效机制和培养氛围，促进人的全面发展，"培养社会发展、知识积累、文化传承、国家存续、制度运行所要求的人"，要"承认学生的个体差异，尊重学生的个性需求"①，鼓励博士研究生结合自身的研究方向，超越传统的学科界限，掌握多学科领域的知识，提高创新能力、学术水平、专业素养、综合素质及科研能力，支持他们积极参与高校思想文化建设、新型智库建设、哲学社会科学学科建设，更好地满足自主创新和拔尖创新人才的需求。

应扭转学术型博士生占比过高的局面。学术型与专业型博士研究生，在生源构成、培养目标、培养过程、课程设置、论文特点等方面都应有所差异，采取不同的培养模式，有不同的标准，既要避免降低学术型博士培养标准的危险，又要防止用学术型博士生标准要求专业型博士生的倾向，加强专业学位博士研究生培养过程中的校企合作，为适应经济社会发展需求而适时调整博士研究生教育的规模与类型。

通过进一步优化资源配置方式，提高资源利用效率，加强高等教育财政和多渠道经费支持体系建设，构建和完善质量保证和监督制度体系，利用信息网络搭建优质博士研究生教育资源共享平台等措施，强化和细化培养过程管理。

**（四）加强学科建设**

博士研究生教育以学科为基础，应加快一流大学和一流学科建设，加强学科顶层设计和战略规划，打破学科间壁垒，整合优势学科资源，推进优势学科群的交叉发展，形成多学科相生共长、协调发展的学科体系，为博士研究生教育的发展提供学科平台。

同时，应关注学科差异，分类发展、分类管理，根据不同学科的自身特点优化培养模式，在推进博士研究生教育内涵式发展中加强学科建设，在学科建设中提升博士研究生教育的质量与效益，以高质量的教育使博士

---

① 刘献君：《个性化教育的内涵和意义》，载《西北工业大学学报（社会科学版）》2018年第1期。

研究生发挥个性、释放潜能。这也要求进一步优化评估方法和办法，"在学科评估理论和技术研究方面超越实践，从而为学科评估提供持续原动力"[1]。

美国教育学博士与教育专业博士长期承载着培育教育理论研究者和教育实践工作者的目标，但在实际的培养过程中，两者在培养方式上并没有明显的区别，影响了培养质量。应借鉴经验和教训，重构上述两种人才的培养和质量保障体系[2]，特别是加强对于教育专业博士研究生培养目标、规律、方法、模式的研究，遵循教育逻辑和办学规律，扎根中国大地，构建具有中国特色的研究生教育学理论和学科体系[3]。

实现现代化是实现中华民族伟大复兴的必由之路，教育具有基础性、先导性、全局性地位和作用，教育现代化要引领和支撑现代化强国建设，必须优先发展。为此，既要防止对实现博士生教育内涵式发展信心不足、动力缺乏，也要防止对推进博士生教育现代化一哄而起、过热过快，科学预判博士研究生教育未来发展可能出现的趋势、状态和结果，深化博士研究生教育改革，使博士研究生教育更加重视规模的适度、质量的提升、结构的优化、效益的提高、推进的公平，努力培养德智体美劳全面发展的高层次人才。

（原载于《学位与研究生教育》2018年第12期，有删改。）

---

[1] 李明磊、王铭：《美国博士学科评估特征分析及其启示》，载《教育科学》2012年第28卷第3期。

[2] 杨春艳、王晨：《21世纪以来欧美研究生教育改革新趋势》，载《学位与研究生教育》2010年第9期。

[3] 赵沁平：《关于我国研究生教育的二十个问题》，载《研究生教育研究》2015年第6期。

# 第二节　博士研究生退出和延期的数据测算与讨论

　　教育部、国家发展改革委、财政部《关于加快新时代研究生教育改革发展的意见》（以下简称"三部委《意见》"）指出，研究生教育要坚定走内涵式发展道路，加强关键环节质量监控，完善分流选择机制，对不适合继续攻读学位的研究生及早分流。为此，应高度重视和认真研究博士研究生分流退出和学业延期的问题。

## 一、文献回顾与数据测算

　　改革开放以来，我国研究生教育实现了历史性跨越。2019年，博士研究生招生105 169人、在校生424 182人、获得博士学位61 060人[①]，已成为世界研究生教育大国，规模、质量、结构、公平、速度和效益的统筹协调越来越受到关注[②]。

### （一）文献数据回顾

　　据张淑林等人的文章介绍，中国科学技术大学较早地采用了较为严格的分流退出机制，2004—2006年入学的博士生，分流退出的比例分别为

---

　　① 如无专门说明，本节关于中国博士生教育的数据，1990—1996年的来自王战军、林梦泉、李恒金：《评选全国优秀博士学位论文是提高博士生培养质量的有效措施》，载《中国高教研究》2002年第4期；1997年之后的来自教育部《教育统计数据》电子版 http://www.moe.gov.cn/s78/A03/moe_560。

　　② 张炜：《教育现代化背景下博士生教育的内涵式发展》，载《学位与研究生教育》2018年第12期。

7.30%、7.49%和13.68%，2007年高达33.04%。[①]

有文献通过实证研究指出，2017年我国博士生的平均延期率为40%，其中近一半平均延期一年。[②]但也有文献基于问卷调查发现，2002—2009年我国按期毕业的博士生仅有40%左右，而延期毕业的博士生占在校博士生的比例为23.2%。[③]另外，一项基于北京大学博士生的问卷和访谈调查发现，2002年之后该校博士生的延期毕业人数逐年增多，平均延期率达35.0%，2007年达到峰值44.98%[④]；但另有文献介绍，截至2010年，北京大学每个年级约有50%的博士生延期毕业[⑤]。

可见，由于研究时间、样本及方法的差异，我国博士生分流退出与学业延期的研究结果存在差异。同时，关于国外博士生的学业完成情况，也有一些国内外文献进行评介，笔者将在本节后面的相关内容中引用和讨论。

**（二）博士招生与毕业生的比较**

1990—2015年，我国博士生累计招生100.24万人；而1994—2019年博士毕业生累计86.66万人。1990年，我国博士生招生3 337人，3年后、4年后的博士毕业生人数分别为该值的63.35%和107.58%。（见图3-3）从1999年起，博士毕业生人数开始低于4年前的招生数；2008年以来，博士毕业生人数一直低于5年前的招生数。2019年，博士毕业生62 578人，分别为2014、2015年博士招生人数的86.16%与84.09%。

2019年，预计博士毕业生177 884人，但实际毕业的博士生仅占35.18%，其中还有一些并非按期毕业。未能按期完成学业主要有两种情

---

① 张淑林、古继宝、彭莉君：《实施博士生质量工程建立分流淘汰机制——中国科学技术大学的实践与探索》，载《学位与研究生教育》2011年第11期。

② 高耀、陈洪捷、王东芳：《博士生的延期毕业率到底有多高——基于2017年全国离校调查数据的实证研究》，载《研究生教育研究》2020年第1期。

③ 李海生：《我国博士生延期完成学业的影响因素分析——基于对42所研究生院的问卷调查》，载《学位与研究生教育》2012年第5期。

④ 黄俊平、陈秋媛：《博士生延期毕业的现状、原因及对策建议：以北京大学延期博士生情况调查为例》，载《学位与研究生教育》2013年第7期。

⑤ 郭建如：《我国高校博士生教育质量保障：制度与文化分析》，载《高等教育研究》2012年第33卷第6期。

况：一是分流退出，指在未完成博士学业之前就终止了博士生教育的学习，也有文献用"辍学""淘汰"等词进行讨论；二是学业延期，指博士生在规定的年限内未能如期毕业而延长了学习时间。

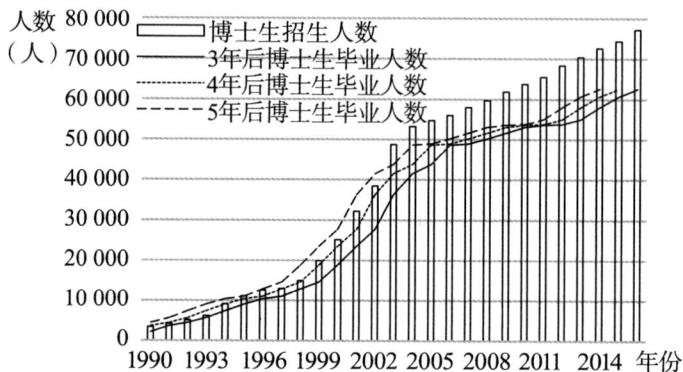

图3-3　博士生招生人数与3～5年后毕业人数比较图

### （三）分流退出

本研究用"本年度博士生分流退出人数＝（本年度博士生招生人数－本年度博士毕业生数）－（本年度博士生在学人数－上年度博士生在学人数）"的公式进行测算。结果显示，博士生分流退出人数呈上升趋势，2019年达7 927人，（见图3-4主坐标）是1991年的12.58倍，年均递增9.46%，但低于同期博士生招生人数的年均增幅（12.21%），也低于同期博士生在校人数的年均增幅（13.47%）。

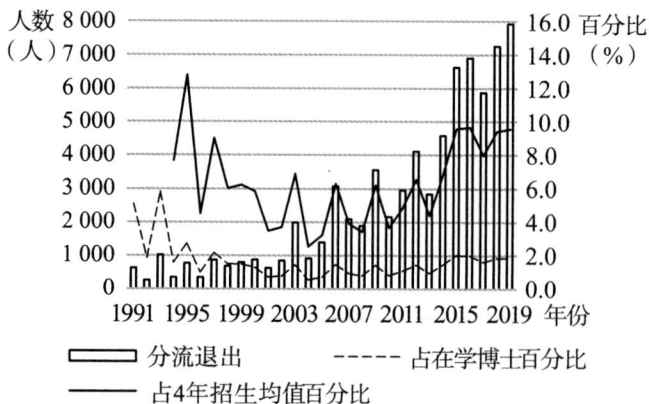

图3-4　博士生分流退出人数及占比示意图

博士生分流退出的相对规模，本节用两个指标进行衡量：一是博士生分流退出人数占博士生在学人数的百分比，1993年最高（5.83%），2004年最低（0.55%），近年来在2%左右；二是博士生分流退出人数占招生人数的百分比。分流退出的博士生中，包括当年入学的，也有之前入学的，采用4年内招生的平均值进行测算。结果显示，该百分比也呈现出先降后升的趋势，1995年达12.79%，2004年下降到2.54%后反弹，近年来均低于10%。

**（四）学业延期**

本年度博士生学业延期人数用"本年度预计毕业的博士生人数－4年前博士生招生人数＊0.5－本年度博士生分流退出人数＊0.5"进行测算。此方法有三个假设：一是以4年作为博士生的学制，超过4年就认为是学业延期；二是假定只有50%的博士毕业生能够如期毕业；三是假定分流退出的博士生中有50%是延期的。

在教育部网站公布的数据中，预计毕业的博士生人数最早只能查到2002年。测算结果显示，博士生学业延期人数逐年上升，2019年高达136 713人，（见图3-5主坐标）是2002年的5.02倍，年均增幅9.95%，高于同期博士生在学人数的年均增幅（8.33%），但与同期预计毕业博士生人数的年均增幅（10.00%）相当。

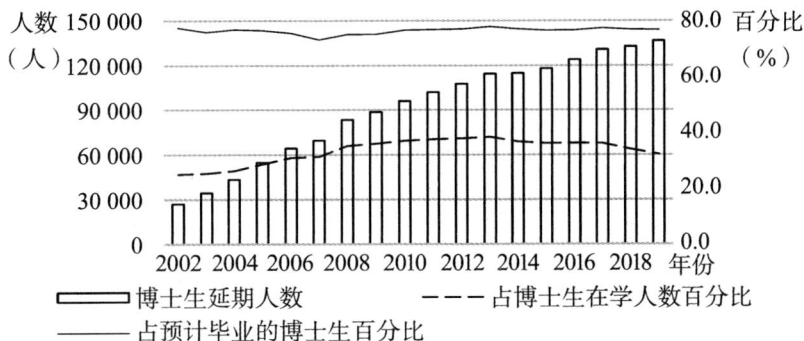

图3-5　博士生延期人数与占比示意图

博士生学业延期人数的相对规模，本节也用两个指标进行衡量：一是博士生学业延期人数占博士生在学人数的百分比，从2002年的25.07%上升到2013年的38.41%，又回落到2019年的32.33%，近年来有所改善，但仍有三分之一左右的在学博士生未能按期完成学业；二是博士生学业延期人数占预计毕业的博士生人数的百分比，2002年为77.51%，2013年达到峰值77.96%，2010年以后一直徘徊于77%上下。可见，每年预计毕业的博士生中，有四分之三以上是学业延期的。

## 二、学制与资源

上述测算结果反映出我国博士研究生分流退出和学业延期的变化与趋势，是否符合实际还有待于抽样调查和案例研究的验证。同时，由于美国教育部的统计数据没有单列博士生招生与在学人数，难以直接进行中美两国的定量比较，现对相关问题作如下讨论。

### （一）学制规定与变化

在不同时期、不同国家、不同学科或不同大学，博士生的学制规定可能会有所差异。2000年以前，我国教育部规定博士生基本学习年限为3年。2000年教育部《关于加强和改进研究生培养工作的几点意见》明确，研究生培养实行弹性学制，"博士生学习年限一般为3～4年，具体由培养单位自行确定"。

同时，讨论博士生学制，还应区分学生入学时的学历起点。19世纪后期在美国，本科毕业生完成博士学位一般仅需两年。[①]第一次世界大战前，博士生需要学习3年的学制被普遍接受。1966年，美国完成博士学业的学习年限中位数，学士学位起点者为8.2年、硕士学位起点者为5.2年。加利福尼亚大学伯克利分校研究生院以6年为期，制订博士生学业任务的分阶段标准，其中包括一年半的时间完成硕士学位的要求。[②]美国的一项调查显示，

---

① ［美］乔治·E.沃克、克里斯·M.戈尔德、劳拉·琼斯等著，黄欢译：《学者养成：重思21世纪博士生教育》，北京理工大学出版社2018年版，第17页。
② 王顶明、于玲：《美国大学博士生学习年限规定及其启示》，载《学位与研究生教育》2014年第11期。

1997—2001年获得博士学位的平均时长为5.97年。其中，工程学博士要5.23年，科学与数学为5.71年，教育学为6.28年，社会科学为6.35年，人文学为7.41年。[1]另有文献指出，美国获得人文学博士学位大约需要9年时间。[2]

国内文献大多以硕士毕业生为基点计算完成博士学业的时间，较少考虑本科毕业生直读博士的情况，本节前面计算的博士生学业延期人数也未考虑该因素，结果可能会略微偏高。三部委《意见》指出，要"扩大直博生招生比例，研究探索在高精尖缺领域招收优秀本科毕业生直接攻读博士学位的办法"，需要进一步深入研究博士生的学制规定。

**（二）培养资源与效能**

有文献介绍，美国有高达50%的博士生最终放弃学业[3]；在课程学习阶段的流失率达25%；获得博士候选人资格后流失的学生占学生总数的10%[4]。法国的博士生淘汰率很高，[5]在培养前期"深入研究课程"（DEA）的难度较大，淘汰率约为40%，某些专业甚至高达80%。[6]

博士生分流退出和学业延期可以分为"追求高质量的学术研究"的主动选择和"博士生或导师等主观因素造成"的消极应对[7]，可以称之为主动流失和被动流失[8]。主动分流退出和学业延期的举措是完善监督、改进提

[1]［美］迈克尔·T.内特尔斯、凯瑟琳·M.米利特著，张卫国译：《获得博士学位的成功之匙》，北京理工大学出版社2019年版，第6页。

[2] 张炜：《美国研究生教育的困境与出路——〈研究生院之道〉读后感》，载《学位与研究生教育》2018年第1期。

[3]［美］莱纳德·卡苏托著，荣利颖译：《研究生院之道》，北京理工大学出版社2017年版，第83页。

[4] 高耀、陈洪捷、沈文钦：《学术型博士生教育的分流与淘汰机制设计——基于贯通式培养模式的视角》，载《高等教育研究》2017年第38卷第7期。

[5] 王璇：《中法研究生教育差异分析及其思考》，载《国家教育行政学院学报》2010年第4期。

[6] 王炜、徐小强：《法国博士研究生的培养与质量保障》，载《高教发展与评估》2007年第23卷第3期。

[7] 杨虎：《国内综合性大学延期博士生培养管理问题初探——基于对北京大学等高校博士生延期毕业问题的调查》，载《研究生教育研究》2015年第6期。

[8] 王东芳、高耀：《美国博士生教育的流失现状与改革启示》，载《学位与研究生教育》2020年第8期。

高、保障质量的有效手段，对于能够坚持学业的博士生也是一种促进和激励。但是，不是分流退出的博士生越多越好，也并非博士生的在学时间越长质量就越高，这些都需要客观看待和辩证分析。

实际上，美国一些大学博士生的分流退出，除了质量保障因素，也有经费约束的无奈。例如，北卡罗来纳州立大学某理科系20%～30%的博士生分流为硕士，能够保留下来的人数一定程度上取决于该系承担全校本科实验助教岗位的名额；该校另一社会科学学院进入博士阶段学习的学生数量也基本上与其拿到助教或助研岗位的学生数量持平。[1]而欧洲多数国家获得博士学位的时间比博士候选人及其研究项目的平均资助时间都要长[2]，使得原本短缺的办学资源压力更加凸显，也增加了博士生的经济压力。

多数高校都对博士生实行宿舍、食堂、图书馆、网络等收费优惠的政策，博士生学业延期，就意味着会额外增加培养成本，也在一定程度上占用了学校本来可以用来培养其他学生的公共资源，导致资金、设施和人力资源浪费，对于博士生个人也是一个很大的损失，这已成为研究生教育中"一个令人烦恼的问题（vexing issue）"[3]。德拉蒙特等对于美国全日制学术型博士候选人不能在4年内完成学业也提出了批评。[4]为此，美国卡内基教学促进会、梅隆基金会、研究生院委员会等都专门设置和推进相关计划项目，深入研究并采取行动，努力减少分流退出人数和解决学业延期问题，以提高博士生培养效能。[5]

---

① 周文文：《北卡罗来纳州立大学博士生培养质量保障体系探析与启示》，载《学位与研究生教育》2020年第6期。

② BOUD D., LEE A.: *Changing Practices of Doctoral Education*, Routledge Taylors & Francis Group, 2009: 200−210.

③ NETTLES M. T., MILLETT C. M.: *Three Magic Letters Getting to Ph.D.*, The Johns Hopkins University Press, 2006: 18.

④ DELAMONT S., ATKINSON P., PARRY O.: *The Doctoral Experience−Success and Failure in Graduate School*, Routledge Taylors & Francis Group, 2000: 190−191.

⑤ EHRENBERG R. G., KUH C. V.: *Doctoral Education and the Faculty of the Future*, Cornell University Press, 2009: 1−11.

### 三、讨论与建议

三部委《意见》指出，要坚持供给与需求相匹配、数量与质量相统一，保持与经济社会发展相适应、与培养能力相匹配的研究生教育发展节奏，全面从严加强管理，提升培养质量；在博士研究生招生计划管理中，积极支持严把质量关、博士研究生分流退出比例较大的培养单位。为此，应进一步加强博士研究生、博士生导师、培养单位及社会力量的互动共进，强化相关措施，不断提升博士生教育的能力和水平。

#### （一）严把"入口关"

关于博士生的招生，英国、法国、德国主要通过审查申请人的"研究计划书"并与导师面谈，较为注重申请者的研究能力、研究方向和个人品行；而美国各大学一般要求申请人选择一项全美通行的标准考试（如GRE）或本学科的专门考试（如GMAT），并经过院系招生委员会的评定和面试，更为看重申请者的背景、发展潜力及综合素质。[①]

我国的博士生招生曾经要求统一考试，包括笔试和面试。近年来，针对"应试型"选拔方式的弊端，一些高校实施"申请–审核"招生选拔机制，给予导师及院系更大的权力，进入以"内涵发展、制度深改"为主要任务的新阶段，但也出现了一些新的问题。[②]

为此，应不断健全制度体系，坚持权责利一致，完善科学考核、综合评价、多元录取、严格监管的考试招生改革方案，不仅要客观评价考生的学业基础、专业素质、创新意识和实践能力，也要努力了解其读博动机、思想状况、学习基础、能力品质和家庭支持等情况，特别是对于在职博士生，要了解其工作内容与所学学科专业的相关性、本人对于时间和精力的

---

① 陈学飞：《传统与创新：法、英、德、美博士生培养模式演变趋势的探讨》，载《清华大学教育研究》2000年第4期。

② 李金龙、裴旭、张淑林等：《我国博士研究生招生制度赓衍、结构变革及其治理启示——基于1981—2018年全国博招政策的历史考察与量化分析》，载《中国高教研究》2020年第3期。

投入等情况，严格进行筛选，把不合格者"挡在门外"，保证生源的质量和录取的公平。

同时，有研究发现，读博动机不明确的博士生学业延期率高达57.5%。[①]应在申请和考核阶段就向考生说明和提醒，使其能更加清楚地了解学校、院系和导师对博士生的明确要求，帮助其充分准备、审慎选择和及时调整。

**（二）坚持分类指导**

伴随博士生招生人数的增加，社会舆论和公共问责也会更加关注培养质量和效能。在美国博士生教育的发展过程中，也不断有对于培养质量的质疑。培养质量是指博士生教育系统所提供的服务能够满足社会需要的程度[②]，不同时期的社会需求可能有所变化，质量标准和培养定位也会有所不同。

关于博士生培养的定位，一直受到两个方面的批评：一方面，有观点认为，对于学术研究过分重视，一些博士学位获得者找不到合适的学术岗位，就业困难；另一方面，也有观点认为一些大学已经偏离博士生教育的传统培养定位和学术标准，博士学位的含金量缩水，主张要坚持学术标准。双方意见分歧的一个重要原因在于没有顾及博士生自己的意愿和漠视社会的需求，没有区分学术型博士与专业型博士的差异。[③]

博士生教育起源于欧洲中世纪神学、医学和法学的高层次专业人才需求。基于洪堡大学理念，德国大学率先开展科学研究，学术型博士应运而生。但伴随知识的多元、技术的发展和社会的进步，并非所有博士生都愿意以学术为业和为生。多年来，美国授予专业型博士的数量一直高于学术型博士。2019年，我国博士毕业生中专业学位博士仅占3.42%。

---

① 张国栋、樊琳、黄欣钰：《博士生培养质量的自我评估指标体系研究》，载《学位与研究生教育》2010年第6期。

② 张国栋、樊琳、黄欣钰：《博士生培养质量的自我评估指标体系研究》，载《学位与研究生教育》2010年第6期。

③ 张炜：《美国专业博士生教育的演变与比较》，载《研究生教育研究》2020年第3期。

三部委《意见》要求，优化培养结构类型，大力发展专业学位研究生教育。因此，在招生时就应认真区分学术型博士与专业型博士人选，院系和导师应尽早与博士生就培养定位和进度计划达成共识。应尽快完善专业学位博士的质量标准和培养定位，不能照搬照抄学术型博士，不可将二者笼而统之、混为一谈。即使是学术型博士，如果博士生选择毕业后从事应用型岗位，导师也要充分理解和尊重，强化产教融合育人机制，加强实践创新能力培养，在满足学术要求的前提下，支持其向专业实践方面发展。当然，如果博士生选择学术生涯，则要在学习期间按照学术标准，努力增强博士生的学术功力、能力和水平，通过艰苦的智力劳动去获取高质量的学术研究成果。[1]

**（三）规范细化培养过程**

博士生教育及其质量评价应高度关注"培养过程"的育人成效与筛选功能。[2]同时，博士生培养过程中越是靠前的环节，分流退出的难度和成本越低，各方的损失也会越小，也有助于缓解学业延期的问题。有文献建议，最晚应至中期考核结束。[3]

需要注意的是，美国有的博士生完成课程学习后要花费两年半的时间才能通过资格考试。为此，自20世纪70年代起，一批美国高校着手改革资格考试的形式和时间安排，但对于改革的举措和成效至今还有不同看法[4]，需要认真分析和科学借鉴，不可盲目迷信和泛泛而谈，更不能将一些建议和措施当作成效。

---

① 阎凤桥：《博士生培养过程要注重养成问题意识》，载《中国高教研究》2020年第5期。

② 沈文钦：《博士培养质量评价：概念、方法与视角》，载《北京大学教育评论》2009年第7卷第2期。

③ 白宗颖：《基于过程管理的博士生分流退出机制研究》，载《研究生教育研究》2017年第6期。

④ 张炜：《〈世界研究生教育经典译丛〉补记——兼论研究生教育学学科的发展与借鉴》，载《学位与研究生教育》2020年第5期。

我国博士生的培养，在宏观层面，要坚持为党育人、为国育才，把正确的政治方向和价值导向贯穿研究生教育和管理工作全过程，促进德智体美劳全面发展；在中观层面，培养单位要坚持优势和特色，全面提升博士生教育服务国家和区域发展的能力和水平；在微观层面，要尽早帮助博士生明确人生规划和职业方向，并为此而努力学习，使其毕业后不仅能够获得自己喜欢的工作，而且能够成为自身发展的事业。

为此，博士生、导师和管理部门均应把研究作为衡量博士生素质的基本要求，合理确定与学位授予相关的科研成果要求，紧扣培养过程中的关键节点，认真做好课程体系与授课、资格考试、学位论文开题、年度和中期考核、实验平台搭建（或田野调查安排）、期刊论文发表、论文评阅和答辩、学位评定、毕业证书及学位授予等环节，将全过程管理责任落实到位。一旦博士生在相应的时间节点上未能完成任务或要求，应及时提醒、积极引导和采取措施，畅通分流的选择渠道。严格遵守科学道德和学术规范，健全学术不端行为预防和处置机制，加大查处力度。

**（四）加强导师队伍建设**

根据对我国博士生的调查结果，对于导师的满意度在各项指标中得分最高[1]，但另外一个调查也指出，对于自己的导师在激发博士生学术志趣、帮助其进入学术共同体、树立身份认同与专业认同等方面，均有30%以上的博士生不满意[2]。对此应高度重视，不断提升导师队伍的能力和水平。

导师是博士生培养的第一责任人，承担着对博士生思想政治教育、学术规范训练、创新能力培养等重要职责。要营造尊师重教的良好氛围，树立"尊重式教育"的理念，建立亦师亦友的师生关系，从博士生作为一名

① 袁本涛、李莞荷：《博士生培养与世界一流学科建设——基于博士生科研体验调查的实证分析》，载《江苏高教》2017年第2期。
② 李明磊、周文辉、黄雨恒：《博士生对培养过程满意吗？——基于数据监测视角》，载《研究生教育研究》2017年第5期。

导师的徒弟学习（apprentice to）模式转化为博士生和多个教师一起学习（apprentice with）的模式[①]，加强导师团队建设，构建学习共同体。

要强化导师岗位管理，严格导师选聘标准和考核，加强导师培训体系和制度建设，规范导师行为。导师应率先垂范、言传身教，既做学业导师又做人生导师，坚持立德修身、严谨治学、潜心育人，当好博士生成长成才的引路人，将思政教育融入对学生的价值塑造、能力培养和知识传授之中，既要细化强化导师、学位论文答辩委员会和学位评定委员会的权力和责任，支持导师依规严格把关，也要反对基于科研任务、发表高质量论文或多发论文的考量，故意推迟符合条件的博士生的毕业时间。

党和国家事业发展迫切需要培养造就大批德才兼备的高层次人才，要坚持以习近平新时代中国特色社会主义思想为指导，全面贯彻党的教育方针，增强政治责任感，落实立德树人根本任务，严把"入口关"，坚持分类培养，规范细化培养过程，加强导师队伍建设，适度超前布局博士生招生规模，提高专业学位博士生的招生比例，加快博士生教育改革发展，建设研究生教育强国。

（原载于《研究生教育研究》2021年第1期，有删改。）

---

① WALKER G. E., GOLDE C. M., JONES L., et al.: *The Formation of Scholars: Rethinking Doctoral Education for the Twenty-First Century*, Jossey-Bass Wiley Imprint, 2008: 91－98.

# 第三节　发展博士专业学位教育的借鉴与探索

习近平总书记强调，要激发各类人才创新活力，建设全球人才高地。当今世界的竞争说到底是人才竞争、教育竞争。要更加重视人才自主培养，努力造就一批具有世界影响力的顶尖科技人才。国家《专业学位研究生教育发展方案（2020—2025）》（以下简称《方案》）提出，专业学位研究生教育是培养高层次应用型专门人才的主渠道，要进一步凸显专业学位研究生教育的重要地位，"博士研究生招生计划向专业学位倾斜"，"大幅增加博士专业学位研究生招生数量"。发展博士专业学位研究生教育是经济社会进入高质量发展阶段的必然选择，是主动服务创新型国家建设的重要路径，是学位与研究生教育改革发展的关键环节，对于构建高水平高层次人才培养体系具有重要意义。应围绕博士专业学位研究生教育在新阶段、新理念、新格局下的新要求，推进我国博士专业学位研究生教育更快速度、更大规模、更多类型、更高质量的发展。

## 一、博士专业学位研究生教育的概念与范围

尽管专业教育在欧洲中世纪大学就已出现，但现代博士专业学位研究生教育源于美国，并快速在多个国家兴起和发展。NCES《2011年教育统计摘要》修改了博士学位的定义，将其分为三种类型：一是研究/学术型博士学位（doctor's degree-research/scholarship），指获得哲学博士学位（Ph.D.）或完成了其他高于硕士水平研究工作的博士学位；二是专业实践博士学位（doctor's degree-professional practice），指那些完成了知识和技能专业教育，以满足从事一些职业岗位的许可、资格或执照特别要求的博士学位。该学位主要是原来第一级专业学位（first professional degree，FPD）中卫生健康领域和法律领域的研究生学位；三是其他类型的博士学位（doctor's degree-other），指既不能满足学术博士学位又不能满足专业博士学位定义的博士学位。

中美博士专业学位研究生教育的比较，可以从以下几个视角展开。

从速度看，我国自1997年开始发展专业博士教育，尽管比美国晚了近80年，但近年来发展较快，2019年录取博士专业学位研究生首次突破万人（1.04万人），是2017年的3.8倍，2009年以来年均递增28.42%。（见图3-6）相比较，美国近年来授予专业博士学位的增长速度要慢得多，有的年份甚至出现负增长。

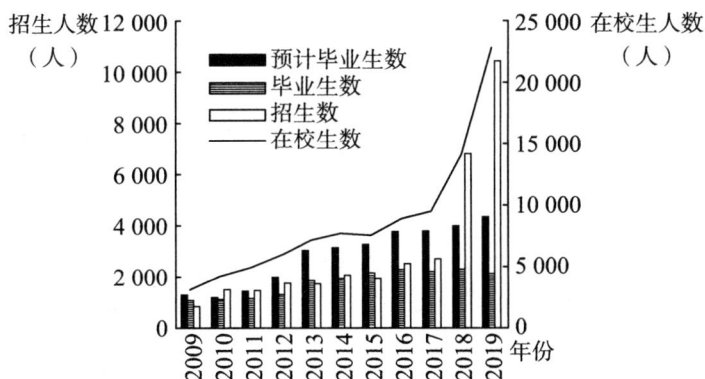

图3-6 中国博士专业学位研究生规模变化趋势图

从规模看，由于我国博士专业学位研究生教育起步较晚、基数偏小，规模与美国相比还有一定的差距。以2009—2019年为例，美国FPD获得者近百万人（99.52万人），而同期我国专业博士毕业生不到2万人（1.96万人），二者相差50倍。[①]在此期间，我国博士毕业生59.52万人，已是美国（190.90万人）的近三分之一。（见图3-7）可见，从强国建设需求和中美力

① 张炜：《美国专业博士生教育的演变与比较》，载《研究生教育研究》2020年第3期。

量对比来看，我国专业博士培养规模还需要进一步扩大。

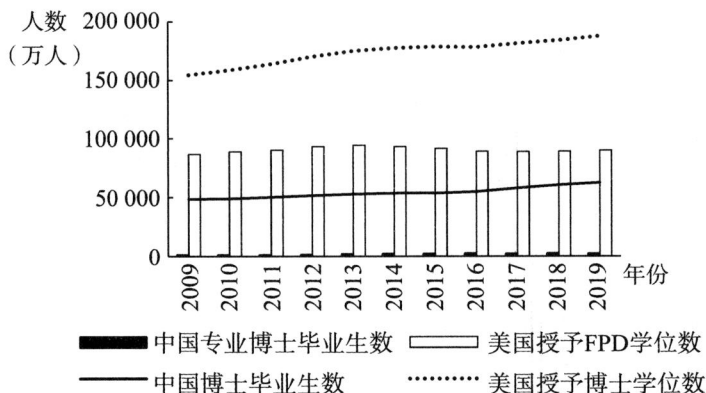

图3-7　中美两国博士研究生规模变化趋势图

从结构看，2019年我国专业博士研究生的毕业生、招生、在校生、预计毕业生的人数，尽管在博士研究生总量中相应的占比较2009年均有显著提高，但占比依然偏低，（见图3-8）远远低于学术型博士研究生在博士研究生总量中的比例。而美国1971年以来，授予专业博士学位的数量一直高于学术型博士。

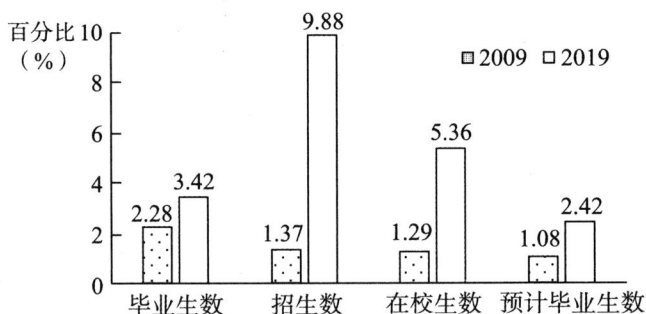

图3-8　博士专业学位研究生在博士研究生中的占比示意图

从类型看，近年来，我国不断完善专业博士学位制度，加快博士研究生教育从单一学术学位到学术学位与专业学位并重的转变，已有临床医学、口腔医学、兽医、教育、工程和中医6种博士专业学位，其中占据最大比例的是工程博士，但美国授予专业学位主要集中在卫生健康领域和法律领域，（见表3-1）并没有包含工程博士。

表3-1　2018—2019学年美国部分专业领域授予学位列表

| 研究领域 | 数量（人） |
|---|---|
| 牙科博士（D. D. S.或D. M. D.） | 6 321 |
| 临床医学博士（M. D.） | 19 423 |
| 眼科博士（O. D.） | 1 685 |
| 骨科医学博士（D. O.） | 6 700 |
| 药剂博士（Pharm. D.） | 14 875 |
| 足病博士（Pod. D.，D. P.或D. P. M.） | 579 |
| 兽医博士（D. V. M.） | 3 231 |
| 背脊推拿博士（D. C.或D. C. M.） | 2 608 |
| 法律博士（LL. B.或J. D.） | 34 133 |
| 其他专业博士 | 352 |
| 合计 | 89 907 |

注：上表中不含神学学位数据。

NSF的《科学与工程指标》及相关报告中，也未将工程博士归入专业博士。根据NSF的数据，2014年在自然科学与工程（natural sciences and engineering，理工科）领域授予博士学位29 822个，去除授予的自然科学（natural sciences，理学）博士学位19 492个[①]，可以计算出美国当年授予工程（Engineering）博士学位10 330个。在NSF的数据中，2014年中国授予理学博士10 922个，与我国教育部公布的理学（Science）博士毕业生的数据一致，但美国的自然科学博士学位中包括农学博士学位。同口径比较，我国2014年授予自然科学博士学位数应当为13 304个（加上当年的农学博士毕业生2 382人），从当年理工科博士学位（31 841个）中去除上述数据，推算出2014年我国授予工程博士学位18 537个，与我国教育部公布的工学（Engineering）博士毕业生的数据一致，远高于美国（1.79倍）。

---

① National Science Board: *Science and Engineering Indicators 2018*, https://www.nsf.gov/statistics/indicators.

可见，NSF列出我国工程博士的数据，采用的是中国工学博士的数据，而并未包括我国专业博士中的工程博士。需要注意的是，中美两国关于专业博士的定义范围不同，NCES和NSF均未认真区分工学博士与工程博士，并都将其计入研究/学术型博士学位，原因在于工科领域的博士学位在美国"并不是从事工程师职业工作的先决条件"①。同理，NCES将教育博士学位（Ed. D.）、音乐艺术博士学位（D. M. A.）、工商管理博士学位（D. B. A.）等也都列入研究/学术型博士学位。②

在比较中美两国专业博士的规模和结构时，应关注两国对于专业博士定义范围的差异，既要避免简单地根据一个英文单词的翻译结果与我国的统计概念相对应，也要仔细查看美国相关统计数据的来源并进行比对，科学解读统计数据背后的内涵。

## 二、博士专业学位研究生教育要坚持服务国家战略需求的逻辑起点

全国研究生教育会议指出，要大力发展专业学位研究生教育，以国家重大战略、关键领域和社会重大需求为重点，实施国家关键领域急需高层次人才培养专项招生计划。这就要求博士专业学位研究生培养，必须想国家之所想、急国家之所急、应国家之所需，奔着最紧急、最紧迫的问题去。专业学位研究生教育是现代社会发展的产物，主要针对社会特定职业领域需要，培养具有较强专业能力和职业素养、能够创造性地从事实际工作的高层次应用型专门人才。科技越发达、社会现代化程度越高，对高层次应用型人才的需求越大，越需要加快发展专业学位研究生教育。③发展博士专业学位研究生教育已成为建设创新型国家的有力抓手，应以服务国家

---

① 钟尚科、张卫刚、姚训：《美国工程博士专业学位研究生教育的研究》，载《学位与研究生教育》2006年第8期。

② National Center for Education Statistics: *Digest of Education Statistics 2019*, https: // nces.ed.gov/programs/digest.

③ 邓光平：《国外专业博士学位的历史发展及启示》，载《比较教育研究》2004年第10期。

战略需求作为逻辑起点。

从历史进程看，尽管不同国家博士专业学位研究生教育发展的起始时间不同、所处发展阶段不同，但其发展速度和趋势均与国家经济社会发展和国家重大战略需求紧密相关，是支撑新一轮科技革命和产业变革的重大举措。[1]为了更好地应对高等教育大众化和社会分工不断细化的发展趋势，美国于1920年设置教育专业博士，1930年又开设了工商管理博士学位，1967年设置工程博士学位，1970年单独统计第一级专业学位，2011年又将其绝大部分并入博士学位[2]，博士专业学位支撑了美国博士学位体系的半壁江山。许多发达国家也应国家发展之需，以职业导向或较强应用性的领域为重点，设置了类型丰富、适应专门需求的专业博士学位，已形成与传统的学术型博士学位并行发展、平分秋色的格局。[3]

从"两个大局"看，改革开放40多年以来，我国研究生教育的规模不断扩大，2020年招生规模突破110万人，已成为世界研究生教育大国，正在迈向世界研究生教育强国。当前，我国研究生教育以培养担当民族复兴大任的时代新人为着眼点，在培养创新人才、提高创新能力、服务经济社会发展、推进国家治理体系和治理能力现代化方面具有重要作用。实现教育支撑引领经济社会发展这一更高要求，人才是关键，工程师、医师、教师、律师等岗位以及公共卫生、公共政策与管理等领域，都对从业人员的职业素养、知识能力、专业化程度提出更高要求，应加快发展培养高层次复合型应用人才的专业学位研究生教育，特别是要培养大量创新型、复合型、应用型博士层次的技术人才和领军人才，实现研究生教育内涵式发展。

---

[1] 黄宝印、唐继卫、郝彤亮：《我国专业学位研究生教育的发展历程》，载《中国高等教育》2017年第2期。

[2] NCES自2010—2011年起不再使用"第一级专业学位"这种分类，除学制2年的神学学位（M.Div., M.H.L./Rav）纳入硕士学位类别外，其他原属于FPD的学位均纳入专业博士学位。

[3] 陈伟、裴旭、张淑林：《对我国开展工程博士专业学位研究生教育有关问题的探讨》，载《中国高教研究》2006年第12期。

从科技创新发展看，国际科技竞争日趋激烈，一批关键技术尚待突破。"卡脖子"卡的是技术、是工程、是创新，但究其根本还是卡在人才上，应坚持把人才作为建设制造强国、网络强国的根本，加快培养国家发展急需的专业技术人才、经营管理人才、技能人才。因此，加快发展专业博士学位研究生教育，是应对全球人才竞争的基础布局、培养高素质人才、实现科技自立自强、加快行业产业转型升级的重要保障。

高等学校必须心怀"国之大者"，站稳政治立场、把准政治方向，不断增强全局观念和战略思维，弘扬特色、精准定位，知行合一、狠抓落实，以科技创新服务国家重大战略为突破口，瞄准国际创新前沿，突出学科交叉融合，着力培养大批国家行业领域的紧缺人才和领军人才。

### 三、推动博士专业学位研究生培养模式深度改革

博士专业学位一般在知识密集、需要较高专业技术或实践创新能力、具有鲜明职业特色、社会需求较大的领域设置。与学术学位研究生教育相比，专业学位研究生教育主要针对社会特定职业领域需要，培养具有较强专业能力和职业素养、能够创造性地从事实际工作的高层次应用型专门人才，培养需求和定位有所不同，更加强调实践能力培养，相应的培养标准、评价体系和培养模式也应有所不同，不能按照学术学位的要求照抄照搬。

#### （一）规范培养定位

人才需求决定培养定位，专业型人才与学术型人才在培养目标上有所不同。对于专业博士，美国学界与社会的看法也不一致。有的沿袭当年传统大学嘲笑赠地大学为"牛仔大学"的观点，谴责专业博士使得博士的学术含量贬值、质量下滑；也可能因为上述原因，美国关于博士生培养的专著大多聚焦学术博士特别是哲学博士。[1]也有文献批评高校在专业博士培养过程中，很少顾及培养对象的多样性需求，导致专业博士的实践能力低

---

① 张炜：《〈世界研究生教育经典译丛〉补记——兼论研究生教育学学科的发展与借鉴》，载《学位与研究生教育》2020年第5期。

下，未能使他们做好面对多种职业生涯的准备。①同样，在我国也存在相关认识问题。2019年的一份调查报告显示，有43.1%的学生认为博士专业学位远不如或稍逊于学术学位。②上述认识偏差影响培养定位，进而干扰培养目标及其实现。从专业博士按期毕业率（毕业生数/预计毕业生数）看，近年来也呈下降趋势③，需要引起关注。（见图3-9）

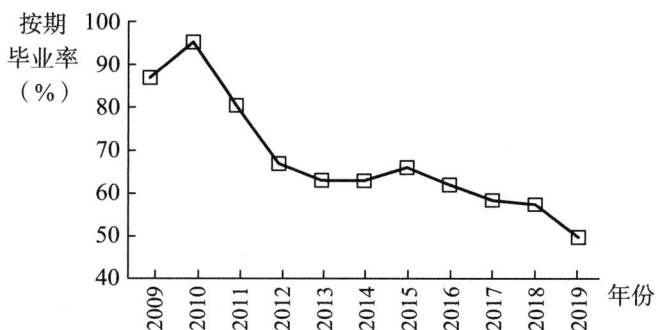

图3-9　我国博士专业学位研究生按期毕业率变化图

我国对博士专业学位研究生的培养要求是，他们应掌握相关行业产业或职业领域的扎实的基础理论、系统深入的专门知识，具有独立运用科学方法、创造性地研究和系统解决实践中复杂问题的能力。但有的高校仍参照学术学位博士的标准来衡量和要求专业博士。在博士专业学位研究生规模扩大的背景下，要保障培养质量，关键是要明确培养定位，坚持根据国家重大发展战略需求，培养某一专门领域的高层次应用型人才，并以此确定招生选拔、过程培养和学位授予等各个环节的专业博士培养目标要求，提高达成度和满意度。为此，应打破传统培养方式的惯性，改革入学条件、录取标准、课程体系、教学方式、实践培养、资格考试和学位授予各环节，着力增强博士专业学位研究生解决复杂问题的能力。

---

① CASSUTO L.: *The Graduate School Mess: What Caused It and How Can Fix It*, Harvard University Press, 2015: 2-10.

② 罗英姿、李雪辉：《我国专业学位博士教育面临的问题与改进策略——基于"全国专业学位博士教育质量调查"的结果》，载《高等教育研究》2019年第11期。

③ 张炜：《博士研究生退出和延期的数据测算与讨论》，载《研究生教育研究》2021年第1期。

应重点培养承担国家重大专项、科技支撑计划、重大工程、重点型号研制等项目的企事业单位从事工程技术、管理工作的骨干人员，或国家重点行业、战略性新兴产业的工程技术骨干，努力按照博士专业学位培养定位，把好生源质量关。培养过程中，专门制定工程类博士专业学位研究生培养方案，确定培养规格、课程设置、培养环节、导师组、学位授予要求和质量保障措施，将工程博士培养的特色和国家战略需求固化到人才培养方案中，在合规性、创新性等方面采取举措，科学做好工程类博士专业学位研究生培养的顶层设计与实施部署。

**（二）加强产教融合**

《中国研究生教育质量报告2020》显示，拥有校外导师的专业学位研究生比例偏低，专业学位博士生拥有校外导师的比例仅为15.5%；专业学位博士生进入实践基地的比例仅为65.9%，且对实践基地的满意度为85%。[①]《方案》要求"培养单位联合行业产业共同拟定培养方案，建设实践课程，编写精品教材，开展联合培养基地建设""强化行业产业协同作用，健全产教融合激励措施，提升行业产业参与专业学位研究生教育的积极性"。高校要依托自身学科优势，基于博士专业学位研究生的培养目标，探索建立适合自身的产教融合模式，进一步加大行业及相关协会等社会力量参与培养过程的力度，充分激发各方积极性，通过构建特色校企协同育人模式，充分利用与行业企业和科研院所的紧密联系，聚焦国家战略需求，围绕培养未来应用型领军人才的目标，推进产教融合、校企合作，增强培养目标与产业行业的结合度，不断完善以实践能力培养为重点、以产教融合为途径的中国特色博士专业学位研究生培养模式，为行业产业的转型升级和高质量发展提供强有力的人才支撑。

**1. 联合培养高层次拔尖创新人才**

推行"订单式培养"，聚焦重大项目需求，将实践实习、挂职锻炼等与

---

① 王战军：《中国研究生教育质量报告2020》，中国科学技术出版社2020年版，第72-75页。

专业学习融会贯通，使研究生的学业、职业、事业有效衔接，与行业企业协同培养高层次拔尖创新人才，提高学生的创新能力和服务行业能力。

2. 搭建校企协同育人平台

以国家级专业学位实践（示范）基地建设为牵引，深化专业学位研究生教育综合改革。积极构建以专业学位案例教学、实习实训、行业前沿讲座为主体的专业学位研究生校企联合培养模式，建设"全国示范性工程专业学位研究生联合培养基地"、省部级校企协同育人示范基地、教育部产学合作协同育人项目，引导支持行业企业以资本、师资、平台等多种形式投入参与专业学位博士生教育。

3. 聘请行业企业的专家担任导师

积极推广"行业教师""企业导师"聘任制度和"企业游学"育人模式。针对联合培养单位聘请一批博士生导师，落实主体责任、加强互补，特别是对于聘请的军工企业技术领军人才，在校内选拔青年教师协助指导和跟班深造，提升"双导师"制下的人才培养质量。

**（三）健全评价体系**

1. 更新评价理念

长期以来，我国学术学位博士生培养形成了一套完整的以"学位论文"为主要评价指标的评价体系，而针对专业学位博士培养质量尚未建立起独立的评价体系。尽管教育部明确专业学位论文可以采用研究报告、规划设计、产品开发、案例分析、管理方案、发明专利、文学艺术作品等多种多样的形式，但制度保障还需要进一步细化和完善，有的培养单位因担心论文外审、答辩、抽查等环节出问题而不愿实施，仍拘泥于学位论文的要求。应打破原有观念，破立并举，破字当头，立在其中，形成独有的评价理念、路径、方法，引领博士专业学位研究生教育高质量发展。

2. 强化内部评价

高校内部的教育质量自我评估和对培养过程各个环节的评价，是确保博士专业学位质量的基础。应弄清楚什么样的教育要素和设计组合能够为博士专业学位研究生不同阶段的学习提供最好的观测"窗口"，构建涵盖培养资源条件、培养过程以及关键要素的立体多元评价体系，完善对博士专业学位研究生培养质量的监督管理，突出解决行业共性技术和关键难题的能力与成果，优化分流退出制度，包括培养方案、课程体系、培养过程、导师责任、论文要求和答辩程序等。

### 3. 引入外部评价

研究生教育已经从象牙塔走向社会生活的中心，特别是专业学位研究生教育，其规模和类型都发生了很大的变化，其最终评价标准应该是社会和用人单位的认可，是受教育者自身职业能力提高和事业发展。应规划建立服务引导型评价体系，突出创新创业能力、职业胜任能力、发明创造能力以及引领行业发展能力的衡量标准，使其成为"某些特定社会职业从业者必须具备的教育经历"。积极引导并推动行业企业共同参与博士专业学位研究生培养质量的监督评价，通过用人单位和第三方评估结果反馈，及时修正培养标准，持续改进培养过程，促进人才培养质量良性发展。

积极构建课程教学、开题评议、中期检查和年度审核等关键环节的多元质量评价指标，组建由企业总师、相关领域学者组成的评价考核团队。在学位授予环节，制定工程博士多元化学位成果评价标准，更加关注国际标准、国家标准、行业技术标准、为国家重大型号或重大工程作出突出贡献、所获知识产权及其转化等。同时，针对学校、学院、学位点培养质量，引入第三方评价，包括工程博士在校期间满意度调查、毕业中长期发展质量跟踪调查和行业企业用人评价反馈，形成对工程博士培养质量全过程评价的"覆盖式""常态化"模式。

习近平总书记在清华大学考察时指出，我国高等教育要立足中华民族伟大复兴战略全局和世界百年未有之大变局，心怀"国之大者"。我国博士专业学位研究生教育已进入一个新阶段，必须以习近平新时代中国特色社会主义思想为指导，全面贯彻落实全国教育大会和全国研究生教育会议精神，坚持党的教育方针，坚定社会主义办学方向，做到"四个面向"，按照需求导向、尊重规律、协同育人、统筹推进的基本原则，加强顶层设计，完善发展机制，进一步优化结构，继续扩大规模，夯实支撑条件，实现高质量发展，为建设中国特色研究生教育强国贡献力量，为行业产业转型升级和创新发展提供强有力的人才支撑。

（原载于《学位与研究生教育》2021年第10期，有删改。）

# 第四节　中美博士研究生教育发展趋势比较分析

2004年，笔者与赵依民发文介绍美国研究生教育20世纪后半期发展变化的特点、趋势和启示①以及美国第一级专业学位（first professional degree，FPD）②。但是，10多年来，关于"我国博士研究生规模全球第一"的观点仍然见诸文献，对于中美博士研究生教育的比较分析依然有一些盲人摸象、似是而非的说法。进入21世纪，中美两国博士研究生教育有何新的发展趋势，在规模比较上有何新的变化，在结构比较上有何新的优化，对于这一系列问题，有必要作进一步的梳理和分析，并澄清有关认识误区。

## 一、美国博士研究生教育的变化

第二次世界大战后，美国联邦政府大力投资研究生教育和科研，高等教

---

① 张炜、赵依民：《美国研究生教育近50年的发展变化》，载《中国研究生》2004年第2期。
② 张炜、赵依民：《如何看待第一级专业学位与美国学士后教育的结构》，载《科学学与科学技术管理》2004年第5期。

育的快速发展形成了对高校教师的强烈需求，企业界聘用高学历人才，促进了研究生教育的发展。[①]进入21世纪，这些因素依然在美国博士研究生教育中发挥作用。

**（一）规模持续增长**

1. 统计口径调整

从《2011年教育统计摘要》开始，NCES正式采用新的统计口径，博士学位（doctor's degree）除原有的哲学博士、教育博士和相当于博士水平的学位之外，还包含了以前归类于FPD的大部分学位，例如临床医学、牙医及法律等学位。[②]2008—2009学年授予博士学位154 425人。（见图3-10）这样一个变化，实际上解答了之前关于FPD是否为博士的争论。[③]

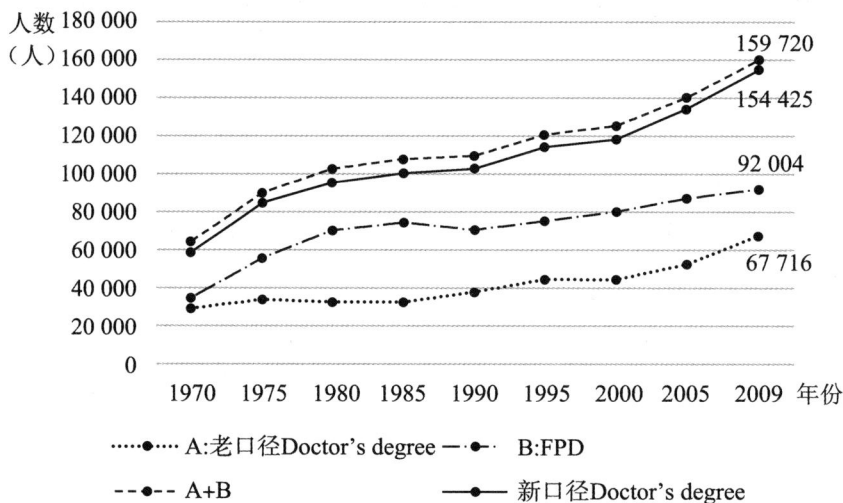

图3-10　美国博士统计口径调整对比示意图

具体分析，2008—2009学年授予学术博士学位和FPD合计159 720人，以此推算，有94.24%的FPD计入了博士学位。因此，此前关于将FPD并入

---

① ALTBACH P. G., GUMPORT P. J., JOHNSTONE B: *In Defense of American Higher Education*, Johns Hopkins University Press, 2001: 249-303.

② NCES: *Digest of Education Statistics 2011*, https://nces.ed.gov/pubsearch.

③ 张秀峰、高益民：《再论美国第一级专业学位（FPD）的属性和特征》，载《学位与研究生教育》2014年第3期。

美国博士学位授予数量的主张[1]，会产生一定的误差。以2008—2009学年为例，会高估3.43%，但如果不计入FPD，该学年将低估56.15%。

### 2. 授予博士学位数量增加

进入21世纪，美国博士研究生规模出现了一轮新的增长，2014—2015学年为17.85万人[2]，同口径比1999—2000学年净增6万人；而前15年仅增加了1.8万人。2004—2005学年增幅最大，达到6.58%。（见图3-11）

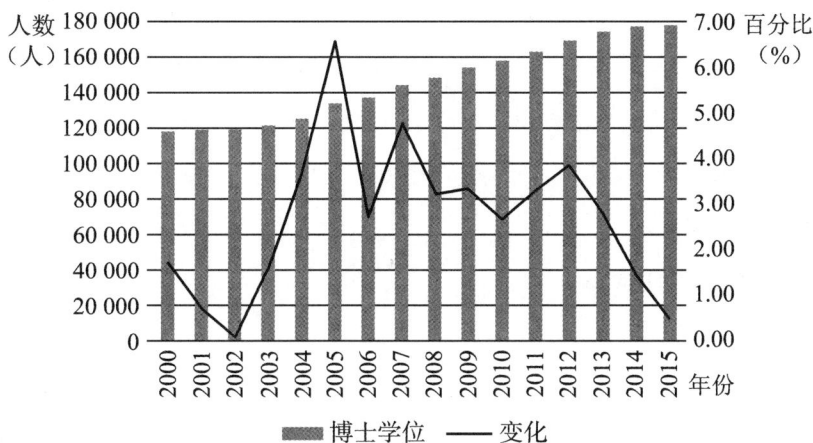

图3-11　美国授予博士学位数量及变化示意图

### 3. 授予博士学位的高校增多

1999—2000学年，美国拥有博士学位授予权的高校为535所[3]，2006年增加到622所[4]。但是，关于美国仅有200多所高校能够授予博士学位的说法依然十分流行。2014—2015学年，美国有954所高校拥有博士学位授予权，占到学位授予高校总量的20.62%，比21世纪初提高了7.5个百分点。其中，

---

① 张炜：《中美研究生教育规模和结构的比较与思考》，载《学位与研究生教育》2003年第7期。

② 如无专门说明，本节引用美国数据均源自NCES: Digest of Education Statistics 2016, https://nces.ed.gov/pubs2017。

③ NCES: *Digest of Education Statistics 2001*, U.S. Department of Education, 2002.

④ 石鸥、陈旻君：《我国博士生教育规模必须扩大——美国的经验及其启示》，载《高等教育研究》2009年第30卷第1期。

公立高校332所，非营利私立高校560所，营利性私立高校62所。

4. 授予博士学位较多的高校的情况发生变化

2014—2015学年，佛罗里达大学授予博士学位1 914人，继续位居美国高校第一。位列其后的是诺瓦东南大学（1 802人）和明尼苏达大学双城分校（1 761人），哈佛大学位居第7（1 534人）。同时，该学年授予博士学位最多的60所大学合计授予博士学位6.39万人，占到总量的35.78%，校均1 065人，有26所高校授予博士学位超过千人。一方面，校均博士研究生教育规模有所扩大，2000—2001学年，美国仅有14所高校授予博士学位超过千人，60所大学校均810人。另一方面，与2000—2001学年相比，60所大学授予博士学位在总量中的占比下降了4.87个百分点，集中度有所降低。

**（二）结构有所调整**

1. 硕士与博士比提高

与20世纪末相比，2014—2015学年美国授予博士学位的人数增加了55.2%，低于授予硕士学位人数增幅14个百分点。2014—2015学年美国硕博比为4.25，尽管比1998—1999学年提高了0.43，但也再次说明关于美国硕博比为10的观点不成立。①

2. 专业学位占比下降

如图3-10所示，1970年起，FPD增长速度很快，15年间翻了近一番，而学术型博士同期仅增长了10.3%。此后，学术型博士学位授予数量的增幅高于FPD，二者之间的比例从1984—1985学年的1∶2.06调整为1999—2000学年的1∶1.65，2008—2009学年为1∶1.28，近50年来授予专业学位博士的数量始终高于学术型博士。

3. 学科结构不平衡

进入21世纪，美国授予博士学位学科门类的结构性变化不大，但分布

---

① 张炜、刘延松：《对美国第一级专业学位的再认识》，载《中国高教研究》2008年第5期。

愈加不平衡。（见图3-12）2014—2015学年，美国健康专业与相关方向授予博士学位突破7万人，占比高达39.77%，比21世纪初提高了7.14个百分点；法律专业与研究超过4万人，依然排在第二，但占比下降了9.35个百分点。教育博士、工学博士分别占到6.59%和5.73%，各自提高了1.34个百分点和1.14个百分点。商科授予博士学位的数量增幅较大，但占比仅1.75%。生物与生物医学科学、物理学与科学技术变化不大。心理学、社会科学与历史博士占比均出现下降，说明就业市场需求对于学生选择学科门类的作用更加凸显，而人文和社会科学博士生在培养模式和方法等方面存在的问题[①]，也可能会让一些学生望而却步。以上9个学科在美国博士学位授予总量中的占比超过90%。

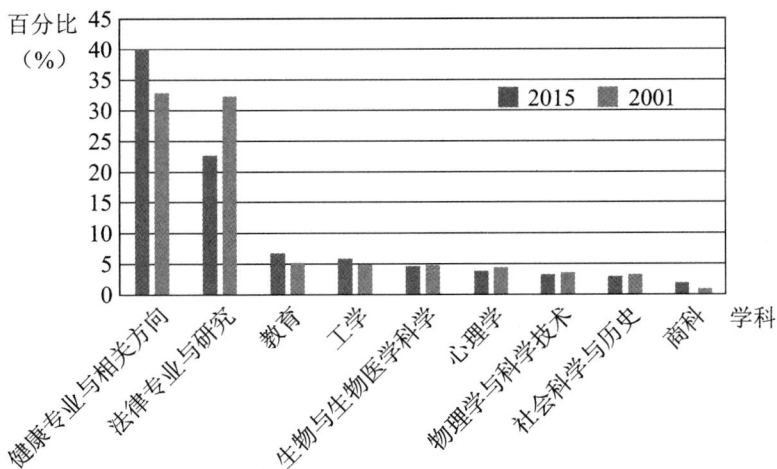

图3-12　美国授予博士学位学科结构变化图

### （三）公平有所改善

#### 1. 少数族裔占比上升

在美国居民中，白种人学生获得博士学位的人数占比从20世纪70年代中期的91.9%下降到20世纪末的78.3%，而黑种人和西班牙裔学生占比都显著上升，特别是自20世纪80年代末开始，亚太裔学生已经成为少数族裔学

———————

① ［美］莱纳德·卡苏托著，荣利颖译：《研究生院之道》，北京理工大学出版社2017年版，第83页。

生中获得博士学位最多的人群。（见表3-2）

表3-2 美国授予博士学位的族裔结构（%）

| 年份 | 白种人 | 黑种人 | 西班牙裔 | 亚太裔 | 印第安/阿拉斯加土著 | 两种或更多种民族 |
|---|---|---|---|---|---|---|
| 1976—1977 | 91.9 | 4.1 | 1.8 | 1.9 | 0.3 | |
| 1980—1981 | 90.9 | 4.2 | 2.1 | 2.4 | 0.3 | |
| 1990—1991 | 86.2 | 4.7 | 3.4 | 5.4 | 0.4 | |
| 1998—1999 | 78.3 | 6.7 | 4.7 | 9.6 | 0.7 | |
| 2000—2001 | 77.0 | 6.6 | 4.9 | 10.8 | 0.7 | |
| 2010—2011 | 73.2 | 7.5 | 6.0 | 11.8 | 0.7 | 0.9 |
| 2014—2015 | 69.3 | 8.4 | 7.2 | 12.2 | 0.6 | 2.3 |

进入21世纪，博士学位授予者中西班牙裔学生在1998—1999学年至2014—2015学年期间年均递增5.26%，增幅为白种人学生的3倍，占比也比20世纪末提高了2.5个百分点。同期，亚太裔提高了2.6个百分点，黑种人提高了1.7个百分点，而白种人学生下降了9个百分点。另外，从2010—2011学年开始，在族裔中又增加了"两种或更多种民族"类别，占比已高于印第安/阿拉斯加土著。

不过，尽管少数族裔的增长幅度高于白种人，但从绝对数看，依然是白种人学生获得博士学位的增量最大，与1998—1999学年相比，2014—2015学年净增2.68万人，而亚太裔学生仅增加0.92万人，西班牙裔学生和黑种人学生也都只分别增加了0.63万人。

2. 女性占据多数

20世纪80年代初，美国博士学位授予者中，男生人数是女生的2.42倍。到20世纪末，男生获得博士学位的人数仍多出1.4万人。2005—2006年，女生获得博士学位人数首次超过男生。2014—2015学年，博士学位获得者中，女生有9.36万人，（见图3-13）占到52.44%。

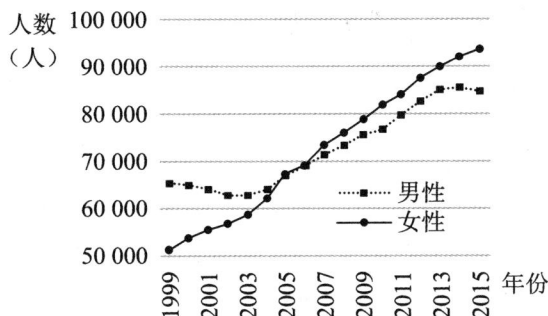

图3-13　美国博士学位授予者中男女生人数

　　另外，在不同的学科，性别结构有所不同。在教育、心理学科，20世纪中期女生获得博士学位人数超过男生，此后一直保持领先。教育博士学位获得者中，男女生比例在20世纪末为1∶1.80，2014—2015学年达到1∶2.17。同样，在健康专业与相关方向，女生获得博士学位人数在2002—2003学年超过男生。2012—2013学年，有37 328位女生获得健康专业与相关方向博士学位，比男生多1万多人。

　　在计算机与信息科学领域，1970—1971学年仅有3位女生获得博士学位，男女生比例为41.67∶1，到20世纪末为4.37∶1，2014—2015学年进一步下降到3.44∶1。在工程与工程技术领域，1970—1971学年授予的博士学位中，男女生比例为152.38∶1，20世纪末下降到6.03∶1，2014—2015学年为3.31∶1。

### 3. 各州分布不平衡

　　2014—2015学年，美国授予博士学位超过万人的有3个州，其中加利福尼亚州1.83万人、纽约州1.45万人、得克萨斯州1.10万人；再加上宾夕法尼亚州、佛罗里达州、伊利诺伊州和马萨诸塞州，7个州合计达到8.02万人，占到总量的近一半；但阿拉斯加州仅49人，另外还有13个州授予博士学位不足千人。

## 二、中美博士研究生教育的比较

由于没有查到我国授予博士、硕士学位的逐年数据，以下采用博士、硕士毕业生的数据。2009年，我国授予博士学位和硕士学位分别为4.6万个和32.1万个，分别占到当年博士毕业生的95.8%和硕士毕业生的99.6%，因而采用博士和硕士毕业生的数据，尽管会导致对于我国研究生规模的高估，但对于讨论结果的影响不大。

### （一）中国博士毕业生增速较快但规模仍然较小

#### 1. 增速前高后低

1999—2004年，我国博士毕业生的数量年均增速为17.84%，引发不少议论。论据之一就是拿同期美国授予博士学位的年均增速（1.56%）作比较。2005年，我国博士研究生招收54 800人，比上年增长2.85%，"标志着我国研究生教育自1999年开始一直持续到2004年的快速增长告一段落"[①]。2005—2015年，博士研究生招生年均递增3.11%；毕业生的增幅也相应下降，2009—2015年的年均1.68%低于同期美国授予博士学位年均增幅0.74个百分点。（见图3-14）

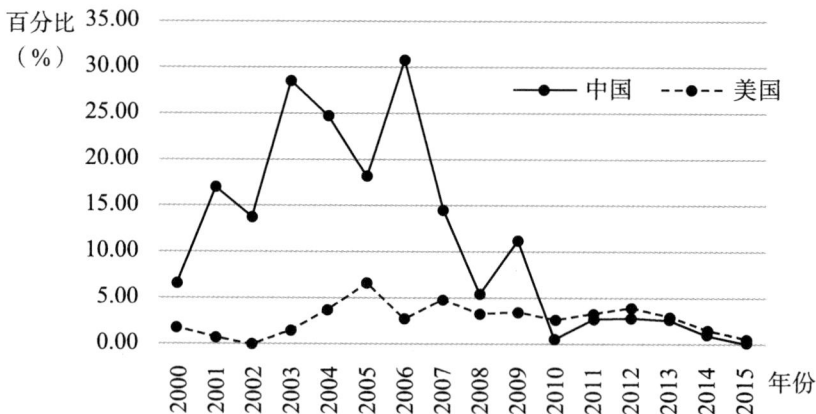

图3-14　中美博士增速比较图

----

① 廖湘阳、石玉玲、杨菊先：《1999—2004年"积极发展"阶段研究生教育发展定量分析》，载《学位与研究生教育》2008年第10期。

我国博士研究生教育起步较晚，但一度发展较快。博士学位授予人数达到1万人的规模，美国用了100年，而中国仅用了17年。[①]但是，从1万人到5.5万人，美国用了不到10年时间，我国则用了17年。与2009年相比，2015年我国博士毕业生仅增加了5 120人，而美国授予博士学位增加了2.41万人。

1957年，苏联第一颗人造地球卫星上天，促使美国加快了博士研究生教育的发展。1958年9月美国国会通过《国防教育法》，1969—1970学年，美国高校的财政收入是10年前的4.34倍。[②]此间，美国授予博士学位的人数从不到1万人猛增到5.9万人，年均增长19.73%。同样，20世纪60年代前半期，日本授予博士学位的人数年均增长28.6%[③]，加拿大为15.5%，法国为15.4%，也都呈现出"补偿性扩张和追赶式发展的特点"[④]。

2. 规模相对较小

从21世纪初开始，就不断有我国授予博士学位将要甚至已经超过美国的说法。对此，众人曾多次撰文讨论，指出一些文献没有正确解读NCES公布的"Doctor's degree"的内涵及范围，没有计入美国FPD的数量。[⑤]为此，笔者曾建议，引用国外文献不能仅仅满足于根据字面翻译的中文词义进行讨论或理解，而必须弄清楚原文的定义和内涵[⑥]。现在，关于中美博士规模的统计口径不应再有太多的争议，因为NCES已经调整了统计口径，牛梦虎

① 赵世奎、沈文钦：《中美博士教育规模扩张的比较分析——基于20世纪60年代以来博士教育发展的数据分析》，载《教育研究》2014年第1期。

② 李立国、詹宏毅：《中国博士生教育的增长速度与质量保障——中美比较的角度》，载《清华大学教育研究》2008年第29卷第5期。

③ 顾明远：《世界研究生教育发展和改革的动向》，载《学位与研究生教育》1996年第2期。

④ 杨海燕：《扩张与稳定：我国博士教育规模之争——基于1996—2016年国内相关文献的分析》，载《研究生教育研究》2017年第4期。

⑤ 张炜、张蓉、刘延松：《建设高等教育强国视角下博士研究生教育的思考——中美博士研究生规模与结构的比较》，载《学位与研究生教育》2008年第8期。

⑥ 张炜：《对美国高等教育的十个认识误区》，载《高等教育研究》2005年第6期。

对此也进行了专题讨论。①

1999年，我国博士毕业生首次突破1万人，为同年美国授予博士学位的8.84%。经过10年的快速增长，2009年，我国博士毕业生增加到48 658人，为同年美国授予博士学位的31.51%，但2015年又降至30.12%，两国间差距再次拉大。

中美两国博士的绝对规模差距不小，相对规模差距更大。2018年，中国的博士学位授予人数还不到美国的三分之一，而中国的人口总量却是美国的4倍多。因此，每万人口中博士学位授予人数，中国还不到美国的十二分之一。

2018年，我国博士学位授予数量仅相当于美国20世纪70年代的规模，而我国的经济发展已远非美国当年的水平。按照购买力平价计算，美国1997年GDP为83 043亿美元，当年博士授予人数11.87万人；2006年我国GDP与美国1997年的水平大致相当②，而当年博士毕业生仅3.62万人。

另外，我国普通高校专任教师数量由1999年的42.57万人增长到2016年的160.20万人，其中拥有博士学位的人数由2.31万人增加到36.62万人③，占专任教师的22.86%，是1999年的4.20倍。但是，1992年美国高校专任教师中拥有博士学位的人数已占到64.77%，2003年又提高到67.89%，我国高校教师对博士研究生教育的需求还很大。

### 3. 授予博士学位的大学集中度较高

2015年，上海交通大学博士毕业生1 365人，位居国内高校第一。排在第二、三位的分别是复旦大学（1 348人）、浙江大学（1 339人），清华大

---

① 牛梦虎：《重识美国博士学位授予规模——基于三种发展轨迹的分析》，载《中国高教研究》2015年第8期。

② 陈春梅：《近年来英美研究生教育发展动态研究》，载《世界教育信息》2016年第18期。

③ 中华人民共和国教育部：《2016年教育统计数据》，http://www.moe.gov.cn/s78/A03/moe_560/jytjsj_2016, 2018-04-14。

学、北京大学分列第四和第十。[①]（见表3-3）授予博士学位最多的前10所
大学校均博士毕业生占到全国总量的21.08%，比同期美国授予博士学位最
多的前10所大学占比高出11.94个百分点，集中度较高。但是，表3-3中我国
10所大学校均博士毕业生人数要比美国10所大学校均授予博士学位人数少近
500人。

表3-3　中美两国博士规模最大的10所大学

| 中国大学 | 博士毕业生 | 美国大学 | 授予博士学位 |
|---|---|---|---|
| 上海交通大学 | 1 365 | 佛罗里达大学 | 1 914 |
| 复旦大学 | 1 348 | 诺瓦东南大学 | 1 802 |
| 浙江大学 | 1 339 | 明尼苏达大学双城分校 | 1 761 |
| 清华大学 | 1 121 | 俄亥俄州立大学（主校区） | 1 693 |
| 东南大学 | 1 077 | 密歇根大学安娜堡分校 | 1 606 |
| 中山大学 | 1 051 | 南卡罗来纳大学 | 1 538 |
| 四川大学 | 1 031 | 哈佛大学 | 1 534 |
| 吉林大学 | 1 020 | 威斯康星大学麦迪逊分校 | 1 504 |
| 华中科技大学 | 1 004 | 得州农工大学卡城分校 | 1 488 |
| 北京大学 | 983 | 纽约大学 | 1 484 |
| 小计 | 11 339 | 小计 | 16 324 |

**（二）中国博士研究生教育不平衡的问题突出**

1. 硕博比偏高

1999年，我国硕博比为4.28，高于美国0.46，但2015年提高到9.26，是
美国的2.18倍。与1999年相比，2015年我国博士毕业生增长了4.21倍，而硕
士毕业生增长了10.26倍。这样一个发展变化符合关于借鉴美国硕博比是10
的主张[②]，却与美国的实际相差较多。

---

① 研究生教育质量报告编研组：《中国研究生教育质量年度报告（历年）》，中国
科学技术出版社。
② 王根顺、包水梅：《关于我国研究生教育层次结构优化的若干思考》，载《教育
科学》2006年第22卷第4期。

## 2. 学科分布差异较大

中美两国学科分类有差异，难以逐一准确比较。工学、理学一直是我国博士毕业生中占比最高的两个学科，1996年分别为2 199人和1 441人[①]，2015年分别增加到18 729人与10 978人[②]，占比分别为34.83%和20.41%，虽然均低于1996年我国的数据，但仍然都远远高于美国。（见表3-4）同样，我国人文社科、管理博士毕业生占比也远高于美国的相应学科。但是，2014—2015学年美国健康专业与相关方向授予博士学位人数占到总量的近40%，而我国医学博士毕业生占比仅为16.19%；美国教育博士学位授予人数占比也远高于我国。

表3-4　中美两国博士学科比较（%）

| 中国2015年 | | 美国2014—2015学年 | |
|---|---|---|---|
| 工学 | 34.83 | 工学 | 5.73 |
| 理学 | 20.41 | 物理学与科学技术、生物与生物医学科学** | 7.77 |
| 医学 | 16.19 | 健康专业与相关方向 | 39.77 |
| 哲学、经济学、文学、历史学* | 9.82 | 社会科学与历史 | 2.7 |
| 管理学 | 6.34 | 商科 | 1.75 |
| 法学 | 4.89 | 法律专业与研究 | 22.59 |
| 教育学 | 1.82 | 教育、心理学*** | 10.28 |
| 小计 | 94.31 | 小计 | 90.59 |

注：*哲学1.13%、经济学4.06%、文学3.37%、历史学1.26%；**物理学与科学技术3.26%、生物与生物医学科学4.51%；***教育学6.59%、心理学3.69%。

## 3. 专业博士规模较小

如前所述，20世纪70年代以来，美国专业博士始终占到授予博士学位

① 李立国、詹宏毅：《中国博士生教育的增长速度与质量保障——中美比较的角度》，载《清华大学教育研究》2008年第29卷第5期。
② 研究生教育质量报告编研组：《中国研究生教育质量年度报告（历年）》，中国科学技术出版社。

的一半以上，而我国专业博士占比一直不高，2015年仅为2.04%。[1]具体细分，我国的专业博士种类主要包括临床医学博士、兽医博士、口腔医学博士、工程博士、教育博士等，2013年在校人数仅6 883人，其中临床医学博士占比近80%，其次是教育博士。[2]

### 4. 女性已占多数

2014年，我国研究生毕业生53.6万人，其中女生27.3万人，占到50.93%[3]；2013—2014学年，美国博士、硕士学位获得者中，女生占比58.38%，二者相差7.45个百分点。

### 5. 区域分布不平衡

有文献分析，与美国相同，区域内研发经费支出水平、教师数量，是导致我国博士研究生教育规模产生差异的因素；但与美国不同，人均国内生产总值也是导致我国区域博士研究生教育规模产生差异的因素，而高等教育规模、区域内人口总量的影响不显著；生均教育经费水平与博士研究生教育规模的相关系数为负值。[4]上述讨论能够解释我国博士研究生区域分布不平衡的原因。20世纪末，我国博士研究生教育区域分布不平衡的状况就较为严重，1998年博士研究生招生，北京占总规模的29.11%，上海占12.60%。[5]2016年，北京博士毕业生1.7万人，上海、江苏分别超过0.5万人和0.4万人[6]，全国近一半的博士毕业生集中在这3个省市，但有9个省区不足

① 李廉水、盛济川：《中国研究生教育规模与结构研究——基于国际比较的视角》，载《阅江学刊》2017年第1期。

② 陈春梅：《近年来英美研究生教育发展动态研究》，载《世界教育信息》2016年第18期。

③ 研究生教育质量报告编研组：《中国研究生教育质量年度报告（历年）》，中国科学技术出版社。

④ 高文豪：《中美博士研究生教育集聚研究——基于2003—2012年面板数据的实证分析》，载《中国人民大学教育学刊》2017年第1期。

⑤ 廖湘阳、石玉玲、杨菊先：《1999—2004年"积极发展"阶段研究生教育发展定量分析》，载《学位与研究生教育》2008年第10期。

⑥ 研究生教育质量报告编研组：《中国研究生教育质量年度报告（历年）》，中国科学技术出版社。

200人，其中大部分地处西部，青海与西藏分别只有8人和6人。

6. 国际化程度提升较快

2015年，在华留学博士生达到14 367人（占在校博士生的4.40%），是2009年的3.02倍①，年均递增20.26%，高于同期在校博士生增速15.44个百分点。2014—2015学年，美国授予博士学位中，非居民21 352人，占到授予博士总量的11.96%。

质量是高校的生命线，也是高等教育内涵式发展的核心。关于美国博士研究生教育的质量，在《美国研究生教育的困境与出路——〈研究生院之道〉读后感》一节有所介绍②，对于中美两国的相关比较将另文讨论。

## 三、对发展我国博士研究生教育的建议

2016年5月30日，习近平总书记在全国"科技三会"上指出，中国要建设世界科技强国，关键是要建设一支规模宏大、结构合理、素质优良的创新人才队伍。

### （一）规模应稳步增长

增强紧迫感与责任感，充分认识新时代对于高层次人才的迫切需求。要把我国建设成为高等教育强国，需要更多的高层次拔尖人才。现在入学的博士研究生，大多在21世纪中叶将成为实现两个百年目标的领军人才和骨干力量，"十三五"乃至21世纪中叶，我国博士研究生教育规模应保持稳健增长态势。③教育部和国务院学位委员会联合发布的《学位与研究生教育发展"十三五"规划》提出，要稳步发展博士研究生教育，适度扩大博士

---

① 研究生教育质量报告编研组：《中国研究生教育质量年度报告（历年）》，中国科学技术出版社。

② 张炜：《美国研究生教育的困境与出路——〈研究生院之道〉读后感》，载《学位与研究生教育》2018年第1期。

③ 别敦荣、易梦春、李家新：《"十三五"时期研究生教育发展思路》，载《中国高教研究》2016年第1期。

研究生教育规模。[①]2016年，我国博士研究生招生数量比上年增加3.81%，高于"十二五"期间年均增长0.68个百分点。如果"十三五"期间乃至今后一个时期仍保持此增长速度，我国博士研究生招生数量将在2020年达到近9万人、2040年达到近19万人。

**（二）结构还要更加优化**

增强系统思维和全局观念，不断优化高层次人才结构，促进我国早日进入"人才红利期"。一是在适度扩大博士研究生教育规模的同时，合理确定硕士研究生的规模，使得硕博比更加协调。二是更好地服务需求，加快专业博士培养，并制定有别于学术博士的培养目标、标准、方式、过程和要求，扭转学术博士专业博士比过高的趋势。三是大力支持中西部高校学科建设和博士研究生教育，通过联合培养、委托培养等方式，增加中西部博士研究生培养数量，解决不平衡、不充分的问题。四是推进"一带一路"建设教育交流合作，努力增加留学博士生的数量，推进留学生趋同化培养和管理，促进留学生对中华文化的理解，培养更多的高端"知华派""亲华派"，显著增强我国的国际影响力。

**（三）质量和效益必须大力提升**

增强辩证思维能力，避免将数量与质量相互对立，加强统筹协调。努力在一流人才培养过程中加强学科建设，在学科建设中实现一流人才培养，以高质量的教育使博士研究生发挥个性、释放潜能。加强学科布局的顶层设计和战略规划，打破学科间壁垒，整合优势学科资源，推进优势学科群的交叉发展，形成多学科相生共长、协调发展的学科体系，建立高度集成、开放共享、交叉应用的研究中心和平台，集中力量重点建设一批国内领先、国际一流的优势学科和领域。增强质量意识和责任意识，把好研究生培养质量的"入口关"和"出口关"，加强学风建设，强化过程管理，

---

① 中华人民共和国教育部：《教育部学位管理与研究生教育司负责人就〈学位与研究生教育发展"十三五"规划〉答记者问》，http://www.moe.gov.cn/jyb_xwfb/s271/201701/t20170120_295346.html，2018−05−07。

完善分流退出制度，开展培养质量跟踪调查与反馈，大幅提高博士研究生参与国际学术前沿和国家重大需求研究的活跃度，努力提升博士研究生教育对高水平科研成果、经济社会发展的贡献，更好地满足自主创新和拔尖创新人才的需求。同时，要加强博士生导师能力建设和师德师风建设，引导导师潜心教学和研究、认真教书育人，强化和完善导师责任制。把培育和践行社会主义核心价值观融入博士研究生培养的全过程，着力培养具有历史使命感和社会责任心、富有创新精神和实践能力的高素质创新型人才。坚持正确的办学方向，扎根中国大地办好社会主义大学，发展素质教育，为建设高等教育强国作贡献。

要实现高等教育内涵式发展[①]，推进博士研究生教育的内涵式发展至关重要。建设高等教育强国，需要各种层次、各种类型的高等教育一起努力。作为高等教育最高层次的博士研究生教育，应在规模、结构、质量、效益上进一步统筹优化，着力构建具有中国特色的高等教育话语体系，既要善于借鉴国际高等教育发展的经验，又要继承和发扬我国传统文化的精华，尊重自己的高等教育文化和环境，更好地肩负起培养中国特色社会主义事业合格建设者和优秀接班人的重大任务，为实现中华民族伟大复兴的中国梦提供有力支撑并奠定发展基础。

（原载于《国家教育行政学院学报》2018年第5期，有删改。）

---

① 张炜：《高等教育内涵式发展的概念演进与实践探索》，载《中国高教研究》2018年第1期。

# 第五节　中美两国博士学位授予高校的比较与启示

2018年8月，教育部、财政部、国家发展改革委联合下发《关于高等学校加快"双一流"建设的指导意见》，提出适度扩大博士研究生规模，加快发展博士专业学位研究生教育，适度提高优秀应届本科毕业生直接攻读博士学位的比例。这样一个要求，符合加快教育现代化、建设高等教育强国的要求，但也再次引发热议。本节着重对美国博士学位授予高校的数量问题再作介绍和讨论。

## 一、美国博士学位授予高校的数量

进入21世纪，关于美国"具有博士学位授予权的高校236所"[①]等观点颇有影响，并以此推论，中国已成为世界上博士学位授予单位最多的国家；从授予博士学位的大学所占高校总数的比例看，中国是美国的2倍[②]，还引发一些国外文献的误导[③]。上述观点往往以美国"卡内基高等教育机构分类"结果作为依据，显得颇具权威性，但多未深究其中缘由，也未注意到NCES的不同统计口径以及后来对于统计口径所作的调整与数据更新。

---

[①] 卢铁城：《科学定位及特色创建乃大学要务》，载《中国教育报》2008年1月14日。

[②] 张振刚、杨建梅、司聚民：《中美高等教育机构分类、布局和规模的比较研究》，载《清华大学教育研究》2002年第1期。

[③] 研究生教育质量报告编研组：《中国研究生教育质量年度报告（2016）》，中国科学技术出版社2016年版，第27页。

**（一）2000版"卡内基高等教育机构分类"**

该分类方法，将美国高等教育机构分为6个类别18种类型，其中博士学位授予高校（doctorate-granting institutions）有两种类型：博士/研究型大学—广博类（doctoral/research universities-extensive）151所、博士/研究型大学—密集类（doctoral/research universities-intensive）110所。[1]NCES的部分指标和数据也采用此统计口径。由此，美国可以授予博士学位的大学只有200多所的说法，似乎有权威数据支撑和资料来源。

但是，引用国外文献，不能只从字面翻译过来的中文意思去理解，而要看原文的定义和内涵。在2000版"卡内基分类"中，博士/研究型大学—广博类特指每年至少在15个学科领域，授予50个以上博士学位的大学；而博士/研究型大学—密集类特指除上述高校之外，每年至少在3个学科领域授予至少10个博士学位或每年授予博士学位的总数不少于20个的大学。

这样一个分类标准说明，除了上述两类261所大学之外，美国还有一些高校虽然也授予博士学位，但由于所授学位的学科数或学位数量未能达到上述标准，而没有被统计在内。

从表3-5可以看出，2000年，美国授予学术型博士学位的高校有528所，是上述卡内基数据的两倍。其中，43.18%的高校授予学术型博士数量在20人及其以下，因而有相当一部分达不到卡内基分类标准的要求，没有被统计在博士学位授予高校之列。

表3-5　美国学术型博士授予高校的规模及变化[2]

| 授予规模 | 1977年 | 1981年 | 1991年 | 2000年 |
| --- | --- | --- | --- | --- |
| <11 | 120 | 145 | 143 | 155 |
| 11~20 | 45 | 41 | 70 | 73 |

[1] The Carnegie Classification of Institutions of Higher Education: http://www.carnegiefoundation.org/classification/ index.htm.

[2] NETTLES M. T., MILLETT C. M.: *Three Magic Letters Getting to Ph.D.*, The Johns Hopkins University Press, 2006.

（续表）

| 授予规模 | 1977年 | 1981年 | 1991年 | 2000年 |
|---|---|---|---|---|
| 21~30 | 19 | 28 | 34 | 43 |
| 31~50 | 42 | 36 | 44 | 54 |
| 51~100 | 43 | 50 | 59 | 70 |
| >100 | 102 | 102 | 118 | 133 |
| 合计 | 371 | 402 | 468 | 528 |

根据Nettles和Millett引用的相关统计数据，到1964年，美国授予学术型博士学位的高校就已超过200所；1981年又超过了400所，（见图3-15）远远高于2000版"卡内基高等教育机构分类"给出的数据。

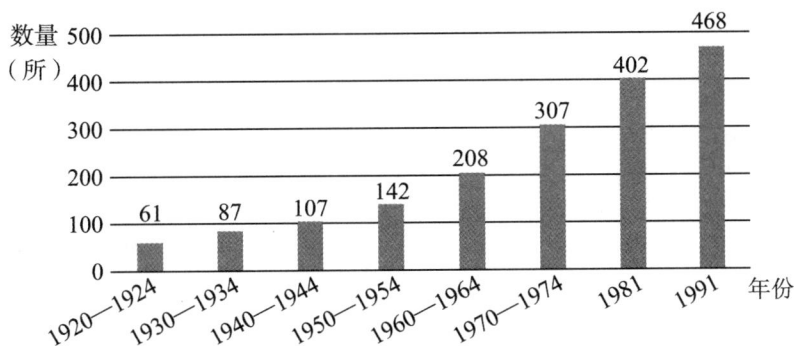

图3-15　美国学术型博士授予高校数量变化图（1920—2000）①

由此可见，在美国"卡内基分类"和NCES的部分统计数据中，博士学位授予高校（doctorate-granting institutions）的统计口径和涵盖范围，并不等同于中国博士学位授予单位的范畴。我国只看有无博士授予权，而"卡内基分类"还与高校每年授予博士学位的学科数量及学位规模密切相关。如果用这两组数据进行直接比较，就可能得出错误结论。实际上，NCES的统计数据中，有一个统计指标，即授予博士学位的高校（institutions awarding doctor's degrees）与我国博士学位授予单位的概念相近。1999—

① NETTLES M. T., MILLETT C. M.: *Three Magic Letters Getting to Ph.D.*, The Johns Hopkins University Press, 2006.

2000学年，美国有该类高校535所[1]，占到当年获得认证[2]高校总量的13.10%，二者均为一些国内文献给出数据的两倍。同时，上述数据也略高于Nettles和Millett给出的学术型博士授予高校（528所）的数量。

**（二）2005版"卡内基高等教育机构分类"**

新版在分类方法和标准上作了调整。在方法上，首先对开展研究生教育的高校进行了单独分类；在标准上，适度考虑了部分授予博士学位数量较少及单一学科领域的高校。

按照新的分类方法，美国有博士学位授予高校（doctorate-granting institutions）409所。[3]因此，即使采用卡内基的分类数据，关于美国只有200多所高校能够授予博士学位的数据也早已过时。需要注意的是，卡内基2000与2005两个版本中数量的差异，部分是由于分类方法和标准的变动，而不是在5年内美国授予博士学位高校的数量实际上增加了140多所。

同样，也不能以此认为美国只有409所高校授予博士学位，因为2005版"卡内基高等教育机构分类"仍然有一些条件要求，一些授予博士学位的高校还是被排除在外。根据NCES的数据，2004—2005学年，美国授予博士学位的高校（institutions awarding doctor's degrees）有596所，占到当年获得认证高校总量的14.14%，分别比5年前增加了61所且提高了1个百分点。

**（三）NCES的新统计口径**

NCES自2008—2009学年开始，重新界定博士学位的类别和划分办法，在《2011年教育统计摘要》中开始采用新的统计口径，并对一些历史数据

---

① National Center for Education Statistics: *Digest of Education Statistics 2001*, U.S. Department of Education, 2002: 290, 321.

② 如无专门说明，本节关于美国博士教育的数据均来自美国国家教育统计中心（National Center for Education Statistics，NCES）的《教育统计摘要》（*Digest of Education Statistics*）历年的电子版，https://nces.ed.gov/programs/digest/。

③ 张玉岩、张炜：《美国2005版卡内基研究生教育分类体系的变化及其影响分析》，载《学位与研究生教育》2006年第8期。

作了调整和修正。

按照NCES新的统计口径，博士学位（doctor's degree）分为三类：学术型（research/scholarship）、专业型（professional practice）和其他博士学位（other doctor's degrees）：

学术型博士学位是哲学博士（Ph.D.）或完成了其他高于硕士水平高级工作的博士学位，要求基于独创性研究准备和答辩博士论文，或者策划和实施独创性研究项目来证明自己拥有艺术的或学术的实质性成就。根据博士学位授予高校的学科设置，学术型博士学位还可能包括下列或其他一些学位，如教育学博士学位（Ed.D.）、音乐学博士学位（D.M.A.）、工商管理博士学位（D.B.A.）、理学博士学位（D.Sc.）、文学博士学位（D.A.）或医学博士学位（D.M.）。

专业型博士学位授予那些完成了专业培养计划的学生，该计划提供知识和技能教育，以满足从事一些专业岗位的许可、资格或证书的要求。该学位要求的学习时间包括专业前学习和专业学习，相当于全日制6学年。此类博士学位中的一些学位过去曾归类为第一级专业学位。

其他博士学位包括不能满足上述学术型博士学位或专业型博士学位定义的博士学位。

2008—2009学年授予的博士学位，按照此前沿用的统计口径，在《2010年教育统计摘要》中为67 716个，但按照新的统计口径，《2011年教育统计摘要》中及以后历年的统计数据就变为154 425个，是原来数据的2.28倍。

## 二、美国博士学位授予高校的特征

如上所述，按照新的统计口径，美国授予博士学位的数量翻了一番还要多，"进一步凸显了中美在博士总体规模上的差距"[①]。同时，博士学位

---

① 牛梦虎：《重识美国博士学位授予规模——基于三种发展轨迹的分析》，载《中国高教研究》2015年第8期。

授予高校的数据亦发生了改变。

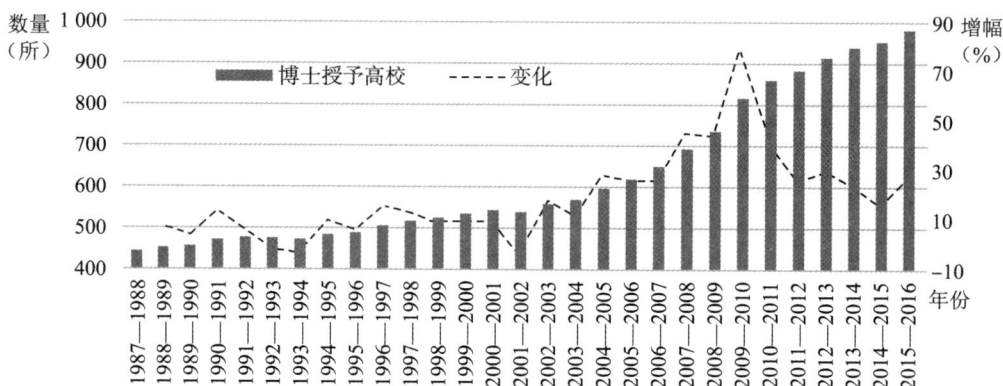

注：1992—1993学年、1998—1999学年为上一学年、下一学年的数据插值计算。

图3-16　美国博士学位授予高校数量变化图

**（一）高校数量**

尽管NCES对于博士学位授予高校的数量，在新口径下没有进行回溯调整，但通过相邻学年的数据，可以进行纵向比较。2009—2010学年，新口径下博士学位授予高校817所，比上一学年的老口径增加了80所，增幅为近40年中最高的。（见图3-16）这既有该学年授予博士学位高校的实际增加，也有统计口径调整的结果，即一些仅授予第一级专业学位的高校开始被统计在内。

2015—2016学年，美国博士学位授予高校达981所，如果不考虑统计口径变化的因素，与1987—1988学年相比翻了一番还要多，年均增加19.11所。其间，除3年之外，都是逐年增加，但增速波动明显。在1988—1989学年至1993—1994学年期间增速较慢，年均增加6.64所；而在2004—2005学年至2008—2009学年期间增速较快，年均增加33.80所，二者相差5.10倍。采用新统计口径后，2010—2011学年至2015—2016学年，博士学位授予高校增加了164所，年均增加27.33所。

**（二）高校类型**

2009—2010学年，新口径下博士学位授予高校中，公立高校比上一学年增加了13所，而私立高校增加了67所，这可能与一些单一授予专业博士学位的高校纳入统计范围有关。同时，新口径对于博士学位授予高校中营利性私立高校的数量开始单独统计，2009—2010学年有37所，占到博士学位授予高校总量的4.53%；2015—2016学年，该比例又提高了2.30个百分点。在此期间，营利性私立高校授予博士学位的数量年均递增10.40%，而公立高校与非营利私立高校年均增长都不到3%，其中缘由有待进一步研究。

美国博士学位授予高校中，私立高校的比例一直较大，并呈现出不断扩大的趋势，1987—1988学年占54.04%，2015—2016学年提高到65.55%。2009—2010学年至2015—2016学年，博士学位授予高校中，公立高校增加了48所，非营利私立高校增加了86所，营利性私立高校增加了30所，分别达到338所、576所和67所。

2015—2016学年，美国4 583所获得认证的高校中，有2 759所高校授予副学士学位（占60.20%）、2 447所授予学士学位（占53.39%）、1 920所授予硕士学位（占41.89%）、981所授予博士学位（占21.41%）。与2009—2010学年同口径相比，副学士学位授予高校占比下降2.96个百分点，其他三类高校依次提高了0.07个百分点、1.33个百分点和3.23个百分点。

因此，美国平均每5所高校中就有2所能够授予硕士学位、有1所能够授予博士学位。同时，该学年有4年制本科高校3 004所，其中每3所高校就有2所可以授予硕士学位、1所可以授予博士学位。

### （三）高校规模

美国学术博士授予高校的规模差异较大。（见表3-6）2000年，尽管授予学术型博士学位超过百人的高校仅占四分之一，但授予了四分之三以上的学术型博士学位，是美国学术型博士教育的主要承担者。

表3-6　美国不同规模学术型博士学位授予高校授予学位数量分类（2000年）

| 授予规模 | 高校数（所） | 授予博士学位数量（个） | 占比（%） |
| --- | --- | --- | --- |
| 1～10 | 155 | 722 | 1.61 |
| 11～20 | 73 | 1 080 | 2.41 |

（续表）

| 授予规模 | 高校数（所） | 授予博士学位数量（个） | 占比（%） |
|---|---|---|---|
| 21～30 | 43 | 1 087 | 2.43 |
| 31～50 | 54 | 2 087 | 4.66 |
| 51～100 | 70 | 4 920 | 10.98 |
| >100 | 133 | 34 922 | 77.92 |
| 合计 | 528 | 44 818 | 100.00 |

2015—2016学年，美国授予博士学位数量排前60位的高校中，授予博士学位700个以下的有4所，700～800个的有15所，有27所高校授予博士学位超过1 000个。

相比较，公立高校的校均博士学位授予的扩张速度高于私立高校。[1]这样一种变化趋势在新的统计口径下依然持续，使得公立高校与私立高校的校均授予学术型博士学位数量差距进一步拉大。2009—2010学年至2015—2016学年，博士学位授予高校中公立高校占比进一步降低，而在此期间公立高校授予博士学位的数量反超私立高校，使得公立高校与私立高校之间在校均授予博士学位数量方面的差距进一步拉大。

在新口径下，2009—2010学年，美国博士学位授予高校的校均授予博士学位为194.11个。其中，公立高校校均授予博士学位271.74个，非营利私立高校校均153.41个，营利性私立高校校均124.68个。因此，尽管该学年授予博士学位的公立高校数仅占三分之一，但授予博士学位的人数却占到近一半。2015—2016学年，校均授予博士学位下降到181.31个，三类高校的校均规模均有所下降，但公立高校下降幅度较小。同时，下降的原因并非授予博士学位的总量减少，而是新增博士学位授权高校的速度高于授予博士学位的增速。

---

① 赵世奎、沈文钦：《中美博士教育规模扩张的比较分析——基于20世纪60年代以来博士教育发展的数据分析》，载《教育研究》2014年第1期。

**（四）高校学科**

2014—2015学年，在NCES公布的授予博士学位的29个学科领域中，有17个学科领域的博士学位授予高校都超过百所。（见表3-7）

自然科学和新兴交叉学科领域的博士学位授予高校中，公立高校占绝大多数。另外，社会科学领域的博士学位授予高校，也以公立高校为主。在健康与相关专业、法律专业与研究、哲学与宗教研究等传统专业学科领域，非营利私立高校较多，神学与宗教职业学科的博士学位授予高校几乎都集中在非营利私立高校。营利性私立高校的学科领域比较有限，除计算机与信息科学学科之外，较少涉及自然科学技术领域，主要集中于部分社会科学的学科领域。

这样一种学科领域布局，人才市场需求和办学投入产出比可能是重要考量。

表3-7　美国博士学位授予高校的主要学科分布（2014—2015学年）

| 学科分类 | 公立高校（个） | 非营利私立高校（个） | 营利性私立高校（个） | 合计（个） |
|---|---|---|---|---|
| 总计 | 332 | 560 | 62 | 954 |
| 健康与相关专业 | 236 | 262 | 25 | 523 |
| 教育 | 227 | 158 | 29 | 414 |
| 心理学 | 163 | 141 | 29 | 333 |
| 生物和生物医学 | 183 | 82 | 0 | 265 |
| 物理科学与科学技术 | 152 | 64 | 0 | 216 |
| 工学 | 154 | 60 | 0 | 214 |
| 法律专业与研究 | 86 | 118 | 10 | 214 |
| 社会科学与历史 | 136 | 59 | 1 | 196 |
| 数学与统计 | 122 | 51 | 0 | 173 |
| 计算机与信息科学 | 116 | 52 | 3 | 171 |
| 神学与宗教职业 | 0 | 157 | 1 | 158 |
| 英语语言与文学 | 105 | 48 | 0 | 153 |

| 学科分类 | 公立高校（个） | 非营利私立高校（个） | 营利性私立高校（个） | 合计（个） |
|---|---|---|---|---|
| 公共管理和社会服务 | 82 | 40 | 2 | 124 |
| 哲学与宗教研究 | 55 | 61 | 1 | 117 |
| 多学科/交叉学科 | 84 | 32 | 0 | 116 |
| 视觉与表演艺术 | 74 | 35 | 1 | 110 |
| 农业与自然资源 | 96 | 7 | 0 | 103 |

近年来，美国国内关于科学、技术、工程和数学（STEM）高层次人才培养的讨论热烈，有观点认为这会影响其国家安全和全球竞争力。一方面，STEM人才供不应求；另一方面，有的私立高校又不太愿意开办相关学科专业，加之有的美国学生还不愿学这些学科专业，使得数量有限的毕业生中外国留学生占有较大的比例。如2015—2016学年，美国授予工学博士10 209个，其中55.97%授予非美国公民。这又反过来会影响美国高校在STEM领域培养博士的决策。

### 三、比较与启示

关于我国博士研究生教育的数据统计和情况调研，教育部《教育统计数据》中有一些资料。教育部学位与研究生教育发展中心做了大量工作，特别是在纪念学位制度实施30年之际公布了一批数据。王战军教授主持每年发布《中国研究生教育质量年度报告》《中国研究生教育研究进展报告》，数据资料比较翔实，对于开展比较研究很有帮助。

#### （一）比较

1. 授权单位

1990年、2000年和2009年，我国博士授予高校的数量分别为199所、216所和291所，加上科研院所和党校，博士授予单位的数量分别为248个、

303个和347个。①因此，我国博士授予单位的数量远远低于美国同期水平。即使不考虑第一级专业学位的因素，1990年，我国博士学位授予单位数仅为美国的54.15%，2009年下降到不及美国的一半。（见图3-17）此后，我国博士学位授予单位数量变化不大，而美国又增加了244个，增幅达到33.11%，两国间的差距进一步拉大。

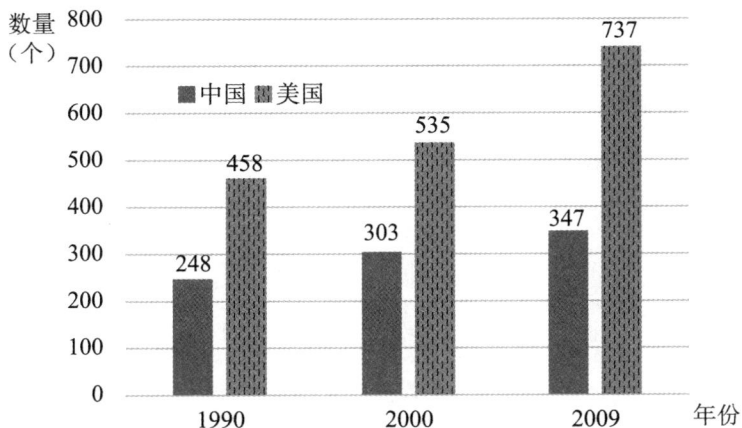

图3-17 中美两国授予博士学位单位数量比较图

2016年，我国共有研究生培养单位793个（其中一半以上可能没有博士授予权），其中普通高校576个、科研机构217个②，二者合计比美国同年博士授予高校的数量还要少183个，仅是美国硕士授予高校数量的41.30%。

从博士授权单位占比看，2009年我国普通高校2 305所，其中博士授予高校占到12.62%，即使加上科研院所和党校，占比也只有14.70%，低于同年美国学术型博士学位授予高校的占比2个百分点。近年来，伴随美国博士学位授予高校的占比超过五分之一，两国间的差距还在不断拉大。

---

① 教育部学位与研究生教育发展中心：《中国学位三十年》，http://www.chinadegrees.cn。

② 如无专门说明，本节关于中国博士教育的数据均来自教育部《教育统计数据》电子版，http://www.moe.gov.cn/s78/A03。

### 2. 校均规模

1990—2009年，我国博士授予单位的数量仅增加了99个，但授予博士学位的数量增长了22.37倍，平均每个授权单位授予博士学位的数量从8.58个增加到143.22个，增长了15.69倍，证实了关于我国博士研究生教育规模增长"首先也是依靠校均规模的扩大，其次才是博士授予单位的增加"[①]的判断，这也与我国高校扩招的路径相似[②]。

同期，美国学术型博士学位授予高校的数量增加了60.92%，而授予学术型博士学位的数量增加了76.48%，校均授予博士学位的数量增幅为9.67%。2009—2010学年，新口径下，美国校均授予博士学位194.11个，校均规模高于我国。

2015年，我国有9所高校的博士毕业生超过千人[③]，北京大学列第10，为983人[④]，前10所大学校均博士毕业生1 134人，相当于美国同期的69.46%。但与此同时，上述10所高校占到我国博士毕业生总量的21.08%，而同期美国授予博士学位最多的10所大学仅占9.14%，说明我国的博士教育集中度较高，进一步凸显了我国博士研究生教育规模与结构的矛盾。

### 3. 民办教育

美国有一批私立高校历史较长、实力雄厚，担起了博士研究生教育的"半边天"。我国民办高等教育已经健康发展了30多年，应认真论证民办高校培养博士的现有"短板"和存在的问题，积极创造条件和做好准备。待符合标准时，建议在已经获得硕士授予权的民办高校开展试点培养博士，也可鼓励民办高校与现有博士学位授予单位联合共建博士点、联合培养博士生。

---

① 赵世奎、沈文钦：《中美博士教育规模扩张的比较分析——基于20世纪60年代以来博士教育发展的数据分析》，载《教育研究》2014年第1期。
② 潘懋元：《大众化阶段的精英教育》，载《高等教育研究》2003年第24卷第6期。
③ 对于没有查到的我国博士授予学位的数据，文中用博士毕业生的数据替代。
④ 王战军：《中国研究生教育质量年度报告（2016）》，中国科学技术出版社2016年版，第49页。

**（二）启示**

2019年两会期间，关于中美博士研究生教育比较的观点获得媒体报道。[①]笔者持续介绍和讨论美国博士研究生教育，主要是针对采用美国失真数据的观点提出不同意见，希望澄清有关事实，同时提出相关建议。

应深入开展比较教育研究。知己知彼，才能百战不殆，不能简单地以"我们不能学美国""不能一切都与美国相比"为由，就不去弄清楚两国教育的异同，反而给一些似是而非的说法提供了散布的空间，甚至给照搬照抄美国的主张留下了误导的依据。

应提升科学研究水平。加强定量研究，用数据说话已经得到很多文献的重视。但是，由于语言的差异，一个术语翻译为另一种语言后，未必语义就相同，应仔细查看术语的定义，切不可望文生义、生搬硬套。NCES统计数据中，"doctorate-granting institutions"与"institutions awarding doctor's degrees"翻译为中文，都可以是"博士学位授予高校"，但其定义却有很大差异，二者的数值相差巨大。如仅仅满足于根据字面翻译的中文词义进行讨论或理解，就可能出现误读、误解、误判、误导、误传、误信。

应提高辩证思维能力。一个国家博士研究生教育的规模，应根据自身的实际确定。我国需要多少所博士学位授予高校比较合适，应该根据中国国情认真加以论证研究，不能简单地以发达国家的数据作为依据，更何况有些文献提供的数据，其可信度也有待推敲。我国是世界上人口最多的国家，"有世界上最大规模的科技人才队伍"，已成为高等教育规模最大的国家。当前，我国高校教师中拥有博士学位的比例只有四分之一，不仅新进教师的学历不能完全保证，许多在校教师也要提高学历。同时，建设创新型国家，经济社会高质量发展对高层次人才提出巨大需求。建议不仅应保质保量，适度扩大博士授予单位的培养规模，提高校均水平；也应坚持标准、严格把关，适度新增博士学位授予高校的数量，优化高等教育区域布

---

[①] 高毅哲：《中国已成博士工厂？假的》，载《中国教育报》2019年3月6日。

局和均衡发展。[①]

加快教育现代化，实现内涵式发展，博士研究生教育不能成为"短板"。应按照国家安排部署，遵循教育规律，坚定"四个自信"和中国特色，扩大改革开放，坚持在适度扩大博士研究生招生规模和学位授予单位数量的同时，加快发展博士专业学位研究生教育，以优化结构。同时，要下真功夫、花大气力提高博士研究生的培养质量和效益，把好"入口关"和"出口关"，严格规范培养过程，使优质博士研究生教育成为高等教育强国的重要组成部分，为增强我国教育总体实力和国际影响力作贡献。

（原载于《中国高教研究》2019年第5期，有删改。）

# 第六节　美国专业博士生教育的演变与比较

《加快推进教育现代化实施方案（2018—2022年）》指出，要"提升研究生教育水平，完善产教融合的专业学位研究生培养模式、科教融合的学术学位研究生培养模式"。这是新时代我国研究生教育的新要求，也是博士生教育高质量内涵式发展的重要举措。"专业博士学位的扩张是研究生教育领域一个重要的全球性现象"[②]，对于美国专业博士生教育，有必要进一步梳理其演变过程，厘清发展现状，开展相关比较。

---

① 张炜：《推进高教区域均衡发展》，载《光明日报》2019年3月14日。
② 王世岳、沈文钦：《教育政策的跨国学习：以专业博士学位为例》，载《复旦教育论坛》2018年第16卷第4期。

## 一、背景

### （一）演变

专业教育的历史悠久，最早的学位就是专业学位。[①]欧洲中世纪大学的博士学位"具有现代专业博士学位的某些特征（职业性）"[②]，美国早期的研究生教育也"没有完全摆脱中世纪以来重视法、医、神、文四科的影响"[③]。

19世纪初，伴随德国的大学改革，科学研究成为大学的新职能，博士生教育走上了学术型发展的新路。美国现代意义的博士生教育，学习借鉴了德国重视科学探究和倡导教师做科研的模式，但也并非简单地复制和照搬。19世纪中期，约翰·霍普金斯大学创立了以研究为导向的博士学位以及资助博士生的奖学金制度，哈佛大学等也都兴办研究生院[④]，哲学博士学位（Ph.D.）逐渐成为"一种通用性研究学位，获得者不分学科和专业"[⑤]。

伴随工业革命的兴起，应用技术学科专业不断增加，美国兴建了一大批实用技术学院，赠地学院更是回应了对培养应用型人才和服务社会的强烈需求，许多应用学科都设置了哲学博士学位。20世纪20年代，康奈尔大学已有49个学科专业授予哲学博士学位。[⑥]

但是，学术型博士生教育过于强调理论研究，难以完全满足经济社会快速发展的需要，哈佛大学于1920年首设教育博士学位（Ed.D.），主要培

[①] 王沛民：《研究和开发"专业学位"刍议》，载《高等教育研究》1999年第2期。

[②] 邓光平：《国外专业博士学位的历史发展及启示》，载《比较教育研究》2004年第10期。

[③] 陈庆华、沈跃进：《美国研究生教育的历史研究（上）》，载《学位与研究生教育》1993年第1期。

[④] 徐晓云：《美国的哲学博士及其它博士（上）》，载《外国教育资料》1993年第2期。

[⑤] 顾建民、王沛民：《美国工程博士及其培养的研究》，载《上海高教研究》1993年第4期。

[⑥] 陈庆华、沈跃进：《美国研究生教育的历史研究（上）》，载《学位与研究生教育》1993年第1期。

养面向实际工作岗位的"学校管理人员、政府教育部门管理人员和政策研究人员"①，1930年又设立了工商管理博士学位（D.B.A.）。1967年，底特律大学实施工程博士教育，以培养从事开发、设计和技术管理的工程博士②，美国成为"现代专业博士学位的发源地"③。

同时，第一级专业学位在美国高等教育中的地位和作用不断强化。1870—1970年，FPD一直纳入学士学位的统计范围。此后，FPD的数据又单独予以统计。从2011年开始，FPD中法律、医疗领域的学位全部并入博士学位，而部分神学领域的学位并入硕士学位。④

**（二）概念**

汉语中"专业"一词，包含两层意思：一是知识分类和学业门类，是高等教育的基本单位，不同专业使得高校中"不同系科的培养目标和课程设置"⑤有所不同，对应的英文有discipline、special field of study、specialized subject等；二是具有知识修养的专门职业，强调职业的专长、特点和专门性，对应的英文为profession、specialized trade、special line等。专业学位中的"专业"一词更偏重后面一个意思，与职业的关系密切，但又不等同于职业，要求从业者必须具备胜任职业所需且要通过一定专业教育才能获得的知识和技术，是社会劳动进一步分化的结果。⑥美国教育协会1948年规定，一种职业要成为专业，需要符合8条标准。⑦

---

① 张应强：《关于设置教育博士专业学位的政策建议》，载《现代大学教育》2003年第1期。

② 顾建民、王沛民：《美国工程博士及其培养的研究》，载《上海高教研究》1993年第4期。

③ 张建功、张振刚：《美国专业学位研究生教育的学位结构及启示》，载《高等教育研究》2008年第29卷第7期。

④ 张炜：《美国研究生统计标准调整与中美比较分析》，载《学位与研究生教育》2019年第8期。

⑤ 周川：《"专业"散论》，载《高等教育研究》1992年第1期。

⑥ 别敦荣、赵映川、闰建璋：《专业学位概念释义及其定位》，载《高等教育研究》2009年第6期。

⑦ 石中英：《论专业学位教育的专业性》，载《学位与研究生教育》2007年第1期。

授予专业学位主要衡量学位获得者在特定职业领域的学术水平和实践能力，是"某些特定社会职业从业者必须具备的教育经历"，也是一些职业资格认证的重要依据。[①]在不同国家、不同学科之间，专业学位的设置和标准有一定差异。[②]

NCES在《2010年教育统计摘要》中，关于博士学位（doctor's degree）的定义，明确哲学博士学位（Ph.D.）是学术学位（academic degree）中的最高层次，要求其获得者精通一个知识领域及具有从事学术研究的能力。博士学位也授予在一些专业领域完成了专门要求（specialized requirements）的人们，但强调FPD不包含在博士范畴之内。

从《2011年教育统计摘要》开始，NCES更新了博士学位的定义，具体分为三种类型，即学术（research/scholarship）博士学位、专业（professional practice）博士学位以及其他（other）博士学位。

上述变化，体现了对专业博士生教育的态度和政策更加积极，美国的"专业博士学位被分成两种类型"[③]，一种是实践型的专业博士学位，主要是原来的FPD；另一种是研究型的专业博士学位，如教育博士学位等。但在NCES的统计数据中，后者还难以从学术型博士中区分出来。

## 二、规模与培养

### （一）规模变化

依据NCES《2010年教育统计摘要》的数据，1970—2009年，美国累计授予FPD 287.12万个，是博士学位的1.77倍。但是，在《2011年教育统计摘要》的新口径下，1970—2009年，累计授予博士学位425.75万个，可以推算出共

① 别敦荣、赵映川、闫建璋：《专业学位概念释义及其定位》，载《高等教育研究》2009年第6期。

② ［英］约翰·泰勒、庄丽君、喻濯珂等：《质量和标准：专业博士教育面临的挑战》，载《学位与研究生教育》2010年第10期。

③ 徐铁英：《美国专业博士教育：问题、论争与改革》，载《教育学术月刊》2010年第7期。

有263.41万个FPD计入了博士学位，占到61.87%。1971年以来FPD占比一直超过二分之一，1985年达到峰值时超过三分之二（67.31%）。（见图3-18）

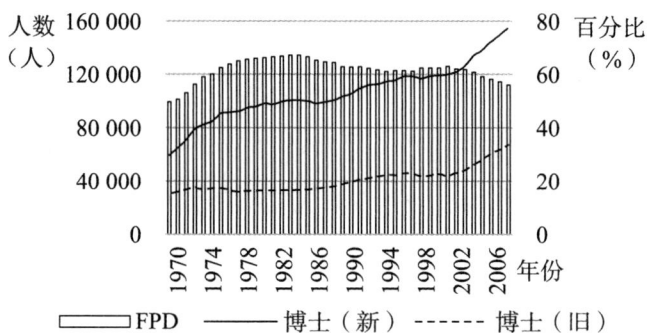

图3-18　美国博士学位人数及FPD占比示意图

2015—2016学年，原FPD各专业领域（professional fields）授予的学位数量见表3-8。除神学学位之外，共计89 190个，占到该学年授予博士学位总数的50.14%。

表3-8　2015—2016学年美国高校授予的专业学位及数量

| 学位名称 | 数量（个） | 学位名称 | 数量（个） |
|---|---|---|---|
| 法律博士学位（L.L.B.或J.D.） | 36 798 | 足科博士学位（Pod.D.或D.P.或D.P.M.） | 544 |
| 临床医学博士学位（M.D.） | 18 409 | 背脊推拿博士学位（D.C.或D.C.M.） | 2 418 |
| 眼科博士学位（O.D.） | 1 630 | 牙科博士学位（D.D.S.或D.M.D.） | 5 951 |
| 骨科博士学位（D.O.） | 5 466 | 神学学位（M. Div.，M.H.L./Rav.，B.D.，or Ord） | 5 950 |
| 药剂博士学位（Pharm.D.） | 14 734 | 其他 | 381 |
| 兽医博士学位（D.V.M.） | 2 859 | 合计 | 95 140 |

对此，美国的舆论批评呈现两极分化的态势，有的嘲笑博士的实践能力低下，指责高校在博士培养过程中，很少顾及培养对象的多样性需求，

未能使他们做好面对多种职业生涯的准备[①]；有的却谴责专业博士使博士的学术含量贬值、质量下滑，肆意贬低专业博士。应破解学术型博士路径依赖的制约，客观认识专业博士教育的培养定位与质量标准。

**（二）培养定位**

美国的专业教育与职业资格接轨，一些职业领域将专业博士学位作为执业许可的前置条件。例如，要成为合格的执业医师，必须在经过认证的医学院获得医学领域专业博士学位，并通过美国医师执照考试；要当律师，则必须在经过认证的高校获得法律领域专业博士学位，并通过拟执业州的律师资格考试。[②]

与此同时，由于定位不够清晰，1930—1940年，美国有50%的教育博士学位获得者选择了大学的教学科研工作；而在教育学哲学博士获得者中，又有46%选择了从事教育实践工作[③]，学术型博士与专业型博士的就业出现交叉。有的学术型博士就业选择的应用导向也在增强，20世纪末，35%～50%的学术型博士任职于商界、政府和非营利组织；而电子工程和生物化学的学术型博士想从事学术职业的比例只有19%和32%[④]，这对学术型博士的培养目标和过程提出了挑战。另外，研究型大学本科教育中通识教育的强化，使得"4年时间难以完成工程师的基本训练"[⑤]，对工程专业博士生教育提出了新要求。

但是，研究生教育整体的保守性使得一些高校及其教授对于外部变化

---

① ［美］莱纳德·卡苏托著，荣利颖译：《研究生院之道》，北京理工大学出版社2017年版，第2—10页。

② 黄宝印、陈艳艳：《美国第一职业学位的培养模式及特点》，载《中国高等教育》2007年第11期。

③ 邓涛、孔凡琴：《美国教育博士（Ed.D.）专业学位教育的问题与改革论争》，载《比较教育研究》2009年第4期。

④ ［美］罗纳德·G.埃伦伯格，夏洛特·V.库沃：《博士生教育与未来的教师》，北京理工大学出版社2018年版，第89—99页。

⑤ 顾建民、王沛民：《美国工程教育改革新动向》，载《比较教育研究》1996年第6期。

熟视无睹，甚至"在某种意义上抗拒改变"①，有些学科至今仍然拒绝实施专业博士生教育。②因此，有文献批评一些大学的博士生教育，"在'人'这个层面出现了极大的问题"③。

博士生教育要认真思考"学生拿学位为了什么"，认真辨析每一个学生读博的目的，究竟是为了毕业后从事专门职业（career or vocation）做准备，还是为了继续探究科学知识和理解事物？④例如，培养未来医生的临床医学博士与培养医学研究和医学学术的科学家的医学博士，二者在培养目标、招生要求、课程体系、教学模式、师资构成、学位授予等方面的定位理应有所不同⑤，不能一概而论、混为一谈。

### （三）质量标准

博士生教育的质量一直是美国社会各界关注的热点，关于"博士学位获得者数量过多会导致博士生教育质量下降"的质疑200多年来从未停止。20世纪后期，尽管采取了一系列有效措施，"卡内基博士生教育创新计划"（CID）的调查结果也显示，各种措施"促进了美国博士生教育的进步"，但参与CID的学科整体上都流露出对本学科未来博士生教育的担忧。⑥

难道历史上的博士培养质量就比现在高？似乎并没有可靠证据使人信服。相反，美国对于博士生的质量标准是不断提高的。1876年，约翰·霍普金斯大学规定，本科毕业后攻读博士的"学习期限"只需两年，学位

---

① ［美］莱纳德·卡苏托著，荣利颖译：《研究生院之道》，北京理工大学出版社2017年版，第2-10页。

② WALKER G. E., GOLDE C. M., JONES L., et al.: *The Formation of Scholars*, Jossey-Bass, 2008: 2, 27, 35.

③ ［美］莱纳德·卡苏托著，荣利颖译：《研究生院之道》，北京理工大学出版社2017年版，第2-10页。

④ WALKER G. E., GOLDE C. M., JONES L., et al.: *The Formation of Scholars*, Jossey-Bass, 2008: 2, 27, 35.

⑤ 张秀峰：《世界一流医学院医学博士专业学位人才培养模式探究——以美国哈佛大学医学院为例》，载《科教导刊（上旬刊）》2018年第28期。

⑥ ［美］乔治·E.沃克、克里斯·M.戈尔德、劳拉·琼斯等著，黄欢译：《学者养成：重思21世纪博士生教育》，北京理工大学出版社2018年版，第20-25页。

"论文的要求按目前标准"也不高，1881年才将学士后博士的学习时间确定为2~3年。[①]

对于应用学科与实用教育的蔑视，也导致了对专业教育质量的偏见。如同当年赠地学院兴办农学、工学本科教育遭到讥讽一样，教育博士被贬称为"低端的""删减版的"教育学哲学博士[②]，依然没有摆脱惯性思维和片面理解的束缚。

### 三、比较与启示

#### （一）统计口径

美国关于博士定义的几经变化，导致一些文献的观点产生分歧。[③]有文献指出，美国专业博士学位授予数量是学术型博士学位的2倍[④]，60%左右的博士学位是FPD[⑤]；但也有文献依据NSF的数据进行分析，认为美国2016年授予专业博士学位仅"占博士学位授予人数的1.88%"，并以此判定"我国专业博士学位授予规模已超出美国"[⑥]。但正如牛梦虎指出，NSF数据仅为"研究型博士学位获得者"的数据。[⑦]因此，使用NSF的数据，不仅会低估美国

① 徐晓云：《美国的哲学博士及其它博士（上）》，载《外国教育资料》1993年第2期。

② 张炜：《大学理念的演变与回归》，载《中国高教研究》2015年第5期。

③ ［美］乔治·E.沃克、克里斯·M.戈尔德、劳拉·琼斯等著，黄欢译：《学者养成：重思21世纪博士生教育》，北京理工大学出版社2018年版，第20-25页。

④ 李云鹏：《百年来美国博士教育的转型发展及其启示》，载《高等工程教育研究》2018年第4期。

⑤ 胡莉芳：《美国专业学位研究生教育规模变迁研究（1971—2012年）》，载《中国高教研究》2016年第2期。

⑥ 吴敏、姚云：《美国专业博士学位的学科与规模特点研究》，载《学位与研究生教育》2018年第8期。

⑦ 牛梦虎：《重识美国博士学位授予规模——基于三种发展轨迹的分析》，载《中国高教研究》2015年第8期。

博士生的整体规模①，也会误判其专业博士的状况，对此另文专门讨论。

2002年，我国《关于加强和改进专业学位教育工作的若干意见》指出，"专业学位，或称职业学位，是相对于学术性学位而言的学位类型，培养适应社会特定职业或岗位的实际工作需要的应用型高层次专门人才"。别敦荣指出，专业学位获得者应具备从业的基本条件，能够运用专业领域已有的理论、知识和技术有效地从事专业工作，合理地解决专业问题。②因此，我国专业博士的统计范围与美国NCES有所不同。与其老口径相比，我国专业博士中的教育博士、工程博士与美国的博士学位范围相近，而兽医博士、临床医学博士、口腔医学博士却更接近FPD；与其新口径相比，我国的教育博士、工程博士与美国的学术博士相近，而兽医博士、临床医学博士、口腔医学博士与美国的专业博士相近。可见，我国专业博士的统计范围大于美国。

**（二）规模比较**

1978年，我国恢复招收研究生，但并未区分学术学位与专业学位。1982年，我国授予首批博士学位，比美国晚了120多年；2009年，首批15所大学获批开展教育博士专业学位教育试点，比美国晚了近90年；2011年，批准设立工程博士专业学位教育③，比美国晚了40多年。

《国家中长期教育改革和发展规划纲要（2010—2020年）》明确提出要加快发展专业学位研究生教育，我国专业博士毕业生数量在2009—2018年的10年间翻了一番，（见图3-19）年均增长8.33%，而美国2007—2008学年至2015—2016学年，授予专业博士学位年均递增仅0.66%。

---

① 张炜：《关于引用美国高等教育数据的讨论——兼论中美高等教育比较与借鉴》，载《中国高教研究》2019年第10期。

② 别敦荣、赵映川、闰建璋：《专业学位概念释义及其定位》，载《高等教育研究》2009年第6期。

③ 张淑林、彭莉君、古继宝：《工程博士专业学位研究生教育质量保障体系的建构》，载《研究生教育研究》2012年第6期。

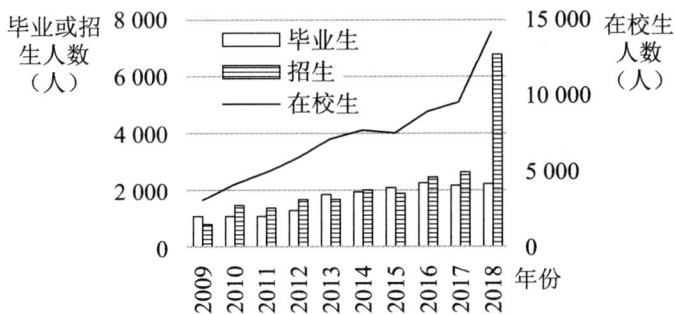

图3-19　中国专业博士生数据示意图

但是，我国专业博士毕业生的占比低、基数小，尽管2018年专业博士招生猛增到6 784人，是上年的2.51倍，但只是当年学术型博士招生量的7.65%。2016—2017学年，美国授予博士学位181 352个，同比是我国的3.20倍，而专业博士学位的差距还要大。从绝对规模看，2016年，我国专业博士毕业生2 311人①，只有美国2015—2016学年授予专业博士学位数量的2.65%。从相对规模看，我国专业博士学位毕业生仅占博士毕业生总数的4.20%，占比只有美国的十二分之一，特别是我国专业博士毕业生中有的还未获得博士学位，如果再考虑到美国的教育博士、工程博士等未计入专业博士的情况，同口径相比，两国间的差距还要更大。

2020年，我国有博士学位授予单位426个，占到硕士学位授予单位的55.91%；但2016年我国专业学位研究生教育培养单位中，博士授予单位仅79个。②而美国1955—1956学年就有131所高校授予法律专业博士、73所高校授予临床医学博士，2016—2017学年已分别增加到214所和131所。

**（三）定位与标准**

我国发展博士生教育，高校教师队伍建设是一个重要考量，30多年来也为此作出了贡献。2018年，我国拥有博士学位的普通高校专任教师已有43.38万人，是20年前的22.93倍，年均递增16.95%。但高校专任教师中博士

---

① 如无专门说明，本节关于中国博士教育的数据均来自教育部历年的《教育统计数据》电子版，http://www.moe.gov.cn/s78/A03/moe_560。

② 王顶明、杨佳乐、黄颖：《我国研究生教育结构的现状、问题与优化策略》，载《研究生教育研究》2019年第2期。

的比例仍然偏低，2018年普通高校为25.93%，成人高校仅3.87%。而我国博士毕业生的就业也发生了变化。1996年，77.7%的博士毕业生从事教学和科研工作，2003年下降为44.4%[①]，2011年为54.25%[②]。但基于对"学位"概念固有的学术属性的认识，[③]加之专业学位与职业任职资格之间的衔接不够紧密，国内对于专业博士生教育也有不少质疑。

我国《专业学位设置审批暂行办法》明确规定，专业学位与学术学位作为两种不同的学位类型，只有培养规格的侧重，并无层次的高低。但实际上，仍然存在戴着学术博士教育的"有色眼镜"看待专业博士教育的问题，在目标定位、培养过程和质量标准上"容易不自觉地"以学术学位为蓝本[④]，对于专业博士生教育的特色和优势认识不足。例如，医学专业学位教育的"学术化"和"同质化"，导致有的高校"医学专业学位教育照搬和套用医学学术学位教育"[⑤]。

**（四）启示**

专业博士生教育适应和满足了经济社会对于应用型高层次人才的需求，专业博士生教育得以与学术博士生教育并行发展，符合高等教育的逻辑规律，也符合科学技术的巴斯德象限模型，将纯基础研究与应用研究有机结合起来[⑥]，处理好学术逻辑与市场逻辑的关系[⑦]，着力提高专业博士生

---

① 李立国、詹宏毅：《中国博士生教育的增长速度与质量保障——中美比较的角度》，载《清华大学教育研究》2008年第29卷第5期。

② 沈文钦、王东芳、赵世奎：《博士就业的多元化趋势及其政策应对—— 一个跨国比较的分析》，载《教育学术月刊》2015年第2期。

③ 石中英：《论专业学位教育的专业性》，载《学位与研究生教育》2007年第1期。

④ 翟亚军、王战军：《我国专业学位教育主要问题辨识》，载《学位与研究生教育》2006年第5期。

⑤ 张秀峰：《世界一流医学院医学博士专业学位人才培养模式探究——以美国哈佛大学医学院为例》，载《科教导刊》2018年第28卷第10期上。

⑥ 张炜：《基础研究定义与经费的比较讨论》，载《中国科学基金》2019年第33卷第5期。

⑦ 何菲、朱志勇：《以学术为业还是以市场为业——博士生职业选择的变化、原因及启示》，载《研究生教育研究》2019年第3期。

教育的质量。

**1. 优化规模结构**

基于我国专业博士生教育的现状与需求，应继续适度扩大规模，进一步优化结构。应深刻反思临床医学博士的培养，深入研究开展公共卫生管理专业研究生教育的需求，也需要继续深化论证法律专业学位研究生培养的必要性与可行性。

**2. 规范培养标准**

依据规范的专业博士生培养标准，制定个性化的培养方案，改革课程体系、教学方式、实践培养、资格考试和学位授予各环节，明确培养单位和派出单位的责任，完善"双导师"机制和师资队伍，把引导博士生自我管理、自我发展放在培养方案的核心位置。[①]

**3. 加大产教融合力度**

在与校外联合培养单位深度合作的基础上，鼓励高校与行业优势单位联合招收培养一线优秀人才，加大行业及相关协会等社会力量参与培养过程的力度，建设专业博士研究生联合培养基地，促进专业学位与专业技术岗位任职资格的有机衔接。

**4. 健全评价体系**

构建涵盖培养全过程、全要素的立体多元评价体系[②]，既要完善对于专业博士生质量的监督管理，包括过程监控、论文要求和答辩程序，也要加强对于专业博士学位授权点和培养单位的评估，提升评价的针对性和有效性。

**5. 科学比较借鉴**

深化中外专业博士生教育比较研究，既要注意不同国家统计的标准差异与数据更新，在弄清真实情况的基础上合理借鉴，推动部分专业学位与

---

① 李云鹏：《知识生产模式转型与专业博士学位的代际嬗变》，载《高等教育研究》2011年第32卷第4期。
② 秦琳：《博士生教育改革的逻辑、目标与路向——知识生产转型的视角》，载《教育研究》2019年第10期。

国际职业资格认证有效衔接，也要立足中国实际，不断增强自信，防止照猫画虎，坚持正确方向和办学特色。

《关于高等学校加快"双一流"建设的指导意见》提出，扩大博士研究生规模，加快发展博士专业学位研究生教育。这已成为研究生教育乃至高等教育改革的创新之举，不仅激发了对"博士学位"内涵和要求的探究，也促进了对博士生教育的定位、内容、质量和标准多样性的深刻反思，影响着社会对于博士生教育认识的更新，有助于加快实现博士生教育规模、结构、质量、效益的高质量内涵式发展。

（原载于《研究生教育研究》2020年第3期，有删改。）

# 第七节　美国国家科学基金会关于博士学位的定义与数据

## ——解读、比较及预测

关于美国博士研究生教育，国内已有诸多文献讨论，但对于美国授予博士学位的数据存在差异。究其原因，除有的文献对NCES关于博士学位定义及其统计标准的调整关注不及时外，有的文献还不加界定地引用NSF各种类型的博士学位数据[①]。国家教育统计中心与国家科学基金会是美国博士研

---

[①] 张炜：《美国研究生统计标准调整与中美比较分析》，载《学位与研究生教育》2019年第8期。

究生教育的重要统计和数据发布机构，二者数据有时相互引用和印证，但近年来美国国家教育统计中心更关注博士研究生教育的整体情况，而美国国家科学基金会一直聚焦研究型博士，特别是科学与工程博士，二者统计口径有较大差异。有文献对美国国家科学基金会与美国国家教育统计中心的统计口径及数据进行了比较，但对于美国国家科学基金会仅着重于研究型博士学位的关注不够。[①]本节重点介绍和讨论美国国家科学基金会公布的几类博士学位定义及数据，与美国国家教育统计中心的数据进行对比，并与中国的相关数据进行比较及预测。

## 一、博士学位的定义与方法

### （一）定义与比较

美国国家科学基金会《科学与工程指标2020：科学与工程的高等教育》界定，博士学位指研究型博士学位（research doctorate），而美国国家教育统计中心的"中学后综合教育数据系统"（IPEDS）将其称为"研究／学术型博士学位（doctor's degree-research/scholarship）"，是"哲学博士学位（Ph.D.）或完成了其他高于硕士水平研究工作的博士学位（doctor's degree），要求基于原创性研究准备和答辩博士论文，或策划并实施一个原创性项目证明拥有丰富的艺术或学术成就。此类学位的范例还包括教育博士学位（Ed.D.）、音乐艺术博士学位（D.M.A）、工商管理博士学位（D.B.A）、理学博士学位（D.Sc.）、文学博士学位（D.A.）或医学博士学位（D.M.）等"[②]。

根据美国国家教育统计中心《2019年教育统计摘要》的定义，博士学位主要包含三种类型：研究/学术型博士学位（doctor's degree-research/

---

① 牛梦虎：《重识美国博士学位授予规模——基于三种发展轨迹的分析》，载《中国高教研究》2015年第8期。

② TRAPANI J., HALE K.: *Science and Engineering Indicators 2020: Higher Education in Science and Engineering*, https: //NCESs.nsf.gov/pubs/nsb20197: 1, 26, 52, 55.

scholarship）、专业实践博士学位（doctor's degree-professional practice）以及其他类型博士学位（doctor's degree-other）。其中，研究／学术型博士学位的定义与上述美国国家科学基金会的定义基本一致。①

可见，一是美国国家科学基金会的研究型博士学位并非博士学位的全部，而仅是美国国家教育统计中心定义的三种博士学位类型的第一种（研究／学术型博士学位）；二是美国国家科学基金会的研究型博士学位的定义基本采用美国国家教育统计中心关于研究／学术型博士学位的定义；三是美国国家科学基金会各种报告中，对研究型博士学位一般简称为博士学位，与我国的博士学位翻译成英文后的doctor's degree或doctoral degree相同，如果不认真辨析，就可能望文生义而出现问题。

**（二）博士学位类型与数据**

美国教育部国家科学基金会公布的博士学位类型，依据范围和规模从小到大依次为②：

自然科学（natural sciences，理学）领域的博士学位，包括农学（agricultural），生物学（biological），计算机科学（computer），地学、大气和海洋科学（earth，atmospheric and ocean），物理学和数学（physical sciences and mathematics）等学科专业。最新数据显示，2014年美国授予19 492个理学博士学位 。③

自然科学与工程（natural sciences and engineering，理工科）领域的博士学位，包括上述理学领域再加工学领域，2014年美国在该领域授予29 822个理工科博士学位。④对于"engineering"，国内较早有译为工程科学或工科

---

① National Center for Education Statistics（NCES）: *Digest of Education Statistics 2019*, https://nces.ed.gov/programs/digest: 314, 559, 576.

② National Science Board: *Science and Engineering Indicators 2018*, https://www.nsf.gov/statistics/indicators.

③ TRAPANI, J., HALE K.: *Science and Engineering Indicators 2020: Higher Education in Science and Engineering*, https://NCESs.nsf.gov/pubs/nsb20197: 1, 26, 52, 55.

④ National Science Board: *Science and Engineering Indicators 2018*, https://www.nsf.gov/statistics/indicators.

的①，工科博士的译法也还在用②，并提出要区分工学博士与工程博士③。本节参照比较流行的译法④将其译为"工程"，也与对美国国家科学基金会的译法一致。伴随大工业的发展，美国工程研究生教育发展迅速，但并没有选择医学院的专业培养模式，而是沿袭了研究生院的传统文理模式，主要培养学者与教师，授予科学硕士（M.S.）或哲学博士（Ph.D.）学位。1967年，底特律大学率先实行工程博士计划⑤，美国工程教育协会（American Society of Engineering Education，ASEE）的D.E.或D.Eng.（Doctor of Engineering）及Eng. Sc.D.（Doctor of Engineering Science）均是工程博士。但美国的工程博士学位与医学学科领域的专业型博士学位依然不同，后者已成为"从事临床医学专业工作的先决条件"，而工程博士学位并不是从事工程师职业工作的先决条件。⑥可能因为这个原因，美国国家教育统计中心一直将工程博士学位计入研究/学术型博士学位。同时，美国对工程博士的认识也经历了一个过程⑦，当公众在20世纪70年代理解了科学家需要博士学位的时候，依然弄不懂为什么工程教育也要授予博士、硕士、学士和副学士等学位⑧，可能一定程度上影响了美国公民攻读工程博士的意愿。

科学与工程（science and engineering，S&E）领域的博士学位，包括上

① 张光斗：《美国高等工程教育的近况与动向》，载《高等工程教育研究》1986年第4期。

② 韩雷：《中美工科研究生教育管见》，载《高等工程教育研究》1997年第4期。

③ 张海英：《工科院校应该以培养工程师为主——张光斗院士访谈录》，载《高等工程教育研究》2005年第3期。

④ 郭凯声：《美国工程博士学位增加而科学博士学位数下降》，载《世界研究与开发报导》1988年第3期。

⑤ 顾建民、王沛民：《美国工程博士及其培养的研究》，载《上海高教研究》1993年第4期。

⑥ 钟尚科、张卫刚、姚训等：《美国工程博士专业学位研究生教育的研究》，载《学位与研究生教育》2006年第8期。

⑦ 李云鹏：《百年来美国博士教育的转型发展及其启示》，载《高等工程教育研究》2018年第4期。

⑧ 李晓强、孔寒冰、王沛民：《建立新世纪的工程教育愿景——兼评美国"2020工程师"〈愿景报告〉》，载《高等工程教育研究》2006年第2期。

述理工科领域再加心理学（psychology）、社会科学（social sciences）、医学与健康科学（medical and health sciences）等学科。2000—2017年，美国授予科学与工程博士学位的数量从2.8万个增加到4.6万个，其中2014年为43 995个。美国国家科学基金会强调，博士层次医学和健康科学学科领域的学术型博士学位也归入科学与工程的范畴[1]，加之还有心理学、社会科学，美国国家科学基金会的"science and engineering doctorate"不可译为理工科博士；反之亦然[2]。《科学与工程指标2018》中用"research doctorate"（研究型博士学位）16次；而使用"S&E doctorate"（科学与工程博士）269次，并详细列出和分析了后者的各种调查数据。可见，美国国家科学基金会更侧重介绍和讨论科学与工程博士及其细分数据。[3]

研究型博士学位（research doctorate），包括科学与工程领域再加上非科学与工程（non-science and engineering，non-S&E）领域的博士学位，后者主要包括管理学（management and administration）、教育学（education）[4]、社会服务和相关学科领域（social services and related fields）、销售和市场营销学科（sales and marketing）、艺术和人文学科（arts and humanities）以及其他学科领域（other fields）[5]。2014年，美国授予研究型博士学位67 591个。[6]

根据美国国家科学基金会的数据，2000—2007年，美国累计授予研究型

---

① TRAPANI J., HALE K.: *Science and Engineering Indicators 2020: Higher Education in Science and Engineering*, https: //NCESs.nsf.gov/pubs/nsb20197: 1, 26, 52, 55.

② 李艳、马陆亭、赵世奎：《理工科博士学位获得者学术论文发表情况及影响因素分析》，载《高等工程教育研究》2015年第2期。

③ National Center for Science and Engineering Statistics（NCSES）: *Science and Engineering Degrees: 1966–2012*, http: //www.nsf.gov/statistics/2015.

④ 不包括科学与数学教师教育（except science and math teacher education）等。

⑤ National Science Board: *Science and Engineering Indicators 2018*, https: //www.nsf.gov/statistics/indicators.

⑥ National Science Board: *Science and Engineering Indicators 2016*, https: //www.nsf.gov/statistics/indicators.

博士学位39.91万个，（见表3-9）与NCES的老口径（NCSE$_1$）同期授予的博士学位数量（39.76万个）比较接近，二者每年的数值偏差也都在0.5%之内。

表3-9 NCES与NSF公布的博士数量及比较

| | 2000 | 2001 | 2002 | 2003 | 2004 | 2005 | 2006 | 2007 | 累计 |
|---|---|---|---|---|---|---|---|---|---|
| NSF（个） | 44 947 | 45 068 | 44 311 | 46 177 | 48 560 | 52 855 | 56 309 | 60 887 | 399 114 |
| NCES$_1$（个） | 44 808 | 44 904 | 44 160 | 46 042 | 48 378 | 52 631 | 56 067 | 60 616 | 397 606 |
| NCES$_2$（个） | 118 736 | 119 585 | 119 663 | 121 579 | 126 087 | 134 387 | 138 056 | 144 690 | 1 022 783 |
| NSF/NCES$_1$（%） | 100.31 | 100.37 | 100.34 | 100.29 | 100.38 | 100.43 | 100.43 | 100.45 | 100.38 |
| NSF/NCES$_2$（%） | 37.85 | 37.69 | 37.03 | 37.98 | 38.51 | 39.33 | 40.79 | 42.08 | 39.02 |

但美国国家教育统计中心的统计口径调整之后，以前大部分第一级专业学位（如临床医学博士、法律博士）归入专业实践博士。[①]美国国家科学基金会的2000—2007年研究型博士学位的数量之和，只有美国国家教育统计中心新口径博士学位总量（NCSE$_2$）累计授予博士学位总量的39.02%，且每年的数值差异也都很大，（见表3-9）其差值部分主要是美国国家教育统计中心新口径中包含的专业实践博士学位与其他博士学位。

**（三）博士调查方法与数据**

美国国家科学基金会关于博士的调查数据主要有两个来源，即博士学位获得者调查（Survey of Earned Doctorates，SED）、科学与工程研究生和博士后调查（Survey of Graduate Students and Postdoctorates in Science and Engineering，GSS）。

1957年开始，美国国家科学基金会每年都对博士学位获得者开展调查，该调查由其下属的美国国家科学与工程统计中心（National Center for Science and Engineering Statistics，NCSES）及其他5个政府机构支持开展。由博士学位授予高校的协调员给新的博士学位获得者分发调查表，调查问

---

① National Science Foundation（NSF）: *Survey of Doctorate Recipients 2019*, https://ncses.nsf.gov/pubs/nsf21320.

题包含性别、种族、婚姻、国籍、生理缺陷、家眷、博士学科专业、学历、完成博士学习时间、经费资助、教育贷款、博士后计划、父母教育程度等。①

2007年，科学与工程研究生和博士后调查的方法做了调整，使得当年的数据与此前的数据不具有严格的可比性。②2008—2010年，更严格地排除了实践型（practitioner—oriented）研究生培养机构，导致2008、2009、2010年的结果分别比上年下降2.04%、12.04%和10.87%。③2014年，美国国家科学基金会再次更新调查范围，新增151所研究生培养高校，去除了2所主要授予实践型学位的私立营利性高校，使得科学、工程及卫生健康领域的在学研究生人数增加了2.5%。④

2015年，54 886位研究型博士完成了调查，占调查问卷发放总量的92.1%⑤，可测算出调查样本为59 657个；但《科学与工程指标2018》的数据显示，2015年授予研究型博士学位69 115个，二者相差近1万个。另外，关于2015年美国授予科学与工程博士的学位数量，美国国家科学基金会不同的报告也有一些不同数据，如39 178个⑥、3.99万个⑦、41 175

① National Center for Education Statistics（NCES）: *Digest of Education Statistics 2019*, https: //nces.ed.gov/programs/digest.

② National Science Board: *Science and Engineering Indicators 2018*, https: //www.nsf.gov/statistics/indicators.

③ National Science Board: *Science and Engineering Indicators 2016*, https: //www.nsf.gov/statistics/indicators.

④ National Science Board: *Science and Engineering Indicators 2014*, https: //www.nsf.gov/statistics/indicators.

⑤ National Science Foundation（NSF）: *Survey of Doctorate Recipients 2019*, https: //ncses.nsf.gov/pubs/nsf21320.

⑥ National Science Board: *Science and Engineering Indicators 2018*, https: //www.nsf.gov/statistics/indicators.

⑦ TRAPANI J., HALE K.: *Science and Engineering Indicators 2020: Higher Education in Science and Engineering*, https: //NCESs.nsf.gov/pubs/nsb20197.

个<sup>①</sup>、44 521个<sup>②</sup>。

可见，博士学位获得者调查的数据可能存在差异，一是难以确保调查问卷发放给每一位研究型博士学位获得者，二是有些研究型博士学位获得者收到问卷后没有回复，三是调查的时间和方法不同，四是统计口径调整。因此，美国国家科学基金会的调查结果对于博士研究生教育的结构分析具有意义，但在做规模研究时要慎用。

**（四）国际比较的统计口径与数据**

美国国家科学基金会强调，世界各国教育系统的统计口径有很大不同，为了使不同国家间统计指标和数据具有可比性、透明性和一致性，多数国家依据联合国教科文组织（UNESCO）的国际教育分类标准（ISCED）收集和公布教育数据。UNESCO于20世纪70年代中期开发了首个国际教育分类标准，目前采用的版本是ISCED 2011，吸纳了欧洲"博洛尼亚进程"（Bologna Process）的教育层级，第三级教育（tertiary programs）分为4个层级，其中，5级包含短期第三级教育，6级包含学士或相当水平，7级包含硕士或相当水平，8级包含博士或相当水平。<sup>③</sup>

另外，联合国教科文组织还有"教育和培训学科领域国际教育分类标准"（ISCED-F）。《科学与工程指标2018》首次采用ISCED 2011和ISCED-F的标准收集和公布数据，关于博士学位的国际比较数据没有包括"其他卫生健康领域"的数据，因此明显小于美国国内高等教育的统计数据。<sup>④</sup>

美国国家科学基金会的报告认为，国际高等教育数据比过去有了更大

---

① National Center for Science and Engineering Statistics（NCSES）: *Doctorate Recipients from U.S. Universities*: 2019, https://ncses.nsf.gov/pubs.

② National Science Board: *Science and Engineering Indicators 2018*, https://www.nsf.gov/statistics/indicators.

③ National Science Board: *Science and Engineering Indicators 2018*, https://www.nsf.gov/statistics/indicators.

④ National Science Board: *Science and Engineering Indicators 2018*, https://www.nsf.gov/statistics/indicators.

程度的可比性，特别是中国从2009年开始根据OECD的定义和标准收集数据，ISCED-F也在中国得到应用。[①]

图3-20显示了世界上授予研究型博士学位数量在2014年超过2万个的5个国家（印度的数据不完整）的比较情况。1996年，中国授予研究型博士学位的数量仅4 950个，在5个国家中最少。[②]1996—2009年，中国授予研究型博士学位的数量增长很快，年均递增18.56%，2000年超过印度、2002年超过英国、2004年超过德国，但一直低于美国。此后，中国授予研究型博士学位的增幅显著下降，2010—2014年的年均增幅仅2.30%，低于英国（7.47%）、美国（4.17%）和德国（2.37%）的增幅。

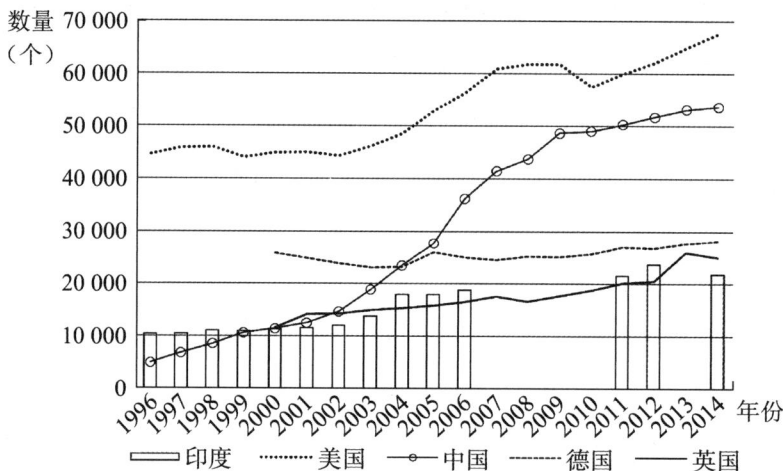

图3-20　授予研究型博士学位数量的五国比较图

同时，美国国家科学基金会报告指出，美国授予的科学与工程博士数量仍然位居世界第一。[③]2014年，全世界授予23万个科学与工程博士。其中，美国在所有国家中授予科学与工程博士最多，为39 834个，中国排在第

---

① National Science Board: *Science and Engineering Indicators 2018*, https: //www.nsf.gov/statistics/indicators.

② National Center for Education Statistics（NCES）: *Digest of Education Statistics 2001*, Washington DC U. S. Department of Education E D Pubs, 2002: 293.

③ TRAPANI J., HALE K.: *Science and Engineering Indicators 2020: Higher Education in Science and Engineering*, https: //NCESs.nsf.gov/pubs/nsb20197.

二，为34 103个，英国为14 721个，德国为14 625个，印度为13 144个。[①]

## 二、关于中美博士的数据及比较

国内一些文献引用美国国家科学基金会关于授予博士学位的数据，从1957年的不足1万上升到2003年的4万多[②]，1970—2004年从3万增长到近5万[③]，从1998年的42 638个到2008年的48 802个[④]以及2014年的54 070个[⑤]，都是研究型博士数据，仅占美国授予博士学位总量的一小部分，并非其授予博士学位的全部，不可直接拿来与中国公布的博士学位或博士毕业生的总量进行比较。即使是引用美国国家科学基金会关于某一类博士的中美比较数据，也应注意统计口径差异。

### （一）理学博士学位

根据美国国家科学基金会的数据，2014年中国授予理学博士学位10 922个，（见图3-21）是美国（16 599个）的65.80%。[⑥]但在美国国家科学基金会的数据中，中美两国关于理学博士的范围有所不同：一是与中国教育部的数据对比，美国国家科学基金会关于中国理学博士学位2014年的数量，只是中国教育部公布的当年理学（science）博士毕业生数量（10 922个）[⑦]，并没有包括农学博士毕业生（2 382人）；二是美国国家

---

① National Science Board: *Science and Engineering Indicators 2018*, https: //www.nsf. gov/statistics/indicators.

② 何逢春：《20世纪90年代以来美国博士教育的问题与改革》，载《高等教育研究》2005年第26卷第4期。

③ 赵世奎、沈文钦：《中美博士教育规模扩张的比较分析——基于20世纪60年代以来博士教育发展的数据分析》，载《教育研究》2014年第1期。

④ 黄宝晟、梁文平：《从美国博士学位授予情况看基础研究队伍状况》，载《中国基础科学》2010年第4期。

⑤ 沈红、徐志平：《过剩还是不足？我国博士生培养规模适切性分析》，载《研究生教育研究》2018年第6期。

⑥ National Science Board: *Science and Engineering Indicators 2018*, https: //www.nsf. gov/statistics/indicators.

⑦ 如无专门说明，本节我国教育部的数据均来自教育部历年的《教育统计数据》电子版http: //www. moe. gov. cn/s78/A03/moe__560/。

科学基金会的美国理学博士学位中，包括计算机科学博士（1 941个），而中国计算机领域的博士毕业生大多被纳入工学博士。如果将这两个因素考虑进去，2014年授予的理学（natural sciences）博士学位，中国应该为13 304个，为美国（14 658个）的90.76%。因此，中国授予理学博士学位的数量与美国的同口径差距要小于美国国家科学基金会列出的数据。

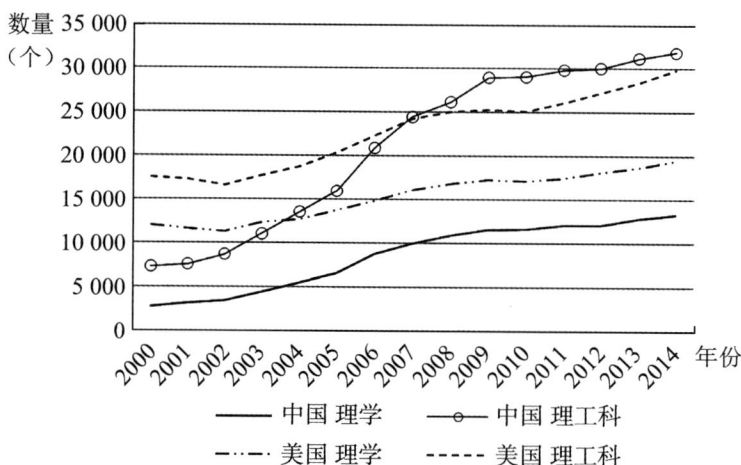

图3-21　中美理学博士、理工科博士学位授予数量比较图

## （二）理工科博士学位

美国国家科学基金会的报告指出，2007年中国已经超过美国，并成为世界上授予理工科博士学位最多的国家。需要注意的是，一是中国授予理工科博士学位的数量，从2000年只有美国的41.37%，到2007年反超美国，（见图3-21）发展迅速，为经济和社会培养了大批高层次人才；二是中国授予理工科博士学位数量高于美国，主要是因为中国授予工学博士学位的数量远高于美国。2014年，中国工学博士毕业生18 537人，而美国授予工程博士学位只有10 330个，即使加上计算机科学授予的1 941个博士学位，也只有中国的68.52%；三是2010年中国授予理工科博士学位的数量比美国高15.73%，但2014年仅比美国高6.77%；四是根据美国国家科学基金会的数据，2014年中

国授予理工科博士学位31 841个[①]，根据中国教育部的数据，同年理学、工学、农学学科博士毕业生合计31 661人，二者仅相差0.57%（180个）。

**（三）科学与工程博士学位**

美国国家科学基金会的数据显示，2014年中国授予科学与工程博士学位34 103个，为美国的77.52%，远高于2000年的27.87%，但比2010年降低了8.04个百分点。（见表3-10）根据中国教育部的数据，2014年我国理工科与经济学的博士毕业生之和为33 923人，比美国国家科学基金会的科学与工程博士学位少180个，差值与理工科博士学位相同。

表3-10 科学与工程博士、研究型博士学位的中美比较

| 年份<br>（年） | 中国（个） | | 美国（个） | | 科学与工程（%） | 研究型（%） |
|---|---|---|---|---|---|---|
| | 科学与工程 | 研究型 | 科学与工程 | 研究型 | 中国/美国 | 中国/美国 |
| 2000 | 7 766 | 11 383 | 27 862 | 44 947 | 27.87 | 25.33 |
| 2001 | 8 153 | 12 465 | 28 096 | 45 068 | 29.02 | 27.66 |
| 2002 | 9 523 | 14 638 | 27 588 | 44 311 | 34.52 | 33.03 |
| 2003 | 12 238 | 18 806 | 28 746 | 46 177 | 42.57 | 40.73 |
| 2004 | 14 858 | 23 446 | 30 979 | 48 560 | 47.96 | 48.28 |
| 2005 | 17 595 | 27 677 | 34 468 | 52 855 | 51.05 | 52.36 |
| 2006 | 22 953 | 36 247 | 37 541 | 56 309 | 61.14 | 64.37 |
| 2007 | 26 582 | 41 464 | 40 980 | 60 887 | 64.87 | 68.10 |
| 2008 | 28 439 | 43 759 | 41 480 | 61 716 | 68.56 | 70.90 |
| 2009 | 31 423 | 48 658 | 41 111 | 61 730 | 76.43 | 78.82 |
| 2010 | 31 410 | 48 987 | 36 711 | 57 405 | 85.56 | 85.34 |
| 2011 | 32 208 | 50 289 | 38 470 | 59 847 | 83.72 | 84.03 |
| 2012 | 32 331 | 51 713 | 39 828 | 62 071 | 81.18 | 83.31 |
| 2013 | 33 490 | 53 139 | 41 563 | 64 887 | 80.58 | 81.89 |
| 2014 | 34 103 | 53 653 | 43 995 | 67 591 | 77.52 | 79.38 |

[①] National Science Board: *Science and Engineering Indicators 2016*, https: //www.nsf.gov/statistics/indicators.

### （四）研究型博士学位

美国国家科学基金会的数据显示，2014年中国授予研究型博士学位53 653个，（见表3-10）为美国的79.38%，远高于2000年（25.33%），但低于2010年（85.34%）。

美国国家科学基金会对中国研究型博士学位的数据，1997—2001年与中国教育部公布的授予博士学位的数据一致；2002年开始，又与博士毕业生的人数一致。因此，美国国家科学基金会关于我国研究型博士学位的数据，1997—2001年与2002—2014年两段时间的统计口径不一致，使1997—2014年美国国家科学基金会的累计值（562 245个）高于中国在此期间授予博士学位总量（555 357个）的1.24%。（见表3-11）

表3-11　美国国家科学基金会与中国教育部关于中国授予博士学位的比较

| 年份 | NSF（个） | 中国博士学位（个） | 中国博士毕业生（个） | 年份 | NSF（个） | 中国博士学位（个） | 中国博士毕业生（个） |
|---|---|---|---|---|---|---|---|
| 1997 | 6 793 | 6 793 | 7 319 | 2006 | 36 247 | 35 628 | 36 247 |
| 1998 | 8 518 | 8 518 | 8 957 | 2007 | 41 464 | 43 047 | 41 464 |
| 1999 | 10 610 | 10 160 | 10 320 | 2008 | 43 759 | 45 745 | 43 759 |
| 2000 | 11 383 | 11 383 | 11 004 | 2009 | 48 658 | 46 616 | 48 658 |
| 2001 | 12 465 | 12 465 | 12 867 | 2010 | 48 987 | 47 407 | 48 987 |
| 2002 | 14 638 | 14 706 | 14 638 | 2011 | 50 289 | 48 551 | 50 289 |
| 2003 | 18 806 | 18 625 | 18 806 | 2012 | 51 713 | 50 399 | 51 713 |
| 2004 | 23 446 | 22 936 | 23 446 | 2013 | 53 139 | 51 714 | 53 139 |
| 2005 | 27 677 | 28 312 | 27 677 | 2014 | 53 653 | 52 352 | 53 653 |

### （五）专业学位的影响

美国国家教育统计中心定义，美国的专业实践博士学位（professional practice）授予那些完成了知识和技能专业教育的学生，以满足从事一些职业岗位的许可、资格或证书的要求。此类博士学位的一部分过去曾归类为第一级专业学位。美国国家教育统计中心1970年起单独统计专业学位，其数量从1971年起一直高于学术博士学位。[1]美国国家科学基金会强调，研究型博士学位不包括专业实践学位。

相比较，中国从2009年开始分列学术型博士毕业生与专业博士毕业生，但美国国家科学基金会的数据一直没有将专业博士毕业生从中国研究型博士学位的数量中扣除。2014年，我国专业博士毕业生1 978人，占到当年博士毕业生总量的3.69%。伴随中国专业博士研究生教育的快速发展，如果不考虑上述因素对比较方法进行调整，误差可能还会加大。

另外，美国国家科学基金会将教育、管理、工程等专业博士学位归入研究型博士学位，目前其专业博士学位主要集中在卫生健康、法律两个领域。而中国将教育、工程专业博士纳入专业博士学位的统计之中。2011年，25所高校试点开展工程博士专业学位研究生教育。[2]此后，中国教育部统计数据中，不仅有学术领域（Academic Field）的工学（Engineering）博士，还有工程（Engineering）专业博士。可见，中美两国专业博士的类型不同，不能简单类比，但中国专业博士规模偏小的问题仍需多加关注。[3]

美国国家科学基金会多个报告指出，中国研究生教育高速增长是政府大量投资高等教育的结果，特别是20世纪90年代启动的"211工程"和"985工程"，旨在建设世界一流大学，但2009年之后中国授予博士学位的增速减缓，因而美国依然是世界上授予博士学位数量最多的国家。[4]一方面，这显示出美国国家科学基金会对此还是很关注和在意的；另一方面，也显示他们有压力和危机感。

---

① National Center for Education Statistics（NCES）: *Digest of Education Statistics 2019*, https://nces.ed.gov/programs/digest.

② 钟尚科：《完善我国工程博士专业学位教育制度与措施之探讨》，载《高等工程教育研究》2013年第4期。

③ 张炜：《美国专业博士生教育的演变与比较》，载《研究生教育研究》2020年第3期。

④ National Science Board: *Science and Engineering Indicators 2016*, https://www.nsf.gov/statistics/indicators.

### 三、关于中美授予博士学位的规模预测

博士研究生教育规模预测有助于理清未来发展趋势，合理确定发展目标和政策要求，科学开展横向比较。美国科学促进会会长阿特金森指出，预测未来始终比回顾过去更无把握、更危险。[①]特罗先生也指出，由于人口波动、经济变化等因素的影响，很多关于高等教育规模的预测都是错的。[②]美国博士研究生教育已进入稳定发展阶段，近年来规模变化波动不大，加之美国国家教育统计中心每年都公布未来10年授予博士学位的预测数据[③]，对美国博士学位规模进行预测的难度相对较小。2017年以来，中国博士招生数量再次显著增加，增加了预测难度。本节就此作粗浅的探索，侧重于对中美两国博士教育规模的短期趋势提供参考。

#### （一）科学与工程博士

通过2000—2015年美国国家科学基金会公布的美国授予科学与工程博士学位的累计值[④]、美国国家教育统计中心公布的授予博士学位总量的累计值，可以计算出在此期间，前者占到后者的24.84%。同时，美国国家教育统计中心预测2023年美国授予博士学位人数为187 000人。[⑤]据此，可以测算出2023年美国授予科学与工程博士学位将达到46 451个。（见图3-22）

2015—2019年，中国累计授予博士学位283 048个，是5年前（2010—2014年）博士招生累计数量（340 787人）的83.06%。2018年，中国博士招生95 502人，照此测算2023年授予博士学位将达到79 322个。同时，

---

①［美］R.C.阿特金森著，郭凯声译：《美国科学家与工程师的供求状况：一场正在酝酿的全国性危机》，载《世界研究与发展》1991年第3期。

② TROW M.: *American Higher Education: Past, Present, and Future*, Educational Researcher, 1988（4）.

③ National Center for Education Statistics（NCES）: *Digest of Education Statistics 2019*, https://nces.ed.gov/programs/digest.

④ National Science Board: *Science and Engineering Indicators 2018*, https://www.nsf.gov/statistics/indicators.

⑤ National Center for Education Statistics（NCES）: *Digest of Education Statistics 2019*, https://nces.ed.gov/programs/digest.

2000—2014年，中国授予科学与工程博士学位数量占到授予博士学位总量的64.74%。[1]照此测算，2023年中国授予科学与工程博士学位的数量将达到51 353个。可见，中国授予科学与工程博士的数量可能在2023年超过美国，（见图3-22）2024年的优势会进一步扩大。

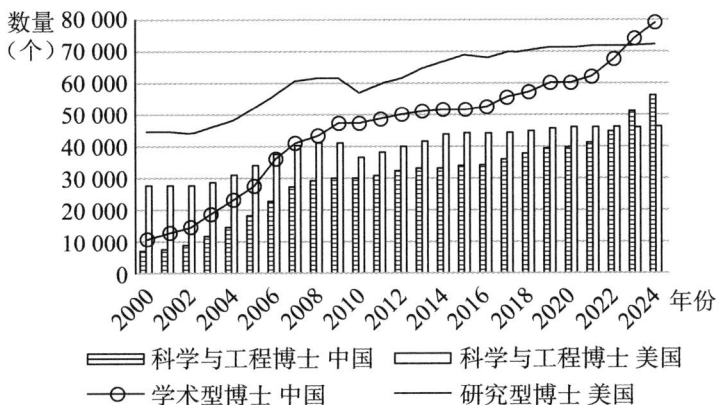

图3-22　中美两国授予科学与工程博士学位数量比较图

### （二）研究型博士

同样，根据美国国家科学基金会公布的2000—2015年美国授予研究型博士学位的累计数量[2]、美国国家教育统计中心公布的授予博士学位总量的累计值，可以计算出前者占到后者的38.44%。再根据美国国家教育统计中心预测的2023年授予博士学位的数据，可以计算出，当年美国授予研究型博士学位的数量将达到72 267个。

2015—2019年，中国累计学术型博士毕业生277 702个，是5年前（2010—2014年）学术型博士招生累计数量（332 376人）的83.55%。2018年，中国学术型博士招生88 718人，照此测算，2023年学术型博士毕业生的数量将达到79 191个。可见，中国授予学术型博士的数量也有可能在2023年

---

① National Science Board: *Science and Engineering Indicators 2018*, https://www.nsf.gov/statistics/indicators.

② National Science Board: *Science and Engineering Indicators 2018*, https://www.nsf.gov/statistics/indicators.

超过美国授予研究型博士的数量。（见图3-22）

### （三）专业博士及博士总规模

美国国家教育统计中心的数据显示，2017年美国授予博士学位18.1万个[①]；而根据美国国家科学基金会的数据，当年美国授予研究型博士学位7.1万个[②]，如果不考虑其他类型的博士学位数量，2017年美国授予专业实践型博士学位11.0万个，是当年中国专业博士毕业生（2 209人）的近50倍。以中国2019年专业博士毕业生数量（2 142人）为基数，即使其后10年专业博士毕业生年均增长20%，2029年能达到1.33万人，仍远低于美国的预测值（11.6万个）。

根据美国国家教育统计中心的数据，2018年美国授予博士学位的总量达到184 074个[③]，是中国当年授予博士学位（59 368个）的3.1倍。以2019年中国授予博士学位的数量（62 578个）为基数，如果其后10年中国授予博士学位的数量年均增长10%，2029年能达到16.2万个，与美国（19.0万个）的差距将大大缩小。

### 四、小结

美国国家科学基金会的各种报告中有4种博士学位类型，分别为自然科学（理学）博士学位、自然科学与工程（理工科）博士学位、科学与工程博士学位、研究型博士学位，而这些都只是博士学位的部分类型，并不是美国授予博士学位的全部。同时，美国国家科学基金会关于上述4种博士学位的国际比较，都有具体的数据，不应只引用美国国家科学基金会关于美国某一类博士学位的数据，再拿来与中国教育部公布的博士学位授予总量

---

[①] National Center for Education Statistics（NCES）: *Digest of Education Statistics 2019*, https: //nces.ed.gov/programs/digest: 314, 559, 576.

[②] TRAPANI J., HALE K.: *Science and Engineering Indicators 2020: Higher Education in Science and Engineering*, https: //NCESs.nsf.gov/pubs/nsb20197.

[③] National Center for Education Statistics（NCES）: *Digest of Education Statistics 2019*, https: //nces.ed.gov/programs/digest.

进行比较，否则就会出现不同口径、不同类型、不同范围的比较，难以得出正确的比较结果。

根据美国国家科学基金会的数据，中国授予理工科博士学位的数量已在2007年超过美国；笔者测算，中国授予科学与工程博士学位、学术型博士学位的数量将在2023年超过美国，但专业博士的数量差距还不小，博士总规模也还有差距。

博士研究生教育开发高层次人力资源，对一个国家的进步至关重要。[1]美国国家科学基金会的报告强调，美国博士研究生教育通过密切联系专业教育与科研经历产生新知识，对美国在全球知识经济和社会的竞争力具有重要作用，为学术界、产业、政府和非政府组织培养新一代科研人员和高技能工作者，预计至少在2028年之前美国授予博士学位的数量都会持续增加。[2]

美国国家科学基金会自诩美国的博士研究生教育体系是世界上最好的，其证据之一就是数10年来大量的、不断增长的外国留学生在美攻读博士学位，而这些学生中许多人是本国顶尖的学生。[3]但是，美国国家科学基金会也担心美国博士研究生教育的领先地位不能确保，因为其他国家也逐渐认识到博士学位获得者对于经济和文化作出的贡献，正在大力投资博士研究生教育。世界上最优秀的学生，包括美国公民在内，也可能到其他国家攻读博士学位。[4]

改革开放以来，我国研究生教育快速发展，为经济社会发展提供了支撑和服务，成绩来之不易，值得骄傲和自豪，应进一步增强自信和决心。

[1] National Center for Science and Engineering Statistics: *Science & Engineering Doctorates*, https://ncses.nsf.gov/pubs.

[2] National Center for Science and Engineering Statistics（NCSES）: *Doctorate Recipients from U.S. Universities: 2019*, https://ncses.nsf.gov/pubs.

[3] National Science Board: *Science and Engineering Indicators 2016*, https://www.nsf.gov/statistics/indicators.

[4] National Center for Science and Engineering Statistics: *Science & Engineering Doctorates*, https://ncses.nsf.gov/pubs.

同时，要认识到我国是一个人口大国，经济规模与美国的差距在不断缩小，与美国博士研究生教育进行比较和预测，目的在于避免似是而非和泛泛而谈，做到心中有数、准确定位，避免盲人摸象，认真贯彻落实全国研究生教育会议精神，保持与经济社会发展相适应、与培养能力相匹配的研究生教育发展节奏，适度超前布局博士研究生招生规模，不断提高培养质量，建设研究生教育强国。

（原载于《高等工程教育研究》2022年第2期，有删改。）

# 第八节　重构与再造：哈佛大学教育领域博士培养模式演变研究

国务院学位委员会按照试点先行、逐步发展的原则，分别于2009年、2017年分两批，共批准27所高校作为教育博士专业学位培养试点单位，面向具有一定工作经验和相当成就的中小学教师、各级各类学校管理人员进行招生。多年来，教育博士培养取得了较大成绩，但仍存在简单套用学术学位发展理念、思路、措施等问题。全国研究生教育会议指出，要继续加快发展博士专业学位研究生教育；《专业学位研究生教育发展方案（2020—2025）》明确指出，"大幅增加博士专业学位研究生招生数量，创新专业学位研究生培养模式"。进入新的发展阶段，进一步完善教育博士培养模式、提高培养质量显得尤为重要。本节以哈佛大学教育博士与教育哲学博士培养模式为对象，比较分析两者关键环节的特点，探讨共同点与差异性，进一步揭示该校专业博士教育的内涵与逻辑，以期对我国教育博士培养有所启迪和借鉴。

## 一、"双轨制"的缘起与挑战

进入20世纪，随着美国社会对专业教职人员需求的日益迫切，哈佛大学开始重视专业教育对教育从业者的重要作用，于1920年将原隶属哈佛大学文理学院的教育分部独立设置为教育研究生院（Harvard Graduate School of Education，HGSE），致力于培养能改善美国和世界教育的行业领袖。建院当年就设立了美国第一个教育学科专业博士——教育博士学位（Doctor of Education，Ed.D.），以让那些有确定职业的人获得相应的专业技能，这也是美国最早的现代专业博士学位。100年来，HGSE对美国高层次教育专业人才的培养作出了积极贡献。

随着教育问题复杂程度的增加，哈佛大学教育博士专业学位发展也面临新的挑战。从外部环境看，对教育学科专业型和学术型两种高层次人才需求日益增大，越来越多的大学追求"两种学位共存"模式。2010年数据显示，68%的研究综合型大学同时授予两种学位。[1]但对专业博士的质疑也日益增加，一方面，有观点认为Ed.D.在培养目标、入学标准、课程设置、学位评定等环节与教育哲学博士（Doctor of Philosophy in Education，Ph.D.）趋同，专业学位的"职业型""应用性"根本属性缺失[2]；另一方面，批评专业博士培养目标过于功利、培养质量偏低，处于"次哲学博士学位""杂牌学位"的尴尬境地[3]。纳尔逊（Jack K. Nelson）等人比较分

---

① ARTHUR LEVINE: *Education*, http://edschools.org/Educating Researchers/educating_researchers.pdf.

② OSGUTHORPE R. T., MEI J. W.: *The Ph. D. Versus the Ed. D.*: Time for a Decision. Innovative Higher Education, 1993（1）.

③ 张炜：《美国专业博士生教育的演变与比较》，载《研究生教育研究》2020年第3期。

析了1950—1990年近2 000份Ed.D.与Ph.D.学位论文，发现Ed.D.学位论文基本以Ph.D.为参照，写作方法上并无自身特色可言[①]；迪尔瑞（Deering）于1998年对美国50所大学教育学院所授予的Ed.D.与Ph.D.学位进行研究，也发现两者没有实质性差别，所运用的研究方法及就业领域也相似[②]，Ed.D.明显偏离了最初设立该学位的愿景。美国卡内基教学促进基金会（Carnegie Foundation for the Advancement of Teaching）2007年开展了一场全国性的"教育博士"改革行动（CPED），主席舒尔曼（Lee S. Shulman）认为"两种学位教育长期混淆不清，致使高校教育学院既不能胜任创造新知识的使命，也不能满足培养合格教育从业者的要求"，并指出解决问题的根本方法在于"区分这两种学位，并使它们的教育质量都得到提升"[③]，呼吁高校重塑一个与Ph.D.项目有本质差别、更高水准的Ed.D.项目。

从哈佛大学自身看，HGSE首任院长霍尔姆斯（Henry Holmes）在建院之初也曾申请设立Ph.D.，但时任校长劳威尔（A. Lawrence Lowell）认为，HGSE没有必要在教育领域同时提供两种博士学位，并明确"哲学博士学位控制权全部划归文理学院，教育博士学位由HGSE掌控"[④]，因此，HGSE长期在博士层次仅授予Ed.D.学位。但基于对教育理论与教育实践的双重需要，HGSE设立Ed.D.之初即将其定位为"培养理解研究政策与实践以及它们之间相互关系的领导者，使学生获得成为大学教授会成员、高级教育领导者、政策制定者和研究者的教育与训练"，并规定要获得学位必须撰写博士论文，以"使学生能运用已有知识进行独立研究，并获得具有重大价值

① NELSON J., C. COOROUGH: *Content Analysis of the Ph.D. Versus Ed.D. Dissertations*, Journal of Experimental Education, 1994（2）.

② DEERING T.E.: *Eliminating the Doctor of Education Degree: It's the Right Thing to Do*, The Educational Forum, 1998, Vol.62.

③ SHULMAN L.S., GLODE C.M., BUESCHEL A.C. et al.: *Reclaiming Education' Doctorates: A Critique and a Proposal*, Educational Researcher, 2006（3）.

④ POWELL A.G.: *The Uncertain Profession*, Harvard University Press, 1980.

的建设性成果"①。从中可以看出，Ed.D.肩负着培养教育理论研究者与实践者的双重责任，既授予未来的教育研究人员，也授予教育管理人员，承载了众多功能。实践也证明，HGSE在Ed.D.培养过程中过分追求学术化、理论化，倾向于理论研究，学位属性饱受争议，HGSE学术院长吉川希罗（Hiro Yoshikawa）指出，"哈佛大学Ed.D.本应是一个实践型的专业学位，而今却发展成了研究型学位"。哈佛大学校方也逐渐意识到，教育理论和教育实践毕竟存在巨大差异，难以在同一种博士学位体系中得到满足，且HGSE学术学位长期缺失，仅靠专业学位"跛足"前行，不利于教育学科博士生教育的可持续性发展，将有损哈佛大学在日益激烈的高校竞争中的"霸主"地位。越来越多的声音呼吁HGSE另设Ph.D.，为有学术理想和追求学术成就的学生提供必要的学位项目，力求在教育实践与教育研究之间寻求平衡。

正如克拉克·克尔（Clark Kerr）所讲，"高等教育的历史，很多是由内部逻辑和外部压力的对抗谱写的"，质疑批判与自我发展的需要助推了HGSE对教育领域博士学位进行大刀阔斧的改革：2009年9月，联袂商学院、肯尼迪学院共同设立改革后的博士专业学位——教育领导博士学位（Doctor of Education Leadership，Ed.L.D.），学制3年，并于当年招生，明确Ed.D.在2013年招收最后一届学生后不再招生。此外，HGSE与文理研究生院（GSAS）在2012年联合创设Ph.D.，学制不少于5年，于2014年开始招生，也是HGSE的首个教育哲学博士学位。至此，哈佛大学教育学领域结束了近一个世纪单一的博士学位培养体系，形成了专业博士学位与哲学博士学位并存共生、培养方式各有侧重的新格局。

## 二、培养模式比较

博士学位培养涉及因素众多，本节选择培养目标、招生考核、课程设置、师资配备等关键环节，针对Ph.D.与Ed.L.D.的培养模式进行比较。（见

---

① CREMIN L.A.: *The Education of the Educating Professions*, Paper presented at the American Association of Colleges for Teacher Education, 1978.

表3-12）

表3-12 哈佛大学Ph.D.与Ed.L.D.培养模式比较

| 关键因素 | Ph.D. | Ed.L.D. |
|---|---|---|
| 培养目标 | 卓越的教育研究者（教育研究人员） | 能够实现教育体制成功变革的新一代新型领导者（教育专业人员） |
| 招生条件 | 具有深厚学术造诣、丰富的生活和工作经历、可被证明的领导潜质，具有改善教育的强烈愿望 | 具有多样化的背景和经历、乐于思考反映美国社会的各种问题，具有成为开拓变革型教育领导者的潜力 |
| 课程设置 | 包括研讨课、专业核心课、研究方法课程、阅读课4种类型的必修课，至少9门的选修课 | 涉及教与学、领导和管理、政治和政策等方面内容的综合性核心课程，教育、财务、心理、管理、政治等方面的专题研讨和选修课 |
| 师资配备 | 教育研究生院、文理学院、肯尼迪学院、公共卫生学院、法学院、医学院等学院教师 | 教育研究生院、商学院、肯尼迪学院教师 |
| 学业评价 | 完成博士学位论文 | 带薪实习1年，完成变革性实践项目 |
| 学位授予 | 教育研究生院和文理研究生院联合授予 | 教育研究生院授予 |
| 资助政策 | 前4年的学费和杂费，第1、2年的生活津贴，第3、4年有偿教学或研究助理，一定的研究经费支持 | 3年全额学费方案、两年的津贴和/或校园工作机会的组合、第3年享有合作伙伴的带薪居留权 |

## （一）培养目标

培养目标决定培养方向和培养过程。Ph.D.以"打造首个真正意义上的教育哲学博士学位，对教育改革和进步作出更大贡献，保持HGSE在教育研究领域的领导地位"为目标，旨在培养卓越的学者、研究者、决策者以及能够提高美国乃至世界教育成效的领袖人物。表现出两个突出特点：一是定位高，不仅立足为美国社会培养学术精英，更致力于为世界培养卓越教育领袖人物；二是目标清晰，不是为了培养"书斋式"研究者，而是积极培养具有"问题意识"并能解决教育实践问题的学术人才。

与之相比较，Ed.L.D.以培养"能够实现教育体制成功变革的新一代新型领导者"为目标，通过对博士生进行高度综合的教育、管理、行政技能与知识的传授和训练，使这些未来的教育领导者具备推动教育体制改革所必需的综合素质，以扭转美国教育改革被动低效的局面，最终改善全球教育质量。Ed.L.D.培养视域更为宽广，除为学校系统培养领导者外，还为政府机构、基金会、非营利组织或私营部门培养高级领导者，比如培养了以艾奥瓦州教育厅厅长、纽约市领导力学院首席执行官、华盛顿雷克斯基金会国家教育战略总监、学习加速器（TLA）首席执行官等为代表的一批优秀校友。毕业生具有多样化的职业选择，也进一步提高了Ed.L.D.的社会影响力和公众认可度。

**（二）招生考核**

生源质量是确保人才培养质量的重要基础。HGSE博士招生简章明确指出，希望招录那些具有较好学历背景、多样化工作生活经验、卓越领导潜质、渴望通过教育改变世界的学生。Ph.D.首届招生录取了24名博士生，录取率只有9%；Ed.L.D.每年招收25至30名学生，招生第一年就有超过1 000名申请者报名。两种学位招生录取的高淘汰率决定了必须从学历背景、基础知识、实践经历、学习态度等方面，对报名者进行全方位、多角度的严格选拔。一方面，HGSE将两种博士学位详细课程信息在网站予以公布，以帮助申请者自身做出更为准确的学位申报选择；另一方面，HGSE通过制度化的流程对申请者进行考察，要求学生个人在规定时间内在线提交个人基本信息、就读博士目的陈述、本科或硕士成绩单、三封推荐信、GRE或GMAT成绩、英语水平证明等，招生委员会根据所提交材料，判断申请者的基本素质、研究兴趣及职业理想与培养目标的适切性。

由于Ph.D.跟Ed.L.D.学位属性有区别，两者在招生考核中也有一定的区别和考核侧重。Ph.D.注重学术能力考核，重在考察学术研究潜质，专门规定3名推荐信撰写人中，必须有人对其学术潜力进行评价，并希望申请者具有通过学习改善教育进而在世界上产生积极影响的强烈愿望，规定个人申请陈述中，要描述感兴趣的研究方向、在相关领域开展深入研究的前期思考、个人职业发展目标和研究工作的基础等。Ed.L.D.则更重视专业经验和综合素质评估，重在考察实际问题思考能力，要求申请者详细介绍博士就读与现职工作的具体关系，更倾向于录取工作经验丰富、来自不同专业背景、希望通过博士学习优化改进目前工作的申请者，比如教育管理机构负责人、企业家、非营利组织董事、校长、教师和政策研究人员等，因为他们带着问题学习，培养目标和路径更为清晰。

### （三）课程设置

课程体系是培养方案的关键环节，课程内容和组合方式将直接影响人才培养目标与规格的实现。由于教育领域的很多问题都涉及社会科学、自然科学、人文科学等多个学科，因此HGSE设置Ph.D.和Ed.L.D.的每一个方向都强调对教育研究、政策和实践问题的集成，课程设置注重以跨学科学习和研究为基础。

Ph.D.主修方向由HGSE教师与心理学、经济学、政府管理、社会学等其他学科专家一起论证后确定，分别是探究与教育相关的文化、制度和社会环境（Culture，Institutions and Society，CIS），研究教育政策和项目评估（Education Policy and Program Evaluation，EPPE），研究人类发展、学习和教学（Human Development，Learning and Teaching，HDLT）。学生根据个人兴趣，在研究生导师指导下选定一个方向深入研究，三个方向的研究对象虽无严格区分，但在关注视域、所需理论基础和解决问题的焦点上有较大区别，例如，同样是研究早期儿童教育问题，CIS偏重从社会学视角探究学前家庭教育的有效策略及家校合作关系，EPPE偏重从经济学视角关注学前教育成本效益分析、投资回报率及教育政策设计，而HDLT则偏重从心理学视角探求学前教育对儿童早期语言发展的影响。[1]Ph.D.规定学生前两年至少修读16门课程，必修课有研讨课、专业核心课、研究方法课、阅读课

---

① 魏玉梅：《美国"卡内基教育博士改革行动"成效研究之审视》，载《比较教育研究》2016年第38卷第7期。

四种类型，对教育学基本理论专题研讨颇为注重；选修课方面，学生根据兴趣、专业方向及职业目标，在导师和指导委员会指导下选课，实现"一人一课表"培养体系，内容也涉及社会学、人类学、经济学、教育政策等诸多学科，充分满足学生个性化研究需求。

Ed.L.D.课程体系更为强调学科知识、技能知识与批判性知识的交叉与整合。由于HGSE认为"改变公共教育不能依靠任何个人单独完成，应由政府、学校系统、非营利组织和教育营利性企业中的各种领导者共同完成"，因此倡导团队式学习，重视学生相互交流沟通，积极鼓励经验共享、思想激荡、合作反思和批判互动。Ed.L.D.课程授课环节要在前两年完成，第一年，来自不同专业背景的学生围绕学习和教学、领导力和组织变革、政治和政策三个课程模块（见表3-13）开展相同的核心课程学习；第二年，学生继续通过多次研讨课加深对所学核心课程的理解，同时，在导师指导下确定不少于6门的选修课程，课程由HGSE、商学院和肯尼迪学院共同提供，内容涉及经济、管理、政治和社会文化等领域，为避免学生盲目选课，培养方案专门配备了选课指导和具体案例。

表3-13　哈佛大学Ed.L.D.课程模块

| 课程模块 | 课程目的 | 主要研究内容 |
|---|---|---|
| 学习和教学 | 促使学生加强对学校学习、教学等环节有正确的理解 | 学习如何进行？什么值得学习？什么是认知问题？学习内容如何更好地教给学生？ |
| 领导力和组织变革 | 培养学生成为创业式领导人的能力，以便创造出能高水平运行、真正的学习型组织 | 战略、创业型领导，组织绩效管理，学习型组织领导 |
| 政治和政策 | 探讨教育相关机构的历史、结构、政策和变革手段等 | 学习成功政治人物运行组织变革的经验，学习教育部门进行变革的一些成功案例 |

**（四）师资配备**

师资队伍水平是保障培养质量的关键，哈佛大学对Ph.D.与Ed.L.D.师资配备均给予了高度重视。学校规定所有学院的师资都可对HGSE的Ph.D.开放，比如，HGSE刚设立Ph.D.时共有100名教师，其中就有28名来自文理学院，另外有18名来自医学院、公共卫生学院、肯尼迪学院和法学院等，且学生可邀请其他院系教师加入自己的论文指导委员会，从而进一步接触大量的跨学科资源和思想。

Ed.L.D.的教师则来源于HGSE、哈佛肯尼迪学院、哈佛商学院，且师资队伍更注重来源的多元化和实践经历的丰富性，其中就包括曾任美国教育部部长顾问的领导力和组织变革专家希金斯（Monica C. Higgins）、曾任马萨诸塞州教育厅厅长的政策和改革专家雷维尔（Paul Reville）、曾任比尔和梅琳达·盖茨基金会K-12教育副主任的教育领导力专家斯科特（Irvin Scott）等。高度整合的师资力量，有利于从教育、管理、领导以及政治和政策等不同视角对学生进行综合培养，有助于提升学生的创新意识、塑造其跨学科思维及教育领导技能。

**（五）学业评价**

学业评价是研究生教育培养质量保障体系的重要组成部分，有什么样的评价指挥棒，就有什么样的办学导向。Ph.D.的最后两年是完成立足于基础研究的学位论文写作。学生完成前两年的课程学习后，须通过严格的综合考试，才能进入下一阶段的学位论文过程。综合考试主要测试学生对基础知识和专业内容的掌握情况，所选研究领域的学习收获和研究进展，以及测试学生设计、开发、实施一个富有独创性研究项目的素质。学位论文主要是考核学生运用科学方法和方法论攻克学术问题的能力，论文强调研究的原创性，注重研究的理论意义。

Ed.L.D.更为重视考核学生运用理论知识解决教育领域实际问题的能力，取消学位论文要求是重要的改革措施，代之规定学生在第三学年进入合作机构挂职担任合适的领导职务，开展为期一年的有偿"尖峰体验"（capstone project，也称为"顶岗计划"或"挂职实习"）。实习期间，学生须主导实施某项富有意义的项目，以将前期所学理论知识和实践经验应用于实际问题解决，并承担领导责任。实习单位和指导教师共同对实习过程进行评估，合格后方可授予学位，毕业难度并不比撰写学术学位论文难度小，达到了在实践中不断反思学习的目的。Ed.L.D.项目在2012年首届招生时，就与40余个全国性组织建立了合作关系，这些合作伙伴风格不同、种类多样，既包括波士顿公立学校、丹佛公立学校等学校，也包括纽约市教育局等教育管理部门，还包括约翰和凯瑟琳·麦克阿瑟基金会（John D. and Catherine T. MacArthur Foundation）、比尔和梅琳达·盖茨基金会（Bill & Melinda Gates Foundation）等高影响力的非营利性组织和营利性组织、慈善组织等，它们为学生利用多样化的知识解决实际问题提供了机会，更为项目的实施提供了重要的组织保障。

### 三、分析讨论

哈佛大学在教育领域推行博士学位"双轨制"改革以来，初步形成了教育专业博士与教育学哲学博士并生共存、互为补充、相互促进的发展模式，既赋予两者同等的社会地位，又力求保持两者的差异性与独立性。从两者培养模式比较看，可以归纳出HGSE此次改革坚持的几点经验。

一是坚持厘清学位界限区别。布鲁贝克高等教育哲学观认为，大学许多事物的发展并不是认识论和政治论非此即彼（either/or），而是二者皆是（both/and）的产物。[①]哈佛大学原Ed.D.饱受社会批判，表面看是与Ph.D.培养模式混淆，但根本还是教育博士学术取向与专业取向间矛盾冲突导致的结果。从改革内容看，HGSE在厘清专业学位与学术学位界限方面作出积极努力，以塑造"学术型研究人员"（Professional Researchers）为培养目标的Ph.D.更为重视提升学生提炼学术问题、开展学理探究的能力，其主要回答"教育是什么、为什么"的问题，更加注重"学术性"特点；而Ed.L.D.则

---

① ［美］约翰·S.布鲁贝克著，王承绪、郑继伟等译：《高等教育哲学》，浙江教育出版社2001年版，第117页。

坚持"专业型管理人员"（Researching Professionals）培养定位，对原Ed.D.教育进行了全面变革，努力从理论和现实层面回归专业博士"实践"属性，将"基于实践、基于问题"理念具体化，并贯穿于招生审查、课程学习、科研实践、毕业考核全过程，着力提升学生运用学理知识、解决实际问题的能力，主要回答"教育做什么、怎样做"的问题，更加注重"职业性"特点。

二是积极推进组织体制变革。教育领域包含经济学、心理学、社会学等众多学科知识，仅靠教育学院难以满足培养需求。[①]在Ed.L.D.与Ph.D.培养模式顶层设计中，HGSE注重实用主义思想，坚持"只有通过合作，才能推动教育行业向前发展"的培养理念，积极推行以跨学院、跨学科为主的组织体制改革，加大与文理学院、肯尼迪学院、商学院合作力度，高度整合优秀教师资源，开设的课程融学习及指导、管理及领导力、政策及政治于一体，进一步把多学科的专业理论知识结合起来。特别是针对Ed.L.D.，考虑到受学术传统影响，高校教师在培养博士生专业实践技能方面存在欠缺，积极引入社会资源，要求学生在第三年全部进入合作单位实习实践，并须针对合作单位亟待解决的问题作出自己的努力和贡献，使学生能够得到更加系统的学习体验，促进学术知识与专业实践的交叉与整合。

三是高度重视培养质量提升。关于两种学位的旷日持久的争论，实质上更多地体现出的是对人才培养质量的高度关注。HGSE充分认识到，Ed.L.D.与Ph.D.是水平要求相当但培养定位不同的学位，并不存在高低之分、优劣之别。改革过程中，两种学位项目均依照培养目标，严格招生入学环节、明确全日制就读方式、精心设置培养方案、严格培养过程管理，并辅以全过程的资助政策，为学生提供全面的学习支持和优质的学习体验，表现出明显的精英化培养特征。尤其是，Ed.L.D."带薪实习"替代学位论文环节，从终结性评价转为过程性评价，促使学生在真实工作环境中

---

① THOMPSON K.J.: *Interdisciplinary: History, Theory, Practice,* Wayne State University Press, 1990.

进行分析研究、生成知识、解决问题，而不是将学术理论知识简单应用于工作实践，该项措施不但没有弱化学位的研究性，反而是突出学生在实践研究方面对知识、方法和能力的训练，强化并检验了毕业生的能力水平。

## 四、启示借鉴

相比美国教育博士专业学位100多年的发展经验，中国教育博士专业学位起步较晚，虽然经过10多年的发展，各试点单位不断完善制度建设，积极探索培养模式，优化保障监督体系，积累了宝贵的培养经验，为后续发展奠定了基础。但看到成绩的同时，也应清醒地认识到还有较大发展空间：一方面，招生规模还有待继续扩大。从图3-23[①]看，2010—2017年在160人左右徘徊，2018年后开始加速，首次突破450人，是2017年的2.6倍，但过去10年，教育博士占当年专业博士招生数的比重却呈下降趋势，由2011年最高的11.5%降至2019年的5.2%。中小学教师作为教育博士招生培养的主要对象，从中美对比看，NCES 2019年数据显示，美国公立中小学教师中具有硕士学位的占47.7%、获教育专业学位[②]（education specialist）和博

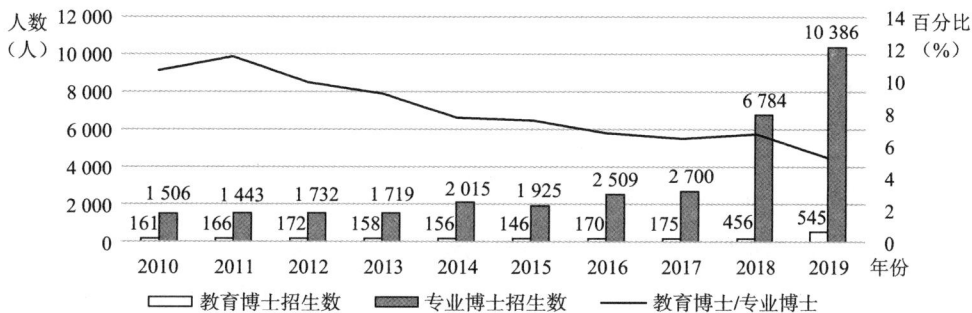

图3-23　教育博士与专业博士招生变化图

---

① 吴敏、姚云：《中国教育博士专业学位十年发展与改革》，载《高教发展与评估》2020年第36卷第6期。

② 教育专业学位是介于硕士和博士之间的学位，部分高校教育博士认可已修读的教育专业学位课程学分。

士学位的占到8.7%①，而从我国教育部2020年《教育统计数据》看，中小学教师中具有研究生学历（含硕士和博士）的仅有3.9%②，（见表3-14）还难以满足基础教育事业发展的需要。

表3-14　我国中小学专任教师2020年学历情况

| 类别占比 | 普通高中（%） | 初中（%） | 小学（%） | 合计（%） |
|---|---|---|---|---|
| 研究生 | 11.5 | 4.0 | 1.6 | 3.9 |
| 本科 | 87.3 | 84.6 | 64.4 | 74.4 |
| 专科 | 1.2 | 11.3 | 31.9 | 20.6 |
| 高中及以下 | 0 | 0.1 | 2.1 | 1.1 |

注：普通高中专任教师高中及以下教师占比为0.02%，约等于0。

另一方面，培养质量也需引起高度重视。中国学位与研究生教育学会教育专业学位工作委员会在总结教育博士设置10周年发展经验时指出，教育博士还存在培养目标不清晰、学生毕业率低等问题，根据2015年6月的统计数据，2010年首批招生的161名学生中，5年内毕业率只有36.6%，2011年招生的166名学生中，4年毕业率仅18.7%③，学生在规定学制范围内延期毕业率高或无法完成学业，势必影响教育博士的社会声誉和招生的可持续性。

他山之石，可以攻玉。哈佛大学与我国高校在大学治理和管理机制方面虽然存在许多差异，但HGSE在严格区别学术型博士教育培养模式方面开展的探索，对深化我国教育博士专业学位培养改革具有一定借鉴意义。

**（一）坚守培养定位，做好顶层规划设计**

学术型人才与专业型人才在培养目标上有所不同，这就意味着相对应

---

① National Center for Education Statistics: *Digest of Education Statistics 2019*, https://nces.ed.gov/programs/digest/2020menu_tables.asp.

② 教育部：《2020年教育统计数据》，http://www.moe.gov.cn/s78/A03/moe_560/2020/quanguo。

③ 张斌贤、文东茅、翟东升：《我国教育博士专业学位教育的回顾与前瞻》，载《学位与研究生教育》2016年第2期。

的培养模式、培养体系以及评价标准等也都应有差异。我国《教育博士专业学位设置方案》明确，以"培养造就教育、教学和教育管理领域复合型、职业型的高级专门人才"为目标，并着重强调其实践特性和职业导向。但从实际情况看，教育博士的培养模式、保障体系等仍处在不断探索完善中，个别高校甚至将教育博士与教育学博士放在一起培养，并制定相同的学术论文发表条件，偏离了培养目标。可认真辨析和借鉴美国教育博士发展的经验教训，降低制度设计成本和运行风险。一方面，要体现制度优势，继续发挥好中央教育主管部门和教育专业学位教育指导委员会的协调指导、标准制定、评估监督作用，做好顶层设计；另一方面，要增强制度自信，试点高校应紧紧围绕培养定位，打破传统惯性思维，不断凝练经验、总结不足、探索创新，立足我国实际，力争做到培养模式统一性与多样性的结合，探索出具有中国特色、适合本土发展的教育博士培养模式。同时，要积极服务国家战略，逐渐扩大试点授权单位，增加教育博士招生数量，更好地满足国家经济社会和教育事业发展的需要。

**（二）加强跨学科培养，突出学科交叉融合**

跨学科人才培养已经成为高等教育变革的大势所趋。《教育博士专业学位设置方案》指出，教育博士专业学位获得者应具有良好的人文科学素养，扎实宽广的教育专业知识，并能创造性地运用科学方法研究和解决教育实践中的复杂问题。考虑到教育博士多来自一线教师或教育管理者，本身具有较为丰富的实践经验，对教育问题也有初步思考，这对试点高校课程设置和师资配备提出了更高要求。应立足教育博士培养目标，积极打破学科壁垒，整合教育研究、政策和实践问题相关内容，开发必要的"跨学科""跨学院"甚至"跨学校"课程资源，不断促进学科交叉与融合，为学生提供多样的学习内容选择；适当增加研究方法类课程，为学生未来解决教育领域实际问题提供方法支持；主动邀请多学科、多领域的教授与专家进行合作教学与研究，努力培养学生批判意识、创新能力和跨学科思维能力。

### （三）注重产教协同，强化实践能力培养

"实践性"作为专业博士教育的本质属性，是教育博士研究生教育办出特色的关键。但从我国专业博士发展看，培养过程拘泥于学术型博士培养模式、"两种学位、一套人马"情形还普遍存在，《学位与研究生教育》杂志连续9年（2013—2021年）开展的"研究生满意度调查"数据显示，平均仅有41.7%的专业博士研究生进入实践基地开展实训和研究，仅有23.6%的专业博士研究生拥有校外导师。教育博士培养也面临类似境况，部分试点高校还未构建起专业化、实践性的导师队伍，现场观摩、案例分析、田野调查等教学方法利用率不高。要继续抓好《关于教育博士专业学位研究生培养工作的指导意见》的落实落地，切实突出教育博士培养的实践特征。一是不断完善培养方案。围绕培养定位，继续加大实践课程比例，进一步改革教学方法，促进理论学习与专业实践的互相叠加，形成基于"理论—实践—再理论—再实践"的闭环培养模式。二是加强师资队伍建设。可通过人才引进、挂职锻炼、项目合作等途径，培养既懂理论又懂实践的"双师型"教师队伍；同时，主动聘请教育相关领域实践经验丰富、理论水平较高的兼职队伍，多措并举改变目前教师多为学术型研究者的尴尬局面。三是主动引入社会资源。引导与试点高校共同制定培养方案、共同建设课程体系、共同实施培养过程；探索建立教育博士成为"某些特定岗位必须具备的教育经历"或职业资格认证的配套机制，确保人才输出与经济社会需求有机衔接的同时，为教育博士发展创造良好的社会环境。四是优化学位论文环节。选题应继续与教育教学、教育管理实践相结合，重视考核学生综合运用相关理论和科学方法分析、解决实践中真实问题的能力，切实实现学生"做中学"的目的。

### （四）强化过程管理，保障人才培养质量

质量是教育的永恒主题，严格的过程管理是质量保障体系的必要手段。2019年的一份调查报告显示，我国有43.1%的学生认为博士专业学位远

不如或稍逊于学术学位①，根本原因就是对专业博士培养质量的信任度偏低。应树立品牌意识，努力打破原有观念，严格过程管理，切实保障教育博士培养质量：一是严把招生"入口关"。进一步健全教育博士选拔机制，从履历背景、学习能力、心理素质、职业发展能力等方面，不断严格遴选条件、细化博士录取标准，着力选拔出有能力、有潜力、有意愿开展教育博士学习的学生，确保生源质量。二是严把培养"过程关"。目前"学习＋工作"兼读制的学习方式主要集中于寒暑假及节假日，对学习效果保证提出了挑战，可进一步完善机制，借鉴哈佛大学Ed.L.D.全日制方式修读课程的形式②，加强身份转换，克服工学矛盾，保证学习效果；同时继续加大日常考核力度，落细落实学业预警，推行分流退出制度。三是严把毕业"出口关"，进一步落实好教育博士与学术型博士论文分类评价制度，革新学位论文形式，完善论文评审和抽检办法，严格论文要求和答辩程序，发挥单位调查、毕业生追踪调查、行业学会评估等外部评价方式的作用，促进学位授予质量提升，不断提升教育博士的社会影响力和公众认可度。

习近平总书记在对全国研究生教育会议的批示中指出，"研究生教育在培养创新人才、提高创新能力、服务经济社会发展、推进国家治理体系和治理能力现代化方面具有重要作用"③，要适应党和国家事业发展需要，"深入推进学科专业调整""完善人才培养体系"。党的二十大报告指出："加强基础学科、新兴学科、交叉学科建设，加快建设中国特色、世界一

---

① 罗英姿、李雪辉：《我国专业学位博士教育面临的问题与改进策略——基于"全国专业学位博士教育质量调查"的结果》，载《高等教育研究》2019年第11期。
② 如无专门说明，本节关于哈佛大学Ed.L.D和Ph.D.的数据均来自哈佛大学教育学院官方网站（https：//www.gse.harvard. edu／doctorate／doctor－philosophy－education）及（https：//www.gse.harvard.edu/doctorate／doctor－education－leadership）。
③ 刘江珅、王欢：《探索研究生创新能力培养的教育治理路径》，http://www.moe.gov.cn/jyb_xwfb/moe_2082/2022/2022_zl08/202206/t20220617_638268.html。

流的大学和优势学科。"①要以习近平新时代中国特色社会主义思想为指导，坚持正确的政治方向，坚持党的教育方针，落实立德树人根本任务，立足中华民族伟大复兴战略全局和世界百年未有之大变局，心怀"国之大者"，深化教育综合改革，提高学科专业治理能力和水平，进一步扩大优势、凸显特色，推进更多学科专业上水平、创一流，更加重视人才自主培养，培养造就大批德才兼备的高层次人才，努力造就一批具有世界影响力的顶尖科技人才，激发各类人才创新活力，为建设高等教育强国作贡献。

（原载于《研究生教育研究》2022年第1期，有删改。）

---

① 习近平：《高举中国特色社会主义伟大旗帜 为全面建设社会主义现代化国家而团结奋斗——在中国共产党第二十次全国代表大会上的报告》，人民出版社2022年版，第34页。

# 附录　部分国内期刊发文目录

## （截至2023年5月）

［1］张炜.美国传统学院的更名与转型发展［J］.高等理科教育，2023（1）：1-8.

［2］张炜.科教融合的发展演变与分层治理［J］.科教发展研究，2023，3（1）：43-63.

［3］张炜.《科技进步法》的修订及与《拜杜法案》的比较［J］.中国高校科技，2023（3）：1-6.

［4］张炜.新工科教育的创新内涵与美国工科教育的观念演变［J］.中国高教研究，2022（1）：1-7.

［5］张学良，张炜.重构与再造：哈佛大学教育领域博士培养模式演变研究［J］.研究生教育研究，2022（1）：80-87.

［6］张炜，汪劲松.研究生教育规模预测与中美比较［J］.学位与研究生教育，2022（2）：1-7.

［7］张炜，佘磊磊.学科建设和人才培养的传承与创新——以西北工业大学为例［J］.高等理科教育，2022（2）：1-7.

［8］张炜.美国国家科学基金会关于博士学位的定义与数据——解读、比较及预测［J］.高等工程教育研究，2022（2）：179-185.

［9］张炜，汪劲松.我国高等工程教育的发展历程、基本特征与改革方向［J］.研究生教育研究，2022（3）：1-7.

［10］张炜.美国工程本科教育的创新探索与实践——美国工程教育协会研究结果评介［J］.高教探索，2022（4）：83-90+112.

［11］张炜.工程教育对于技术创新的借鉴：模式集成与因校制宜［J］.学位与研究生教育，2022（5）：1-8.

［12］张炜.普及化初级阶段高等教育学生规模增长与结构优化［J］.中国高教研究，2022（6）：11-18.

［13］汪劲松，张炜.面向国家重大需求的高层次专业人才产教融合培养探索与实践［J］.学位与研究生教育，2022（8）：1-5.

［14］张炜.以新版学科专业目录促进优势特色学科建设［J］.学位与研究生教育，2022（12）：1-5.

［15］张炜.博士研究生退出和延期的数据测算与讨论［J］.研究生教育研究，2021（1）：1-6.

［16］张炜.学习型社会进程中高等教育的发展演变［J］.中国高教研究，2021（3）：1-6.

［17］张炜.加利福尼亚高等教育总体规划的回顾与讨论［J］.高等理科教育，2021（3）：1-8.

［18］汪劲松，张炜."双一流"建设背景下国防军工高校转型发展的探索与实践［J］.高等教育研究，2021，42（3）：50-53.

［19］张炜，潘璐璐.基于经济社会发展视角的研究生省域布局研究［J］.学位与研究生教育，2021（4）：58-63.

［20］张学良，张炜.行业特色高校开展专业博士教育的优势分析与路径优化［J］.研究生教育研究，2021（4）：66-71+77.

［21］张炜.从单一职能大学到现代研究型大学的演进——克拉克·克尔关于"Multiversity"的语义与特征探析［J］.中国高教研究，2021（5）：29-35.

［22］张炜，李春林，张学良.发展博士专业学位研究生教育的借鉴与探索［J］.学位与研究生教育，2021（10）：28-33.

［23］张炜.工程教育概念梳理与中美比较［J］.中国高教研究，2021（11）：1-6.

［24］张炜.美国学科专业分类目录2020版的新变化及中美比较分析［J］.学位与研究生教育，2020（1）：59-64.

［25］张炜.统筹协调好学科建设的几个关系［J］.大学与学科，2020（1）：7-9.

［26］张炜.大学治理的历史逻辑与时代要求［J］.中国高教研究，2020（2）：1-5.

［27］张炜.美国学科专业治理主体的作用与张力［J］.大学与学科，2020（2）：111-121.

［28］张炜.美国专业博士生教育的演变与比较［J］.研究生教育研究，2020（3）：87-92.

［29］张炜.美国营利性高校的发展变化与政策回顾［J］.中国高教研究，2020（4）：65-70.

［30］张炜.守正创新激发内生动力和发展活力［J］.高等理科教育，2020（5）：1-3.

［31］张炜.《世界研究生教育经典译丛》补记——兼论研究生教育学学科的发展与借鉴［J］.学位与研究生教育，2020（5）：72-77.

［32］张炜，汪劲松.行业特色高校的发展历程与辩证分析［J］.中国高教研究，2020（8）：1-5.

［33］张炜.中美高校课程体系的改革进程与动因分析［J］.中国大学教学，2020（10）：8-13.

［34］张炜.高等教育评价改革的"破"与"立"［J］//瞿振元，等.笔谈.中国高教研究，2020（12）：8-9.

［35］张炜.博士生教育共同治理的发展趋势——《学者养成：重思21世纪博士生教育》的启示［J］.学位与研究生教育，2020（12）：72-77.

［36］汪劲松，张炜."双一流"建设：用价值塑造践行育人初心［J］.

人民论坛，2020（24）：6-9.

[37] 张炜. 大学治理：核心概念、哲学基础与辩证思考——基于对《高等教育哲学》的审读 [J]. 中国高教研究，2019（2）：10-15.

[38] 张炜. 中美两国博士学位授予高校的比较与启示 [J]. 中国高教研究，2019（5）：25-30.

[39] 张炜. 基础研究定义与经费的比较讨论 [J]. 中国科学基金，2019，33（5）：423-428.

[40] 张炜. 基于高等教育现代化视角的学科评估思考 [J]. 中国高教研究，2019（7）：1-5+46.

[41] 张炜. 美国研究生统计标准调整与中美比较分析 [J]. 学位与研究生教育，2019（8）：63-70.

[42] 张炜. 关于引用美国高等教育数据的讨论——兼论中美高等教育比较与借鉴 [J]. 中国高教研究，2019（10）：41-46.

[43] 张炜. 高等教育内涵式发展的概念演进与实践探索 [J]. 中国高教研究，2018（1）：4-9.

[44] 张炜. 美国研究生教育的困境与出路——《研究生院之道》读后感 [J]. 学位与研究生教育，2018（1）：67-73.

[45] 张炜. 中美博士研究生教育发展趋势比较分析 [J]. 国家教育行政学院学报，2018（5）：9-17.

[46] [美] 菲利普·G.阿特巴赫，张炜，刘进. 高等教育的复杂性：学术与运动生涯 [J]. 中国高教研究，2018（5）：10-19.

[47] 张炜. 教授治校与大学治理 [J]. 高等教育研究，2018，39（6）：51-58.

[48] 张炜. 大学治理如何学习借鉴发达国家经验 [J]. 探索与争鸣，2018（6）：33-35.

[49] 张炜. 实现高等教育内涵式发展的方向与路径//努力实现高等教育内涵式发展（笔谈）[J]. 中国高教研究，2018（7）：1-2.

［50］张炜.高等教育现代化的高质量特征与要求［J］.中国高教研究，2018（11）：5-10.

［51］张炜.教育现代化背景下博士生教育的内涵式发展［J］.学位与研究生教育，2018（12）：1-6.

［52］吴建南，徐萌萌，赵志华，张炜.变与不变、同与不同：中美研发经费投入再比较［J］.科学学研究，2016（10）：1472-1478+1506.

［53］张炜，万小朋，张军，等.高等教育强国视角下的学习共同体构建［J］.中国高教研究，2017（2）：1-3.

［54］张炜，杨选良.构建中国特色军民融合话语体系——走出中美比较研究的误区［J］.北京理工大学学报（社会科学版），2017（3）：1-7.

［55］张炜.世界一流大学的共性特征与个性特色［J］.中国高教研究，2016（1）：61-64.

［56］张炜.钱学森之问与冯·卡门之见——再论世界一流大学的共性特征与个性特色［J］.学位与研究生教育，2016（3）：7-10.

［57］张炜，吴建南，徐萌萌，等.基础研究投入：政策缺陷与认识误区［J］.科研管理，2016，37（5）：87-93+160.

［58］张炜.大学理念的演变与回归［J］.中国高教研究，2015（5）：15-19.

［59］张炜，刘进，庞海芍.初论中国特色高等教育话语体系的守正创新［J］.中国高教研究，2015（8）：3-9.

［60］张炜.基于素质教育框架的通识教育与专业教育集成［J］.中国高教研究，2015（12）：29-30.

［61］张炜，张薇.复杂产品系统研究的文献计量分析与研究视角［J］.中国科技资源导刊，2012（6）：29-35.

［62］张炜.哈佛的光荣梦想与迷失变革［J］.西北大学学报（哲学社会科学版），2011（3）：45-53.

［63］焦少飞，张宏涛，张炜.企业社会资本投资及其对企业技术创新

的影响：一个述评［J］. 科技管理研究，2010（3）：3-5+71.

［64］焦少飞，张炜，杨选良. 技术体制、研发努力与创新绩效：来自中国制造业的证据［J］. 中国软科学，2010（5）：37-44.

［65］张玉岩，张炜. 中美高校分类指标体系的演变规律与实证分析——以陕西省为例［J］. 中国高教研究，2009（1）：29-32.

［66］刘延松，张炜. 开发区核心竞争力的概念及分析框架［J］. 科技进步与对策，2009，26（1）：53-57.

［67］张宏涛，刘延松，张炜. 复杂产品系统创新能力的构成与管理策略［J］. 浙江工商大学学报，2009，97（4）：58-62.

［68］张蓉，张炜. 美国高校"高学费、高资助"政策研究及启示［J］. 西北大学学报（哲学社会科学版），2008，38（2）：112-117.

［69］张玉岩，张炜. 美国2005版卡内基分类新变化与中国大学评价指标体系的完善［J］. 科技进步与对策，2008（3）：147-149.

［70］张炜，刘延松. 对美国第一级专业学位的再认识［J］. 中国高教研究，2008（5）：13-16.

［71］刘延松，冉峰，张炜.《中国工业经济》刊载论文的统计分析［J］. 中国科技期刊研究，2008，19（5）：799-802.

［72］张炜. 关于高校校园校舍建设的思考［J］. 中国高教研究，2008（8）：14-16.

［73］张炜. 中美两国高等教育学生规模的比较与思考［J］. 高等教育研究，2008（8）：104-109.

［74］张炜，张蓉，刘延松. 建设高等教育强国视角下博士研究生教育的思考——中美博士研究生规模与结构的比较［J］. 学位与研究生教育，2008（8）：73-77.

［75］张玉岩，张炜. 高等教育标杆管理的研究现状与发展趋势「J］. 复旦教育论坛，2008（8）：64-68.

［76］张炜. 高校科技创新要主动适应建设创新型国家的要求［J］. 中

国高教研究，2007（1）：19-21.

［77］刘延松，张炜.高等教育规模预测模型讨论及实证研究［J］.辽宁教育研究，2007（2）：25-28.

［78］张炜.从"走向全球"大会看高等教育的国际竞争趋势［J］.中国高教研究，2007（3）：16-20.

［79］张炜.中英两国政府高等教育经费数量及拨款方式的比较［J］.西北大学学报（哲学社会科学版），2007（3）：124-129.

［80］焦少飞，张炜.西部农业科技人才资源的现状分析［J］.中国科技论坛，2007（5）：130-134.

［81］张炜，杨选良，张宏涛.20世纪后期我国电话交换机技术创新过程模式研究［J］.中国软科学，2007（6）：1-8.

［82］张炜，宋思远，郭立宏.我国高校发展的战略定位与战术选择［J］.教育发展研究，2007（7-8A）：69-73.

［83］张炜.国内美国高等教育研究的期刊文献分析［J］.高等教育研究，2007（8）：88-93.

［84］张炜.借力院校研究提高高校科学管理水平［J］.中国高等教育，2007（24）：16-17.

［85］张炜.大众发展阶段我国高等教育的科学发展策略［J］.中国高教研究，2006（3）：13-15.

［86］张炜.基于ISI数据库的技术创新文献分析［J］.中国科技期刊研究，2006（3）：379-384.

［87］张炜.科学的高等教育发展观思考［J］.陕西教育（综合版），2006（3）：21-23.

［88］张炜.基于院校研究的学校发展规划思考［J］.中国高教研究，2006（4）：12-14.

［89］张炜，杨选留.国家创新体系中高校与研发机构的作用与定位研究［J］.研究与发展管理，2006（4）：97-103.

［90］韩海燕，张炜.美国高校"更名"现象及原因分析［J］.江苏高教，2006（5）：146-148.

［91］张炜，杨选良.自主创新概念的讨论与界定［J］.科学学研究，2006（6）：956-961.

［92］张玉岩，张炜.美国2005版卡内基研究生教育分类体系的变化及其影响分析［J］.学位与研究生教育，2006（8）：65-69.

［93］张炜.统筹协调"四个关系"推进地方高校科技创新［J］.中国高等教育，2006（11）：40-41.

［94］张炜.我国高校收费制度改革的分析与思考［J］.北京大学教育评论，2005（2）：97-100.

［95］张炜.以科学发展观统筹高等教育协调发展［J］.西北大学学报（哲学社会科学版），2005（4）：5-10.

［96］周文霞，张炜.美国高校教师教学与科研工作量状况的研究［J］.中国人力资源开发，2005（5）：92-95.

［97］张炜.对美国高等教育的十个认识误区［J］.高等教育研究，2005（6）：88-95.

［98］张炜.高校科技成果转化的另类思考［J］.科学学研究，2005（6）：811-815.

［99］张炜.美国私立高等学校规模结构效益讨论［J］.中国高教研究，2005（8）：5-9.

［100］潘璐璐，张炜，等.我国东西部高等教育布局结构研究［J］.数学的实践与认识，2005（11）：92-98.

［101］张炜.技术创新过程模式的发展演变及战略集成［J］.科学学研究，2004（1）：94-98.

［102］张炜.知识经济时代我国高等教育面临的挑战和创新［J］.技术与创新管理，2004（1）：4-8.

［103］张炜.高等教育创新的管理与范式：集成创新［J］.中国软科

学，2004（2）：1-7.

［104］张炜，赵依民. 美国研究生教育近50年的发展变化［J］. 中国研究生，2004（2）：50-52.

［105］卢丹，张炜. 企业核心竞争力的应用与打造［J］. 科技进步与对策，2004（2）：141-143.

［106］张炜. 研发经费视角下中美两国高校科技创新的特点分析［J］. 研究与发展管理，2004（3）：96-100.

［107］张炜. 坚持创新，推进陕西高校哲学社会科学的发展［J］. 技术与创新管理，2004（4）：4-7.

［108］张炜，赵依民. 如何看待第一级专业学位与美国学士后教育的结构［J］. 科学学与科学技术管理，2004（5）：99-101.

［109］张炜. 科技成果转化认识误区［J］. 中国科技论坛，2004（5）：98-100.

［110］陈方丽，穆继丰，张炜. 信息技术与企业隐性知识的管理［J］. 科研管理，2004（6）：28-34.

［111］张炜. 集成高校科技创新能力，促进区域经济发展科技进步［J］. 中国高等教育，2004（11）：21-23.

［112］张炜. 认真贯彻落实"十六大"精神，加速构建陕西高校科技创新体系［J］. 科技·人才·市场，2003（1）：4-11.

［113］张炜. 陕西高校要在"一线两带"建设中建功立业［J］. 科技·人才·市场，2003（4）：8-11.

［114］张炜. 中美研究生教育规模和结构的比较与思考［J］. 学位与研究生教育，2003（7）：39-42.

［115］张炜. 陕西高校科技产业创新之路［J］. 中国高校科技，2003（7）：27-28.

［116］张炜，朱慧君. 高校科研对经济建设贡献的测度与分析［J］. 科学学与科学技术管理，2003（9）：43-45.

［117］张炜，卢丹.核心竞争力辨识及其指标体系［J］.经济管理，2003（16）：17-22.

［118］张炜.认清形势，理清思路，全面推动陕西高校科研与科技产业工作［J］.科技·人才·市场，2002（2）：7-12.

［119］穆继丰，张炜，陈方丽.建立企业竞争优势的知识管理框架［J］.决策借鉴，2002（4）：17-22.

［120］张炜.无线移动通信标准之战的回顾及启示［J］.科学学与科学技术管理，2002（7）：45-49.

［121］张炜.核心竞争力辨析［J］.经济管理，2002（12）：10-17.

［122］穆继丰，张炜，陈方丽.企业知识的性质与企业核心竞争力［J］.经济管理，2002（20）：16-21.

［123］张炜.充分发挥高校对地方经济建设的作用及潜力［J］.中国高等教育，2002（20）：33-35.

［124］张炜，郭杰.经合组织国家政府积极参与风险投资的做法及启示［J］.中国科技成果，2001（1）：23-24.

［125］张炜.中美两国研发经费的比较研究［J］.中国软科学，2001（10）：73-79.

［126］张炜.新经济时代新的创新管理范畴——复杂产品系统的创新管理［J］.经济管理，2001（16）：69-75.